工业互联网安全

王智民　主编

清华大学出版社
北　京

内 容 简 介

本书既有理论研究，又有实践探讨。全书分为6章，第1章通过工业发展历史和工业互联网技术发展现状简要介绍工业互联网；第2章从网络与连接、标识解析、边缘计算等角度介绍工业互联网的体系结构；第3章从自动化通信协议、工业控制系统 ICS 和工业行业三个方面介绍工业控制基础知识；第4章是本书重点内容，详细介绍了工业互联网安全涉及的工控系统安全、工业网络安全、工业互联网平台安全、工业应用安全、工业高级威胁检测、工业大数据安全和 5G 安全等；第5章介绍等级保护 2.0 框架中的工控安全扩展要求、云计算安全扩展要求和物联网安全扩展要求等；第6章结合作者实践阐述工业互联网安全需要的产品体系、解决方案、安全服务及工业信息安全研究课题等。

本书适用于对工业互联网、网络空间安全、信息安全、5G 等领域关注的从业者或爱好者，可以作为工业互联网安全理论框架与应用实践的参考书籍。

本书封面贴有清华大学出版社防伪标签，无标签者不得销售。
版权所有，侵权必究。举报：010-62782989，beiqinquan@tup.tsinghua.edu.cn。

图书在版编目（CIP）数据

工业互联网安全 / 王智民主编. —北京：清华大学出版社，2020.8（2024.7重印）
ISBN 978-7-302-56285-6

Ⅰ. ①工⋯ Ⅱ. ①王⋯ Ⅲ. ①互联网络—应用—工业发展—网络安全 Ⅳ. ①F403-39 ②TP393.08

中国版本图书馆 CIP 数据核字（2020）第 153057 号

责任编辑：贾小红
封面设计：秦　丽
版式设计：文森时代
责任校对：马军令
责任印制：从怀宇

出版发行：	清华大学出版社
网　　址：	https://www.tup.com.cn，https://www.wqxuetang.com
地　　址：	北京清华大学学研大厦 A 座　　邮　编：100084
社 总 机：	010-83470000　　邮　购：010-62786544
投稿与读者服务：	010-62776969，c-service@tup.tsinghua.edu.cn
质量反馈：	010-62772015，zhiliang@tup.tsinghua.edu.cn
印 装 者：	三河市科茂嘉荣印务有限公司
经　　销：	全国新华书店
开　　本：	170mm×240mm　　印　张：16.5　　字　数：314 千字
版　　次：	2020 年 8 月第 1 版　　印　次：2024 年 7 月第 3 次印刷
定　　价：	79.00 元

产品编号：085496-01

前　言 >>>>

"工业互联网"的概念最早是由美国通用电气公司（GE）于2012年提出的，随后其联合AT&T、思科（Cisco）、IBM和英特尔（Intel）4家IT巨头组建了工业互联网联盟（IIC），并将这一概念大力推广开来。"工业互联网"的主要目的是使现实世界中的机器、设备和网络能在更深层次与信息世界的大数据和分析连接在一起，带动工业革命和网络革命两大革命性转变。在新一轮科技革命和产业变革浪潮下，工业产业发展必然呈现出智能化、网络化和服务化趋势，工业互联网是工业技术变更发展的必然趋势。

2017年11月27日，国务院发布了《关于深化"互联网+先进制造业"发展工业互联网的指导意见》（以下简称《意见》），提出要加快发展工业互联网，构建网络、平台、安全三大功能体系，强化工业互联网安全保障。2019年政府工作报告中明确提出打造工业互联网平台，拓展"智能+"，为制造业转型升级赋能。

根据国务院发布的《意见》，工业互联网包括网络、平台和安全三大体系，其中网络体系是基础，平台体系是核心，安全体系是保障。工业互联网安全是工业互联网保障体系，《意见》突出强调了工业互联网安全的基础性和战略性地位，为今后我国工业互联网安全工作制定了时间表和路线图。工业互联网安全是工业信息安全的核心，直接决定工业生产安全，更关乎经济发展、社会稳定乃至国家安全。

工业互联网安全如果从三大核心要素的角度来看，包括智能设备安全、智能系统安全和智能决策安全。美国工业互联网联盟从工业物联网系统（IIOT）、工业互联网参考架构（IIRA）和工业互联网安全框架（IISF）三个角度来梳理构建工业互联网，其中IISF从防护对象、防护措施和防护管理三个角度系统阐述了工业互联网安全框架。防护对象包括设备终端、网络、应用、数据等；防护措施包括威胁防护、监测感知、处置恢复等；防护管理包括安全目标、风险评估和安全策略配置等。

  本书首先简要介绍工业互联网发展历史、各国工业发展战略、技术发展现状、工业互联网体系以及工业控制基础知识，然后从工业信息安全、工控系统安全、工业网络安全、工业互联网平台安全、工业应用安全等层面详细阐述工业互联网安全。5G 网络的到来，在进一步推动工业互联网快速发展的同时，也给工业互联网安全带来新的挑战，因此本书根据技术最新发展，结合作者的实践，详细介绍了 5G 网络安全、未知威胁防范以及中国网络安全等级保护 2.0 等相关技术和实践成果。

  本书由王智民主编，刘志刚、廖延安、陈桐乐、刘建兴、文武、李瀚辰、胡亚琼、韩阳、赵思航、于洋、陈梦杰、武中力参与编写，李江力、任增强提供指导。

目 录 >>>>

第 1 章 工业互联网概述 ... 1
1.1 工业发展历史 ... 1
1.2 各国工业发展战略 ... 3
1.2.1 美国工业互联网战略 ... 4
1.2.2 德国工业 4.0 战略 ... 5
1.2.3 中国制造 2025 战略 ... 6
1.3 工业互联网与物联网 ... 7
1.4 工业互联网与网络空间安全 ... 8
1.5 工业互联网技术发展现状 ... 10
1.5.1 网络体系 ... 11
1.5.2 平台体系 ... 12
1.5.3 安全体系 ... 13
1.5.4 应用 ... 13

第 2 章 工业互联网体系 ... 14
2.1 网络与连接 ... 14
2.1.1 工业互联网网络连接概述 ... 14
2.1.2 网络互连 ... 14
2.1.3 数据互通 ... 16
2.2 标识解析 ... 16
2.2.1 什么是标识解析 ... 16
2.2.2 标识解析体系建设总体方案 ... 17
2.2.3 标识解析体系整体架构 ... 18
2.2.4 标识解析体系的技术发展趋势 ... 19
2.2.5 标识解析体系的重点工作方向 ... 20
2.3 边缘计算 ... 20

  2.3.1 什么是边缘计算 21
  2.3.2 边缘计算的优点 21
  2.3.3 数据抽象 22
  2.3.4 服务管理 22
  2.3.5 私密性 23
 2.4 平台与数据 23
  2.4.1 工业互联网平台体系架构 23
  2.4.2 工业互联网平台应用场景 24
  2.4.3 工业互联网与智能化转型 26
 2.5 工业应用 26
  2.5.1 工业互联网的基本定位和价值 26
  2.5.2 工业互联网的应用场景 27
  2.5.3 平台落地的挑战 27

第 3 章 工业控制基础知识 29
 3.1 自动化通信协议 29
  3.1.1 程序自动化 29
  3.1.2 工业控制系统 31
  3.1.3 智能建筑 33
  3.1.4 输配电通信协议 39
  3.1.5 智能电表 50
  3.1.6 车用通信 52
 3.2 工业控制系统 ICS 54
  3.2.1 PLC 54
  3.2.2 PLC 编程 55
  3.2.3 工业控制协议 56
  3.2.4 工业控制网络 61
  3.2.5 工业互联协议 65
  3.2.6 DCS 68
  3.2.7 SCADA 69
 3.3 工业行业 70
  3.3.1 电力行业 70
  3.3.2 智能制造 79
  3.3.3 智慧能源 80
  3.3.4 智慧水务 81
  3.3.5 智慧烟草 82

目录

    3.3.6 钢铁冶金 ... 82
    3.3.7 交通运输 ... 83

第 4 章 工业互联网安全体系 ... 85
  4.1 工业信息安全概述 ... 85
    4.1.1 工业信息安全的再认识 ... 85
    4.1.2 工业信息安全产业的界定 ... 86
  4.2 工业互联网安全概述 ... 86
    4.2.1 工业互联网安全内涵与范畴 ... 86
    4.2.2 工业互联网安全产业结构分类 ... 88
  4.3 工控系统安全 ... 89
    4.3.1 工控网络安全 ... 89
    4.3.2 工业主机安全 ... 91
    4.3.3 工业应用安全 ... 94
    4.3.4 工业漏洞扫描 ... 95
    4.3.5 工控漏洞挖掘 ... 96
  4.4 工业网络安全 ... 100
    4.4.1 网络边缘计算 ... 102
    4.4.2 工业 VPN ... 103
    4.4.3 工业 NAT ... 104
    4.4.4 工业互联安全 ... 105
  4.5 工业互联网平台安全 ... 105
    4.5.1 平台边缘层安全 ... 105
    4.5.2 平台 IaaS 层安全 ... 108
    4.5.3 平台 PaaS 层安全 ... 111
    4.5.4 平台 SaaS 层安全 ... 113
    4.5.5 数据安全防护技术研究与实现方案 ... 115
  4.6 工业应用安全 ... 117
    4.6.1 工业组态软件安全 ... 117
    4.6.2 MES 安全 ... 118
    4.6.3 工业应用开发安全 ... 119
  4.7 工业高级威胁检测 ... 120
    4.7.1 震网事件分析 ... 120
    4.7.2 基于全流量的高级威胁检测 ... 124
    4.7.3 基于非结构化数据的高级威胁检测 ... 129
  4.8 工业大数据安全 ... 131

- 4.8.1 工业大数据平台安全 ... 131
- 4.8.2 工业态势感知 ... 134

4.9 5G 安全 ... 141
- 4.9.1 5G 基础知识 ... 141
- 4.9.2 3GPP 5G 安全标准解读 ... 169
- 4.9.3 5G 安全需求分析 ... 173
- 4.9.4 5G 有效提升工业互联网效率 ... 188
- 4.9.5 5G 安全风险与影响及对策 ... 193

4.10 工业信息安全服务 ... 197
- 4.10.1 工业信息安全服务特殊性 ... 197
- 4.10.2 工业信息安全风险评估 ... 200

第 5 章 等级保护 2.0 ... 204

5.1 等级保护 2.0 框架 ... 204

5.2 工控安全扩展要求 ... 205
- 5.2.1 为什么将工控系统加入等级保护 ... 205
- 5.2.2 工控等级保护 2.0 的约束条件 ... 205
- 5.2.3 工业控制系统安全扩展要求 ... 206
- 5.2.4 工业控制安全缩略语 ... 206
- 5.2.5 工业控制系统概述 ... 207
- 5.2.6 工业控制系统层次模型 ... 207
- 5.2.7 各层次与等级保护基本要求的映射关系 ... 208

5.3 云计算安全扩展要求 ... 209

5.4 物联网安全扩展要求 ... 211
- 5.4.1 什么是物联网 ... 211
- 5.4.2 物联网的安全问题 ... 213
- 5.4.3 等级保护 2.0 基本要求之物联网安全要求 ... 215

第 6 章 工业互联网安全实践 ... 218

6.1 工业互联网安全框架 ... 218

6.2 工控安全产品 ... 222
- 6.2.1 总体方案 ... 222
- 6.2.2 工业防火墙 ... 223
- 6.2.3 工业审计 ... 224
- 6.2.4 工业卫士 ... 226
- 6.2.5 监管平台 ... 226

|　　6.3　云安全产品..228
|　　6.4　网络安全产品..230
|　　　　6.4.1　下一代防火墙..230
|　　　　6.4.2　入侵防御系统..231
|　　　　6.4.3　入侵检测系统..232
|　　6.5　未知威胁检测系统..232
|　　　　6.5.1　产品出发点..232
|　　　　6.5.2　产品定义..233
|　　　　6.5.3　产品架构及原理..234
|　　　　6.5.4　典型部署..235
|　　　　6.5.5　产品案例..236
|　　6.6　等级保护 2.0 解决方案..236
|　　　　6.6.1　云等级保护解决方案..................................236
|　　　　6.6.2　工控安全等级保护解决方案......................237
|　　6.7　工业信息安全服务..239
|　　6.8　工业信息安全研究..241
|　　　　6.8.1　超弦实验室介绍..241
|　　　　6.8.2　攻防演练平台..244
|　　　　6.8.3　工控安全教育实验平台..............................249

参考文献..253

第 1 章 工业互联网概述

1.1 工业发展历史

工业互联网可通过开放的、全球化通信的网络平台，把设备、生产线、员工、工厂、仓库、供应商、产品和客户紧密地连接起来，共享工业生产全流程的各种要素资源，使其数字化、网络化、自动化和智能化，从而实现效率提升和成本降低。工业互联网是全球工业系统与高级计算、分析、感应技术以及互联网连接融合的结果，其本质是把人、数据和机器连接起来，所以其中最关键的三个要素是人、数据和机器。

工业互联网链接工业全系统、全产业链和全价值链，是支撑工业智能化发展的关键基础设施，是新一代信息技术与制造业深度融合所形成的新兴业态和应用模式，是互联网从消费领域向生产领域、从虚拟经济向实体经济拓展的核心载体。

18 世纪 60 年代，以瓦特改良蒸汽机为代表，英国开启了人类历史上第一次工业革命，从此人类走向了工业时代。

1. 第一次工业革命

由一系列技术革命引起了从手工劳动向动力机器生产转变的重大飞跃，工业革命早期，人们被迫适应新的生活环境，从农庄搬到城市，全家大半生都在工厂工作。工业化及其伴随的变化提高了世界多数人口的生活标准，较之过去，有更多的货物可供使用，成本也较低廉。

机器的盛行替代了工业生产中的手工操作，传统手工操作跟不上机器生产的需要。资本家为了更好地管理生产、提高效率，建立了集中工作的厂房，雇佣工人和购买机器集中生产，从而产生了一种新的组织方式——工厂。工厂是工业化过程中重要的组织形式。生产方式工业化同时也改变了政府，许多国家推行帝国主义以支配各种原料和市场，进而支持工业的发展。

从英国发起的技术革命是技术发展史上的一次巨大变革，它开创了以机器代替手工工具的时代。这不仅是一次技术改革，更是一场深刻的社会变革。这一次技术革命和与之相关的社会关系的变革，被称为第一次工业革命或者产业革命。

2. 第二次工业革命

自 19 世纪后期开始，科学技术的进步和工业生产的高涨，蒸汽机已经不能满足生产的需要，工厂迫切需要新的能源动力和机器。发电机和内燃机的发明，开启了产品规模化生产的新模式，标志着电气化时代的到来。工业 2.0 时代的标志性产物有发电机、内燃机、电话和飞机。

工业重心由轻纺工业转为重工业，出现了电气、化学、石油等新兴工业部门。由于 19 世纪 70 年代以后发电机、电动机相继发明，远距离输电技术的出现，使电气工业迅速发展起来，电力在生产和生活中得到广泛的应用。

内燃机的出现及 19 世纪 90 年代以后的广泛应用，为汽车和飞机工业的发展提供了可能，也推动了石油工业的发展。

化学工业是这一时期新出现的工业部门，从 19 世纪 80 年代起，人们开始从煤炭中提炼氨、苯、人造燃料等化学产品，塑料、绝缘物质、人造纤维、无烟火药也相继发明并投入了生产和使用。原有的工业部门如冶金、造船、机器制造以及交通运输、电信等部门的技术革新加速进行。

在这一时期里，一些发达资本主义国家的工业总产值超过了农业总产值，这一时期被称为第二次工业革命。

3. 第三次工业革命

20 世纪四五十年代以来，在原子能、电子计算机、微电子技术、航天技术、分子生物学和遗传工程等领域取得的重大突破，标志着新的科学技术革命的到来。这次科技革命被称为第三次工业革命。

第三次工业革命产生了一大批新型工业，第三产业迅速发展。其中最具划时代意义的是电子计算机的迅速发展和广泛运用，开辟了信息时代。它也带来了一种新型经济——知识经济。知识经济发达程度的高低已成为各国综合国力竞争中成败的关键所在。

第三次工业革命是人类文明史上继蒸汽技术革命和电力技术革命之后科技领域里的又一次重大飞跃。它是以原子能、电子计算机、空间技术和生物工程的发明和应用为主要标志，涉及信息技术、新能源技术、新材料技术、生物技术、空间技术和海洋技术等诸多领域的一场信息控制技术革命。

这次革命不仅极大地推动了人类社会政治、经济和文化领域的变革，而且也影响了人类的生活方式和思维方式，使人类社会生活和人的现代化向更高境界发展，生产进入自动化时代。

4．第四次工业革命

第四次工业革命，或者叫科技革命，是继前三次科技革命后的又一次科技革命，是以生产网络化、石墨烯、基因、虚拟现实、量子信息技术、可控核聚变、清洁能源以及生物技术为技术突破口的工业革命，对于工业生产，它的特点是从自动化迈向智能化。

依据学者曾邦哲的观点，以系统科学的兴起到系统生物科学的形成为标志，系统科学、计算机科学、纳米科学与生命科学的理论与技术整合，形成了系统生物科学与技术体系，包括系统生物学与合成生物学、系统遗传学与系统生物工程、系统医学与系统生物技术等学科体系，将导致的是转化医学、生物工业的产业革命。

在过去 200 多年世界工业化、现代化的历史上，我们曾先后失去过三次工业革命的机会。在前两次工业革命过程中，中国都是边缘化者、落伍者，急剧地衰落，由于错失工业革命机会，中国 GDP 占世界总量比重，由 1820 年的 1/3 下降至 1950 年的不足 1/20，落后就要挨打，这也是近代中国饱受欺凌的重要原因之一。之后中国在极低发展水平起点下，发动国家工业化，同时进行了第一次、第二次工业革命。即使是在 20 世纪 80 年代以来的信息革命中，我们也仅仅是侥幸上了末班车，还是个"后来者"，因为对外开放才成为"追赶者"。但是中国实现了成功追赶，已经成为世界最大的 ICT（信息通信技术）生产国、消费国和出口国，正在成为领先者。进入 21 世纪后，中国第一次与美国、欧盟、日本等发达国家站在同一起跑线上，在加速信息工业革命的同时，正式发动和创新了第四次绿色工业革命。

1.2 各国工业发展战略

2008 年的金融危机让各个国家不约而同地意识到了实体经济，特别是制造业在国家经济中的支柱作用。美国、德国、日本、法国、韩国、印度等，当然包括中国，都提出了自己国家制造业发展的思路及方向，其内容大致都是运用新一代信息技术与制造业相结合的转型升级。各个国家不同的制造业基础、制造业文化、制造业思维和制造业优势，决定了各个国家的制造业发展方向不可能完全一致。

当前，美国、德国、日本等国均从政策支持、经费资助、企业实践等多维度持续深化工业互联网发展，全球工业互联网领域竞争日趋激烈。各国根据自身的实际情况，制定了不同的战略。美国注重以创新为驱动，发挥互联网、信息通信、软件等优势，利用信息技术"自上而下"重塑制造业。德国提出工业4.0战略，重视智能工厂、智能生产和智能物流等基础生产工序优化，"自下而上"改造制造业。日本建立本地化互联工业支援体系，关注企业间互联互通从而提升全行业的生产效率，让企业集体受益。

必须明确的是，不论是中国制造2025战略、德国工业4.0战略还是美国工业互联网战略，其核心方向都是面向新时代，面向未来，面向第四次工业革命的国家制造业转型升级战略，都是为了在新时代能够占据智能制造的先机，成为新时代的"智"造强国。

1.2.1　美国工业互联网战略

工业互联网的概念最早由通用电气于2012年提出，随后美国五家行业龙头企业联手组建了工业互联网联盟（IIC），将这一概念大力推广开来。工业互联网代表了全球工业系统与智能传感技术、高级计算、大数据分析以及互联网技术的连接和融合，其核心三要素包括智能设备、先进的数据分析工具和人与设备交互接口。它是智能制造体系和智能服务体系的深度融合，是工业系统产业链和价值链的整合和外延。

美国拥有传统高端制造业的强大优势，且得益于20世纪80年代以来信息技术的发展，使其在信息技术领域几乎是处于全球垄断地位，所以美国的工业互联网战略理所当然地选择了整合工业生产设备、信息通信及软件接口，充分发挥互联网的优势，把互联网的理念带进工业生产。

美国工业互联网战略的核心是把生产设备数字化，所有的生产过程管理都可以像使用互联网一样简单、透明，甚至通过手机就能够进行全面管理。

1. 生产数据可以被实时反馈

工厂的实时生产数据不再依靠人工统计，而是能实现全自动化的统计及反馈，工厂的管理者可以随时随地利用手机查看工厂生产状态及设备运行状况。

2. 设备故障可以提前预警通知

过去，不管是生产线还是设备机器，故障永远都是发生了才知道，而现在设备在发生故障之前就能被通知给操作工，从而减少设备在运行状态中发生意外停机故障，这对于生产线来说至关重要。

3. 设备效率损失将被记录统计

以往设备每次发生故障都依靠工厂的一些老师傅来解决，而再次发生故障时，依然还是老师傅解决，但是设备数字化则可以将设备的每一次损失统计都提前录入系统中,当故障发生时,相应的解决方法也会以消息的方式通知给普通操作工。

4. 历史生产统计报告

工厂的每一项数据都可以被查询和调用,并且比过去人工的统计更加精确和完整,让工厂可以随时参考调整生产计划,同时也可以对比出不同生产线的不同生产数据。

想象一下,在一家设备数字化的工厂里,工厂管理员在移动设备上查看工厂某一台设备的轴承温度、转速以及该设备今天的产量等,还时不时收到关于设备的一些最新预警提醒,如轴承温度过高,然后操作工会根据系统给出的解决方案进行设备维护保养,并且系统会将产生高温的设备状态数据记入历史数据,避免下次同类情况产生。

在电影《安德的游戏》中描绘了一幅场景,安德鲁·维京(绰号安德)在最后的模拟考试中以为自己是在操作电脑游戏,而实际上他正在指挥一支太空舰队消灭敌人。

美国工业互联网作为全球新一轮产业革命的标志,改变了传统要素结构,实现了产业升级的两大突破:一是突破了地理限制,工业互联网将全球范围内的机械、人和数据连接起来,在更深的层面将数据收集分析与运行预测相结合,在全球范围内配置资源、销售产品,减少冗余产生,实现了全球制造联网;二是突破了边界限制,工业互联网使机器得以通过网络与其制造者进行交流,能够实时为客户提供恰当的信息,随时解决可能出现的各种问题,将生产意外产生的可能性降至最低,突破了原有生产模式的可能性边界。

1.2.2 德国工业 4.0 战略

美国的工业互联网是由市场主导的,但德国的工业 4.0 战略主要是由德国政府来推动的。工业 4.0 在德国被认为是第四次工业革命,是德国政府 2010 年公布的《德国 2020 高技术战略》中的一项战略,旨在支持工业领域新一代革命性技术的研发与创新,保持德国的国际竞争力。2013 年 4 月,德国机械及制造商协会,德国信息技术、通信与新媒体协会以及德国电子电气制造商协会合作设立了"工业 4.0 平台",并向德国政府提交了平台工作组的最终报告——《保障德国制造业的未来——关于实施工业 4.0 战略的建议》。报告提出,德国向工业 4.0 转变需要采取双重策略,即德国要成为智能制造技术的主要供应商和 CPS(信息物理系统)技术及产品的领先市场。

工业 4.0 的核心是改变生产制造方式,从目前的固定生产线按照预先固定的流程进行生产转变为按照动态配置的方式进行生产。工业 4.0 报告中描述的动态配置的生产方式主要是指从事作业的机器人（工作站）能够通过网络实时访问所有有关信息，并根据信息内容自主切换生产方式以及更换生产材料，从而调整成为最匹配模式的生产作业。动态配置的生产方式能够实现为每个客户、每个产品进行不同的设计、零部件构成、产品订单、生产计划、生产制造、物流配送，杜绝整个链条中的浪费环节。与传统生产方式不同，动态配置的生产方式在生产之前或者生产过程中，都能够随时变更最初的设计方案。

德国提出"工业4.0"这一概念本身带有国家的反思。德国称得上是一个高端制造的大国，制造业作为其经济增长的动力，使其在欧债危机中长期保持坚挺。但他们的制造业始终以产品为主。他们一直在反思，为什么自己的产品只有生产功能的价值，而没有服务的价值。为此通过互联、数字、智能化的融合、智能工厂的建设，可能是未来的方向。基于自身较强的制造设备工业，在国家战略下合作建设互联的智能工厂系统可能是重要的路径，使得德国成为第四次工业革命的先行者。

如果说美国的思路是想把工业生产纳入统一网络中，德国的思路更像是把网络作为工具改变生产制造方式，更加聚焦于制造业本身。

1.2.3 中国制造 2025 战略

"中国制造2025"在2014年首次被提出时就受到了全世界的关注。2015年3月，国务院总理李克强在全国两会上做《政府工作报告》时正式提出了"中国制造2025"计划，其根本目标在于改变中国制造业"大而不强"的局面，使中国成为制造强国。

"中国制造2025"是中国版的工业4.0，"中国制造2025"和"工业4.0"两个战略都是为了面对新一轮的世界竞争，增强国家工业的竞争力，在世界工业发展中占领先机。德国推出高科技战略计划——"工业4.0"。通过工业4.0战略的实施，德国希望成为新一代工业生产技术（信息物理系统）的供应国和主导市场，提升全球竞争力。中国推出"中国制造2025"计划，通过"中国制造2025"战略的实施，全面提升中国制造业的发展质量和水平，使中国迈入制造强国行列，成为制造强国。

但是中国和德国毕竟国情不同，德国经历过三次工业革命，生产技术已经相当成熟，数控系统技术早已成为德国制造业的标配，德国制造在全世界范围都是优秀的代名词，也是世界上最具竞争力的制造业之一，是全球制造装备领域的领头羊。而中国工业还处于大批量生产阶段，企业发展水平参差不齐，有的依靠生产线实现批量生产，有的依靠电子系统和信息技术实现生产自动化，数控系统技术也没有完全掌握技术技巧，因此中国目前只是个制造大国，离制造强国还有一定的距离。"中国制造2025"提出"创新驱动、质量为先、绿色发展、结构优化、人才为本"的基本方针。

"中国制造2025"提出重点发展的十个行业，包括新一代信息技术产业、高档数控机床和机器人、航空航天装备、海洋工程装备及高技术船舶、先进轨道交通装备、节能与新能源汽车、电力装备、农机装备、新材料、生物医药及高性能医疗器械，这些行业都属于高技术产业和先进制造业领域，其核心就是实现制造强国的战略目标。因此，必须坚持问题导向，统筹谋划，突出重点；必须凝聚全社会共识，加快制造业转型升级，全面提高发展质量和核心竞争力。

1.3 工业互联网与物联网

物联网（Internet of Things，IoT），其定义为通过各种信息传感设备，如射频识别技术、全球卫星定位系统、红外感应器、激光扫描器、气体感应器等各种装置与技术，实时采集任何需要连接、监控、互动的物体或过程状态信息，包含其声、光、热、电、力学、化学、生物、位置等各种基础信息，通过互联网形成相互交互的、可识别的和可共享的网络，其目的是实现物与物、人与物在网络上的连接、识别、管理和控制等。物联网的信息是动态的，主要由物理机器生成。

工业物联网是指物联网在工业领域的应用。具体来说，一方面工业物联网是一个物与互联网服务相互交叉的网络体系；另一方面，工业物联网也是自动化与信息化深度融合的突破口。

物联网应用非常广泛，例如智能交通、智慧物流、智能医疗、智慧电力等，主要工作原理都是从底层的感知到中层的传输以及末端的应用。物联网具有海量的设备连接，在分布广泛的场景下，与无线网络的覆盖范围、终端设备的功耗密切相关。而工业物联网，是指物联网在工业领域的应用。工业物联网具有一般物联网的特征，然而又非普通物联网应用，设备之间的互联互通需要极低的时延和极高的可靠性，对时延和可靠性具有极高的指标要求，需要为用户提供毫秒级的端到端时延和接近100%的业务可靠性保证。尤其是在数据通信领域，工业物联网的低功耗、广覆盖、低时延和高可靠要求，使得其对技术升级的要求远高于一般物联网。

与物联网强调的以网络为中心的物物互联不同，工业互联网及平台构建在智能机器之上，提倡的是人、物和数据的连接，这样智能机器之间的网络化连接和系统才能创造更大的价值。

工业互联网的核心是互联，是制造企业实现智能制造的关键使能技术之一。

根据业内提出的智能制造金字塔模型,企业推进智能制造应包含 4 个层次,如图 1-1 所示。

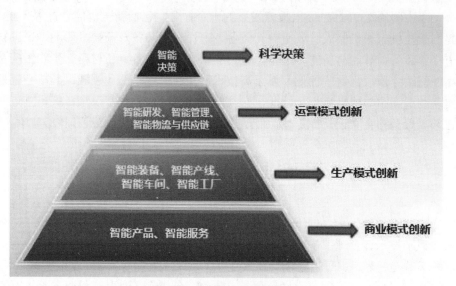

图 1-1　智能制造金字塔模型

- 第一层是推进产品的智能化和智能服务,从而实现商业模式的创新。在这一层,工业互联网可以支撑企业开发智能互联产品,基于物联网提供智能服务。
- 第二层是如何应用智能装备、部署智能产线、打造智能车间和建设智能工厂,从而实现生产模式的创新。在这一层,工业互联网技术可以帮助企业实现 M2M,从设备联网到生产线的数据采集,从车间的智能监控到生产无纸化等。
- 第三层是智能研发、智能管理和智能物流与供应链,实现企业运营模式的创新。在这一层,工业互联网的主要作用是实现企业内的信息集成和企业间的供应链集成。
- 第四层是智能决策。在这一层,工业互联网的作用是实现异构数据的整合与实时分析。

工业互联网,是 IT、CT、OT 的全面融合和升级。它既是一张网络,也是一个平台,更是一个系统,实现了工业生产过程所有要素的泛在连接和整合。

1.4　工业互联网与网络空间安全

随着工业互联网的快速发展,大量的工业控制系统都陆续接入了网络。工业控制系统重点应用在炼油、石化、电力、冶金、建材、交通、电网、水网、气网、国防、智能制造等关系到国家和社会稳定、经济正常运行的各个重要领域。随着我国大力推进信息化建设，工业控制系统在我国各行业的应用范围和部署规模快速增长，并且已成为国家关键基础设施的"中枢神经"。其中，在公用事业行业，大中型城市的燃气输配、供电、供水、供暖、排水、污水处理等均采用了智能工业控制系统；在以石油、石化、天然气为代表的能源行业，从大型油气田到数万公里的原油、天然气和成品油输送管线，大规模采用工业控制系统；在电力行业，发电、调度、变电、配电和用电等各个环节都离不开工业控制系统；在以轨道交通为代表的公共交通行业，从控制列车运行的信号系统，到统一指挥调度的综合监控系统已全部实现网络化控制；在水利行业，国家防汛指挥系统采用工控系统进行区域和全国联网；在智能制造行业，越来越多的信息技术应用到了工业制造领域，生产模式得到根本性的改变，智能化程度越来越高，各种智能制造设备和系统进行网络互联互通的趋势越来越快。

工业互联网实现了全系统、全产业链和全生命周期的互联互通，而与此同时，互联互通的实现也打破传统工业相对封闭可信的生产环境，导致攻击路径大大增加。我国近几年工业控制系统的安全事件也时有发生，如钢厂异常停机、石化工厂蠕虫泛滥、生产企业感染勒索病毒等，这些层出不穷的安全事件，为我国关键基础设施的系统安全问题敲响了警钟。

从2018年开始，地缘政治摩擦不断助长了网络攻击的规模和复杂性，一系列接踵而来的网络安全事件凸显网络安全对国家安全的深刻影响。美、欧、澳、日等发达国家或地区及我国周边国家纷纷开启网络空间实战化布局，攻防对抗态势升级，预示着国际网络空间格局正在发生重大变化。与此同时，伴随着信息化与工业化融合水平不断提升，国民经济运转对信息系统依赖日渐加深，新技术应用转化为新兴产业支撑经济增长的势头愈加迅猛，国内网络安全形势暗涌不断，中美贸易争端裂隙持续蔓延，信息化应用发展背后的深层次安全矛盾趋于显现，而威胁风险此消彼长，漏洞隐患普遍存在，产业发展步伐缓慢，因此我国网络安全总体形势依然严峻。

工业网络中普遍存在上位机操作系统无法打补丁、弱密码、应用软件漏洞等问题，一旦接入互联网，其面临的风险要比传统消费互联网大得多。与此同时，对于网络空间的安全，各国政府也是越来越重视。一系列政策、法规不断出台，《中华人民共和国网络安全法》《信息安全技术网络安全等级保护基本要求》陆续发布。新技术也在不断发展，网络安全从被动防御到主动防御，从出口防御到纵深防御，从全局防御到精准防御，以适应新时代越来越复杂的网络安全形势。

1.5 工业互联网技术发展现状

2019年,工信部牵头制定工业互联网标准体系。工业互联网通过系统构建网络、平台和安全三大功能体系,打造人、机、物全面互联的新型网络基础设施,形成智能化发展的新兴业态和应用模式。

其中,网络体系是工业互联网的基础,将连接对象延伸到工业全系统、全产业链和全价值链,可实现人、物品、机器、车间、企业等全要素,以及设计、研发、生产、管理、服务等各环节的泛在深度互联,包括网络连接、标识解析、边缘计算等关键技术。

平台体系是工业互联网的核心,是面向制造业数字化、网络化和智能化需求,构建基于海量数据采集、汇聚、分析的服务体系,支撑制造资源泛在连接、弹性供给和高效配置的载体,其中平台技术是核心,承载在平台之上的工业APP技术是关键。

安全体系是工业互联网的保障,通过构建涵盖工业全系统的安全防护体系,增强设备、网络、控制、应用和数据的安全保障能力,识别和抵御安全威胁,化解各种安全风险,构建工业智能化发展的安全可信环境,保障工业智能化的实现。

新模式新业态是我国工业互联网的特色应用。我国工业企业、信息通信企业、互联网企业积极开展工业互联网应用探索和模式创新,形成了智能化生产、个性化定制、网络化协同、服务化延伸等诸多新模式新业态。工业互联网标准体系如图1-2所示。

图1-2 工业互联网标准体系

1.5.1 网络体系

从标准体系中可以看到，网络体系主要包括网络与连接、标识解析及边缘计算等相关标准。

网络与连接标准主要包括工厂内网络、工厂外网络、工业设备/产品联网、网络设备、网络资源管理、互联互通等标准。

- ❑ 工厂内网络标准：主要规范工业设备/产品、控制系统和信息系统之间的网络互联要求，包括工业以太网、工业无源光网络（PON）、时间敏感网络（TSN）、确定性网络（DetNet）、软件定义网络（SDN）以及工业无线、低功耗无线网络、第五代移动通信技术（5G）工业应用等关键网络技术标准。
- ❑ 工厂外网络标准：主要规范连接生产资源、商业资源以及用户、产品的公共网络（互联网、专网、VPN 等）要求，包括基于多协议标签交换（MPLS）、光传送网（OTN）、软件定义网络（SDN）等技术的虚拟专用网络（VPN）标准，以及长期演进（LTE）、基于蜂窝的窄带物联网（NB-IoT）等蜂窝无线网络标准。
- ❑ 工业设备/产品联网标准：主要规范工业设备/产品联网所涉及的功能、接口、参数配置、数据交换、时钟同步、定位、设备协同以及远程控制管理等要求。
- ❑ 网络设备标准：主要规范工业互联网内使用的网络设备功能、性能、接口等关键技术要求，包括工业网关、工业交换机、工业路由器、工业光网络单元（ONU）、工业基站以及工业无线接入（AP）等标准。
- ❑ 网络资源管理标准：主要规范工业互联网涉及的地址、无线频谱等资源使用管理要求以及网络运行管理要求，包括工业互联网 IPv6 地址管理规划、应用和实施等标准，用于工业环境的无线频谱规划等标准，以及工厂内网络管理和工厂外网络管理等标准。
- ❑ 互联互通标准：主要规范跨设备、跨网络、跨域数据互通时涉及的协议、接口等技术要求。
- ❑ 标识解析标准：主要包括编码与存储、标识数据采集、解析、数据交互、设备与中间件、异构标识互操作等标准。
- ❑ 编码与存储标准：主要规范工业互联网的编码方案，包括编码规则、注册操作规程、节点管理等标准，以及标识编码在条码、二维码、射频识别标签存储方式等标准。
- ❑ 标识采集标准：主要规范工业互联网标识数据的采集方法，包括各类涉及标识数据采集实体间的通信协议以及接口要求等标准。
- ❑ 解析标准：主要规范工业互联网标识解析的分层模型、实现流程、解析查询数据报文格式、响应数据报文格式和通信协议等要求。
- ❑ 交互处理标准：主要规范设备对标识数据的过滤、去重等处理方法以及标识服务所涉及的标识间映射记录数据格式和产品信息元数据格式等要求。
- ❑ 设备与中间件标准：主要规范工业互联网标识解析服务设备所涉及的功能、接口、协议、同步等要求。
- ❑ 异构标识互操作标准：主要规范不同工业互联网标识解析服务之间的互操作，包括实现方式、交互协议、数据互认等标准。
- ❑ 边缘计算：是网络体系和平台体系的重要支撑技术，是网络、平台功能在边缘侧的映射。从网络侧看，边缘计算是在靠近物或数据源头的网络边缘侧构建的融合网络、计算、存储、应用核心能力的分布式开放体系和关键技术。通过边缘计算能够"就近"提供边缘智能服务，满足工业在敏捷连接、实时业务、安全与隐私保护等方面的需求。国际上主流信息通信企业均加大了对边缘计算技术的研发及产品研制，产业处于发展初期，国内外标准化工作进入起步阶段，正在加快推动相关的标准研制工作。

1.5.2 平台体系

工业互联网平台是工业全要素、全产业链及全价值链连接的枢纽，是实现制造业数字化、网络化和智能化过程中工业资源配置的核心，是信息化和工业化深度融合背景下的新型产业生态体系。工业互联网平台是在云计算、大数据、工业通信以及工业软件等技术综合集成应用基础上延伸出来的新型技术体系，支撑实现海量异构数据汇聚和建模分析、工业经验知识转化复用、工业智能应用开发运行。全球工业互联网平台发展迅速，涌现出一批优秀平台产品和创新应用，但从整体上看，当前平台发展还处于初级阶段，产业发展与标准化共识正在形成，工业设备连接、数据采集、工业大数据应用、工业机理建模分析、工业微服务、工业应用开发环境以及平台间兼容等重点领域成为标准化和产业推广布局的重点。

工业 APP 是基于工业互联网平台，承载工业知识和经验，满足特定需求的工业应用软件。工业 APP 涵盖了从设计开发、测试部署到应用改进的软件开发技术，并涉及基础学科、行业知识和专业能力等工业技术。工业 APP 属于新兴领域，产业界尚无相关标准。随着工业 APP 产品的推出及试点应用标准化工作成为当前迫切需求，急需围绕工业 APP 架构、开发部署、运维管理及测试验证等关键领域开展标准研制和产业化推广。

为满足工业生产实时性和安全性等方面的需求，平台功能需要在靠近数据源的边缘侧进行映射，负责生产现场数据实时处理与业务快速优化，满足工业在虚拟化和资源抽象、超低时延数据感知、边缘协同以及轻量级机器学习应用等方面的需求。工业互联网平台企业均开展平台边缘计算智能算法和模块的研发及产业化，亟须加快制定平台边缘计算智能的实时操作系统、分布式计算任务调度、边云协同策略等方面的标准。

1.5.3 安全体系

工业互联网安全从防护对象、防护措施及防护管理三个维度构建。针对不同的防护对象部署相应的安全防护措施，根据实时监测结果发现网络中存在的或即将发生的安全问题及时做出响应，并通过加强防护管理，明确基于安全目标的可持续改进的管理方针，从而保障工业互联网的安全。

工业互联网安全主要涉及设备、控制系统、网络、数据、平台及应用等方面的防护技术和管理手段，现有面向公网或专网的安全技术及管理标准尚不能满足工业互联网跨网络、跨领域的整体安全保障需求。现阶段针对工业互联网安全相关标准主要集中在工业控制系统领域，为支撑工业互联网健康发展，需要系统全面地开展工业互联网安全技术研究与标准研制。

1.5.4 应用

对于智能化生产，企业围绕研发设计、生产制造、经营管理各环节，应用工业互联网将人、机、料、法、环等资源进行集成与分析，实现生产管控一体化、制造工艺优化、柔性制造、能耗管理、仓储物流优化等。对于网络化协同，制造企业基于工业互联网平台集成设计企业和供应链企业的业务系统，实现协同设计与供应链协同优化；在制造装备联网的基础上，远程下达加工制造需求、对外开放空闲制造能力，实现云制造。对于个性化定制，企业应用工业互联网精准、无缝对接用户个性化需求，并结合产品的模块化设计，实现个性化产品定制。对于服务化延伸，企业应用工业互联网将产品的研发设计数据、运行状态数据、历史维护数据以及用户使用行为数据等进行汇聚并分析，实现故障预测与健康管理、远程维护、产品设计反馈优化等。在工业互联网典型应用方面已经开展了少量标准的制定，涵盖智能化生产、网络化制造、供应链管理及个性化定制等方面，但面向重点行业领域的标准研制工作尚未开展，需要根据行业应用需求不断凝练标准化目标，联合产业链上下游主体持续推进标准化工作。

第 2 章 工业互联网体系

2.1 网络与连接

网络是工业互联网体系的基础,为人、机、物全面互连提供基础设施,促进各类工业数据的充分流动和无缝集成。

2.1.1 工业互联网网络连接概述

工业互联网的网络连接遵从工业互联网产业联盟(AII)网络连接框架,包括两个级别的网络互连和数据互通。其中,网络互连包括厂内网络和厂外网络;数据互通是指在各种元素和系统之间实现数据和信息的无缝传输,使异构系统能够在数据级别实现数据互操作和信息集成。

2.1.2 网络互连

1. 工厂内网络

当前,工厂内网络一般为"两层三级"结构。"两层"是指技术异构的工厂 IT 网络和工厂 OT 网络;"三级"是指目前的管理层级,一般划分为现场级、车间级和工厂/企业级三级,每级之间的网络配置和管理策略相对独立,如图 2-1 所示。

在现场一级,工业现场总线被广泛用于连接现场检测传感器、执行器和工业控制器。在车间一级,网络通信主要在控制器之间,控制器与本地或远程监控系统之间,以及控制器与操作级之间通信连接。主流通信方法的这一部分是工业以太网通信。在工厂/企业级别,高速以太网和 TCP/IP 协议通常用于网络互连。相应地,目前工业控制领域常用的通信协议主要有三类:现场总线、工业以太网和工业无线网协议。

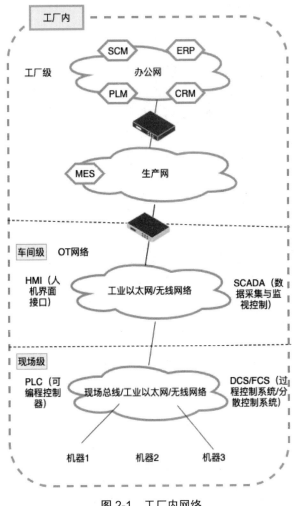

图 2-1 工厂内网络

对于有线网络，可按协议层划分层级。第一层是物理层，主要包括单对双绞线以太网和工业 PON；第二层是链路层，主要包括对时间敏感的网络 TSN；第三层是网络层，主要包括确定性网络 DetNet。

对于无线网络，在工厂中使用可以消除电缆在车间中缠结的危险，使工厂环境更安全、更清洁，并且成本低，易于部署和使用，且可灵活调整。目前，工业无线网络主要用于厂内信息化、设备信息收集和一些非实时控制，多使用 Wi-Fi、ZigBee、WirelessHART、WIA-PA 等技术。这些技术主要基于短距离（如 IEEE 802.11）或近距离（如 IEEE 802.15）标准。

2．工厂外网络

工厂外网络一般通过企业专网或移动通信网络实现。

2.1.3 数据互通

根据 AII 发布的《工业互联网网络连接白皮书》,"据不完全统计,目前国际上现存的总线/工业以太网协议数量高达 40 余种。还存在一些自动化控制企业,直接采用私有协议实现全系列工业设备的信息交互。在这样的产业生态下,形成了一个个竖井型的业务系统,同一个系统内的数据可以一定程度的互通,但跨系统的数据互通非常困难。"

企业对数据互通的需求越来越强烈,主要呈现以下趋势:
- 要实现信息的标准化。
- 要加强与云的连接。
- 要实现现场级设备的互通。

在这种背景下,OPC UA 便横空出世。OPC UA 安全、可靠,且独立于制造商和平台,它使得来自不同制造商的不同操作系统和设备之间能够进行数据交互,是工业通信的数据交互规范。OPC UA 为工厂车间和企业之间的数据和信息传输提供了独立于平台的互操作性标准。

2.2 标识解析

2018 年 9 月 1 日,长三角工业互联网峰会暨 G60 科创走廊工业互联网协同创新工程启动大会在上海松江举行。

在峰会"工业互联网网络创新应用"分论坛中,"标识解析"成为了与会人员关注的重点,引起代表们的广泛讨论。工业互联网产业联盟标识特设组主席刘阳介绍了工业互联网标识解析体系的最新进展,重点从顶层设计和政策引导、整体架构和技术标准、二级节点和产业应用、发展趋势和重点方向 4 个方面,从功能视角、资源视角、角色视角、部署视角以及管理视角等不同维度对工业互联网标识解析体系进行了解读,重点说明了二级节点的重要意义、功能架构、建设方式以及标识应用的重要作用和价值。

2.2.1 什么是标识解析

标识解析体系类似于互联网领域的域名解析(DNS),是全球工业互联网安全运行的核心基础设施之一。

全球存在多种标识解析体系,如 GS1 体系、OID 体系、Handle 体系、Ecode 体系以及 UID 体系等。

实际上这里面的核心要素由三部分组成。第一部分是标识编码，以前互联网的域名只是识别网站网页，今天工业互联网的编码可以识别机器产品的物理实体，也可以识别算法这样的虚拟对象；第二部分是解析系统，也是节点这样一个名字，它追求的是通过标识编码作为唯一入口，把工业标识编码背后对应的工业数据和它们丰富的信息关联起来，从而支撑全球的供应链系统和企业生产系统对接；第三部分是标识关联的数据服务，也是标识解析体系非常重要的内容。

标识解析体系是促进实体经济与数字经济融合发展的黏合剂，每一个物理世界的实体，都会在数字世界有对应的标识和可通过解析查询到的数字描述。

标识解析体系是实现工业全要素和各环节信息互通的关键枢纽。通过给每一个对象赋予标识，并借助工业互联网标识解析系统，实现跨地域、跨行业、跨企业的信息查询和共享。工业互联网标识解析系统的应用如图 2-2 所示。

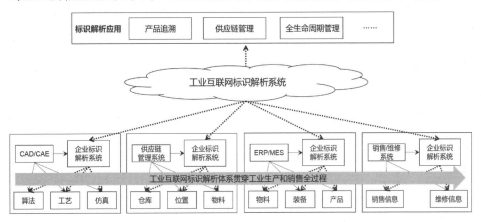

图 2-2　工业互联网标识解析系统

2.2.2　标识解析体系建设总体方案

标识解析体系建设总体方案如图 2-3 所示。

其中顶层设计与任务目标如下：

《国务院关于深化"互联网+先进制造业"发展工业互联网的指导意见》提出要"推进标识解析体系建设。加强工业互联网标识解析体系顶层设计，制定整体架构，明确发展目标、路线图和时间表。设立国家工业互联网标识解析管理机构，构建标识解析服务体系，支持各级标识解析节点和公共递归解析节点建设，利用标识实现全球供应链系统和企业生产系统间精准对接，以及跨企业、跨地区、跨行业的产品全生命周期管理，促进信息资源集成共享"。

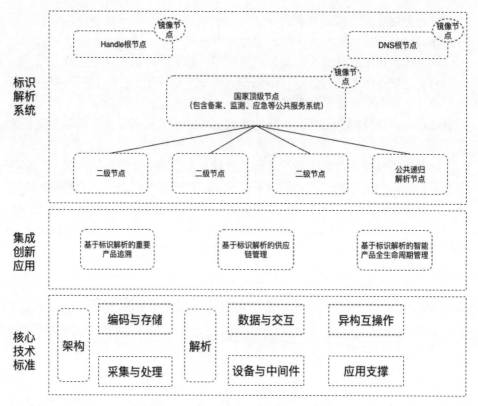

图 2-3 标识解析体系建设总体方案

《工业互联网发展行动计划（2018—2020 年）》提出"标识解析体系构建行动"的发展目标为"2020 年建成 5 个左右标识解析国家顶级节点，形成 10 个以上公共标识解析服务节点，标识注册量超过 20 亿"。

2.2.3 标识解析体系整体架构

工业互联网标识解析体系整体架构如图 2-4 所示。

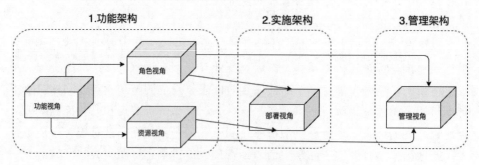

图 2-4 工业互联网标识解析体系整体架构

图 2-4 中各视角含义如下：
- 功能视角：基于业务归纳出所需的功能层次。
- 资源视角：规范了工业互联网中标识资源的分配方式。
- 角色视角：梳理了参与业务的各利益相关方。
- 部署视角：描述了各利益相关方为了实现业务所需的功能，需要进行的物理部署。
- 管理视角：定义了对资源（标识）和设施（解析节点）的管理机构及管理方式。

下面详细介绍一下功能视角和部署视角。

1．功能视角

下面从功能视角解读工业互联网应用与互联网应用的区别。

可将互联网应用——例如网页浏览或电子邮件——分为两个层级，分别为标识编码层和标识解析层。其中标识编码层包括编码规则、分配规则和管理规则；标识解析层包括注册系统、解析系统和数据管理。

工业互联网应用包括产品追溯、智能生产、供应链管理和全生命周期管理等 4 个方面。可将工业互联网分为 4 个层级，分别为标识编码层、标识采集层、标识解析层和信息共享层。其中标识编码层包括编码规则、分配规则和管理规则；标识采集层包括标识载体、读写方式、数据传输和设备管理；标识解析层包括注册系统、解析系统和数据管理；信息共享层包括数据字典、语义库、异构识别、管理工具、分析工具和搜索引擎。

从功能视角来看，工业互联网标识解析相对于互联网域名系统而言，区别主要在于"对象范围变化、对象粒度细化、解析功能丰富"。

2．部署视角

从部署视角看，工业互联网标识解析体系整体架构包括如下节点。
- 国家根节点：面向全球范围不同国家、不同地区提供根区数据管理和根解析服务，未来逐步引入和完善多种工业互联网标识解析国际根节点。
- 国家顶级节点：我国工业互联网标识解析体系的关键，既是对外互联的国际关口，也是对内统筹的核心枢纽。
- 二级标识解析节点：面向行业提供注册和解析服务，未来将选择汽车、机械制造、航天、船舶、电子、食品等优势行业逐步构建一批行业性二级节点。
- 公共递归解析节点：可以通过缓存等手段提升性能。

2.2.4 标识解析体系的技术发展趋势

标识解析体系的技术发展趋势主要存在以下 5 个方面。

- 服务主体细到物品和信息：工业互联网标识解析，本质是将工业互联网标识解析映射到物体或者相关信息服务器的地址，并在此基础上增加了查询物品信息的能力。
- 服务功能增加信息的管理：工业互联网标识解析要考虑数据的异主、异地和异构。
- 服务性能强调高效和弹性：工业互联网标识解析既要考虑满足工业企业对低时延、高可靠的性能要求，又要具备较强的兼容性和扩展性。
- 服务对象需要异构互操作：工业互联网是全球性的服务网络，为跨企业、跨行业和跨地区提供标识解析服务，因此需要在不同技术方案间保持互联互通和互操作。
- 服务保障追求安全和公平：工业互联网标识解析将为包括制造业在内众多国计民生关键领域提供支持，更需重点加强安全保障。

2.2.5 标识解析体系的重点工作方向

1. 建设工业互联网标识解析节点

构建高效、稳定、可靠的标识解析网络基础设施，包括国家顶级节点、二级及以下其他服务节点等；建设注册备案、解析监测、数据备灾、解析托管、解析应急及安全保障等公共服务能力，为政府主管部门提供必要的管理手段。

2. 营造工业互联网标识解析技术创新环境

组织相关企业和研究机构，重点围绕标识数据采集、传输、解析、共享所涉及的芯片、设备及软件等核心关键技术，开展研发、验证、转化与推广，培养工业互联网标识解析产业生态。

3. 推动工业互联网标识解析集成创新应用

通过政策和资金引导，鼓励工业企业、信息化企业、互联网企业等积极合作，建设工业互联网标识解析二级节点，实施工业互联网标识解析系统与工业企业信息化系统的集成创新工厂，促进企业探索基于标识解析服务的关键产品追溯、多源异构数据共享和全生命周期管理等应用。

2.3 边缘计算

物联网技术的飞速发展和云服务的推广使云计算模型无法很好地解决当前问题。因此，这里给出了一种新型的计算模型，即边缘计算。边缘计算是指在网络边缘处理数据，可以减少请求响应时间，延长电池寿命并减少网络带宽，同时确保数据安全性和私密性。

物联网飞速发展下的边缘计算范式如图 2-5 所示。边缘节点（包括智能设备、手机、平板电脑等）生成数据并将其上传到云中心，服务提供商也生成数据并上传到云中心。边缘节点向云中心发送请求，云中心将相关数据返回到边缘节点。

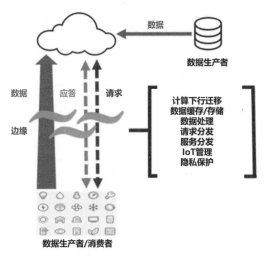

图 2-5　边缘计算范式

2.3.1　什么是边缘计算

边缘计算是指在网络边缘节点处处理和分析数据。其中边缘节点是指在数据源和云中心之间具有计算和网络资源的任何节点。例如，移动电话是人与云中心之间的边缘节点，而网关是智能家居与云中心之间的边缘节点。在理想的环境中，边缘计算是指在数据源附近分析和处理数据，因此没有数据流，从而减少了网络流量和响应时间。

2.3.2　边缘计算的优点

边缘计算的优点如下。
- ❑　在人脸识别领域，响应时间由 900ms 减少为 169ms。
- ❑　把部分计算任务从云端卸载到边缘之后，整个系统对能源的消耗减少了 30%～40%。
- ❑　数据在整合、迁移等方面可以减少 20 倍的时间。

2.3.3 数据抽象

物联网环境中将产生大量数据，并且由于物联网网络的异构环境，所生成的数据具有各种格式，因此格式化各种数据对于边缘计算而言是一个挑战。同时，网络边缘的大多数事物仅定期收集数据，并定期将收集到的数据发送到网关。网关中的存储空间有限，它只能存储最新数据，因此边缘节点上的数据将经常需要被刷新。集成数据表用于存储感兴趣的数据，该表的内部结构可以由ID、时间（Time）、名称（Name）、数据（Data）等表示，如图2-6所示。

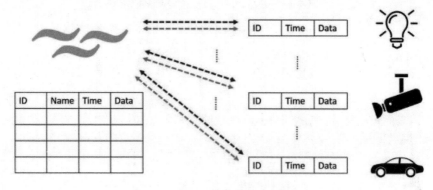

图2-6　边缘计算数据的内部结构

如果过多的原始数据被过滤掉，将导致边缘节点数据的报告不可靠；如果保留了大量原始数据，则边缘节点的存储将成为一个新问题。同时，这些数据应可由参考程序读取和写入。而操作方面，由于物联网中事物的异质性，数据库的读写和操作将存在某些问题。

2.3.4 服务管理

边缘节点的服务管理应具有差异性、可扩展性、隔离性和可靠性4个特征，以确保系统高效可靠。

- ❏ 差异化：随着物联网的发展，将出现各种各样的服务，不同的服务应具有不同的优先级。例如，诸如事物判断和故障警报之类的关键服务应高于其他一般服务，而与人类健康相关的服务（如心跳检测）应比与娱乐相关的服务具有更高的优先级。
- ❏ 可扩展性：物联网中的项目是动态的。在物联网中添加或删除项目并不容易。服务缺少可以调整缺少服务或添加新节点能否适应都是待解决的问题的情况，可以通过边缘操作系统（OS）的高度可扩展和灵活的设计来解决该问题。

- 隔离性：所谓的隔离是指不同的操作不会相互干扰。例如，有多个应用程序可以控制家庭中的灯光并共享有关控制灯光的数据。当一个应用程序无法响应时，其他应用程序仍可以控制灯光。换句话说，这些应用程序彼此独立，并且彼此之间没有影响。隔离还要求将用户数据和第三方应用程序隔离开，也就是说应用程序不能够跟踪和记录用户数据。为了解决此问题，应当添加一种全新的应用访问用户数据的方式。
- 可靠性：可以从三个方面谈论可靠性，即服务、系统和数据。
  - 从服务的角度来看，网络拓扑中任何节点的丢失都可能导致该服务不可用。如果边缘系统可以提前检测到具有高风险的节点，则可以避免这种风险。更好的实现是使用无线传感器网络实时监视服务器群集。
  - 从系统角度来看，边缘操作系统是维护整个网络拓扑的重要组成部分。节点可以传达状态和诊断信息。此功能使在系统级别上部署故障检测、节点替换和数据检测非常方便。
  - 从数据的角度来看，可靠性意味着数据在传感和通信方面是可靠的。边缘网络中的节点在不可靠时可能会报告信息。例如，当传感器处于电池电量低的状态时，可能会导致数据传输不可靠。为了解决这些问题，可以提出一种新的协议以确保传输数据时物联网的可靠性。

2.3.5 私密性

提供服务的现有方法是将移动终端用户的数据上传到云中，然后使用云的强大处理能力来处理任务。在数据上传的过程中，别有用心的人很容易收集数据。为了确保数据的私密性，可以从以下3个方面入手：
- 在网络边缘处理用户数据，以便仅在本地存储、分析和处理数据。
- 为不同的应用程序设置权限，并限制对私有数据的访问。
- 边缘网络是一个高度动态的网络，需要有效的工具来保护网络中的数据传输。

2.4 平台与数据

2.4.1 工业互联网平台体系架构

从工业互联网的定义来看，工业互联网平台需要具有4个基本功能。首先是需要实现来自不同来源和不同结构的大量数据收集；二是拥有并支持大型工业数据处理环境；三是基于产业机制和数据科学对海量数据进行深入分析，实现产业知识的沉淀和再利用；四是可以提供开发工具和环境来实现工业 APP 的开发、测试和部署。因此，工业互联网平台架构必须能够完全实现这 4 个功能，包括边缘层、IaaS 层、工业 PaaS 层、工业 SaaS 层以及通过上述各层的安全保护。其中，边缘层、平台层和应用层是工业互联网平台的三个核心层。

边缘层是基础。在平台的边缘层，连接和管理海量设备，并使用协议转换来实现海量工业数据的互连和互操作性。同时，通过使用边缘计算技术，可以实现错误数据删除、数据缓存预处理和边缘实时。分析可减轻网络传输负载和云计算压力。

平台层是核心。在通用 PaaS 架构上进行二次开发，以实现工业 PaaS 层的构建，为工业用户提供海量的工业数据管理和分析服务，并能够积累不同行业和不同领域的技术、知识和经验等资源，在开放的开发环境中以工业微服务的形式提供给开发人员，实现打包、固化和重用，用于快速构建定制的工业 APP，并创建完整和开放的工业操作系统。

应用层是关键。通过独立研发或引入第三方开发商，该平台以基于云的软件或工业 APP 的形式向用户提供一系列创新的应用服务，例如设计、生产、管理和服务，以实现价值挖掘和推广。

2.4.2 工业互联网平台应用场景

1. 面向工业现场的生产过程优化

工业互联网平台可以有效地收集和汇总现场生产数据，例如设备运行数据、工业参数、质量检验数据、材料分配数据和进度管理数据，以及在制造过程、生产过程、质量管理、设备维护和能源管理等特定场景下实现优化应用。

- 在制造过程场景中，工业互联网可以全面分析过程参数和设备操作等数据，以找到生产过程中的最佳参数并提高制造质量。
- 在生产过程场景中，平台分析生产进度、物料管理和企业管理数据，以提高进度、物料和人员的管理准确性。
- 在质量管理场景中，工业互联网基于"人、机器、材料、方法、环境"等产品检验数据和过程数据进行关联分析，实现在线质量检验和异常分析，减少产品的次品率。
- 在设备维护场景中，工业互联网平台将历史设备数据与实时运行数据相结合，建立数字孪生模型，及时监控设备运行状态，并进行设备的预测维护。

- 在能源管理场景中，基于现场能耗数据和分析，合理规划设备、生产线和场景的能效使用，以提高能效，实现节能减排。

2. 面向企业运营的管理决策优化

借助工业互联网平台，可以连接生产现场数据、企业管理数据和供应链数据，提高决策效率，并实现更准确和透明的企业管理。

- 在供应链管理的情况下，工业互联网平台可以实时跟踪现场物料消耗，并根据库存情况安排供应商准确分配，实现零库存管理，有效降低库存成本。
- 在生产管理和控制集成场景中，基于工业互联网平台将业务管理系统和生产执行系统集成在一起，实现企业管理和现场生产的协同优化。
- 在企业决策管理场景中，工业互联网通过对公司内部数据的全面感知和综合分析，有效地支持了公司的智能拒绝测试。

3. 面向社会化生产的资源优化配置与协同

工业互联网可以实现制造企业与外部用户需求，创新资源和生产能力的全面对接，并促进设计、制造、供应和服务链接的并行组织和协同优化。

- 在协同制造场景中，工业互联网平台有效整合了不同设计公司、生产公司和供应链公司的业务系统，实现了设计与生产的并行实施，大大缩短了产品研发设计与生产的时间并降低了成本。
- 在制造能力交易场景中，工业企业通过工业互联网平台将闲置的制造能力对外开放，以实现制造能力的在线租赁和利润分配。
- 在个性化定制场景中，工业互联网平台实现了企业与用户之间的无缝对接，形成了满足用户需求的个性化定制解决方案，提升了产品价值，并增加了用户黏性。

4. 面向产品全生命周期的管理与服务优化

工业互联网平台可以基于整个产品生命周期的可追溯性，完全集成产品设计、生产、运营和服务数据，以在设计环节中实现可制造的预测，在使用环节中实现健康管理，并通过生产和使用数据进行反馈设计。

- 在产品可追溯性场景中，工业互联网平台使用识别技术来记录各种类型的信息，例如产品生产、物流和服务，并全面形成产品档案，以支持完整的生命周期管理应用程序。
- 在对产品和设备进行远程预测性维护的情况下，将产品和设备的实时运行数据与其设计数据、制造数据和历史维护数据合并，以提供运营决策和维护建议、实现预警和远程控制设备故障、维护其他设备健康管理应用程序。

- 在产品设计反馈优化方案中,工业互联网平台可以将产品操作和用户使用行为数据提供给设计和制造阶段,从而改善设计方案并加速创新迭代。

2.4.3 工业互联网与智能化转型

当前,工业互联网产业的快速发展已经帮助许多制造企业在智能化转型过程中解决了许多问题。例如,它有效地集成了大量工业设备和系统数据,实现业务和资源的智能管理,促进知识和经验的积累和继承,并推动应用程序和服务的开放式创新。工业互联网平台正在成为推动企业智能转型的重要参与者。

1. 帮助企业实现智能化生产和管理

通过在生产现场全面收集和深入分析各种类型的数据(例如人、机器、材料、方法和环境),我们可以发现影响产品质量的深层次原因,并通过关闭反馈来优化流程循环,不断提高产品生产质量和效益。同时通过对现场数据和公司计划资源、运营管理等数据的综合分析,可以更准确地识别供应链和财务问题,并降低公司的运营成本。

2. 帮助企业实现生产方式和商业模式创新

通过跟踪和收集产品售后使用数据,可以提供新的业务模型,例如设备运行状况管理和产品增值服务,以实现从销售产品到销售服务的转变。同时,通过与用户的互动和交流,可以了解用户的产品体验和评价,以及用户的个性化需求,有效地获取最准确的客户数据,并有效地组织生产资源来打破同质化的产品束缚而实现个性化定制。个性化定制不仅可以提高市场竞争力,而且可以提高企业的盈利能力。

行业专家认为,就像移动互联网平台已经创建了一系列新产品链接和价值(例如应用程序开发和分发,首先是在线还是离线)一样,当前的工业互联网平台在应用程序创新以及生产和金融集成方面也显示出类似的趋势。我们希望发展成为全新的产业体系,促进形成大规模创业和创新的多层次发展环境,真正实现"互联网+先进制造"。

2.5 工 业 应 用

2.5.1 工业互联网的基本定位和价值

工业互联网的起点是使用互联网计算和通信网络技术的双核心技术来连接

实体(包括传感器、产品和设备等)、信息系统、业务流程和人员以收集大量数据;使用数据分析和人工智能实现对物理世界的实时状态感知,通过信息空间中的计算做出最佳决策,并动态优化资源使用,其最终目的是创造新的经济成果和社会价值。

工业互联网的应用范围很广,几乎可以覆盖所有工业领域。制造业由于其庞大的规模,是工业互联网应用的一个重要而有价值的领域。同时,由于其高度的复杂性、多样性和高度的差异性,它也是最具挑战性的领域之一。根据全球工业互联网平台应用案例分析报告,有80%的企业开发了状态监视应用程序,这是涵盖所有调查行业的唯一通用应用程序。故障诊断(29%)、预测性维护(26%)和远程操作与维护(19%)三种类型的应用相对较少。

工业互联网作为汇聚了更多实时数据的地方,应该衍生出来更多的一级应用——生产运营不可或缺的一级应用——才能实现其真正的价值。工业互联网平台不是单独存在的产物,不是可以替换一切垄断一切的产物,必须在 MES PLM ERM 自动化系统中找到自己的定位和发力点。

2.5.2 工业互联网的应用场景

中国信息通信研究院信息化与工业化融合研究所副所长、《工业互联网平台白皮书》主要撰写者朱敏关于工业互联网应用场景的描述如下。

当前的工业互联网平台已经初步形成了4大应用场景:
- 聚焦在设备、产线、车间等工业现场,通过对实时生产数据的分析与反馈优化整个生产过程。
- 向上延伸到企业运营层面,使用该平台打通设计、管理和供应链等各个环节的数据,并基于大数据挖掘分析实现优化管理决策。
- 在整个产业层面,将供需信息、制造资源和创新资源汇聚到平台中,并使用基于数据分析的重组来实现最佳的资源分配和协同。
- 从产品全生命周期流程入手,在平台中进行产品设计、生产、服务等数据的集成管理和优化应用。

2.5.3 平台落地的挑战

工业互联网平台的第一个优势是它具有一个数据中心,该数据中心可以聚合各种实时OT及其数据。具有大量数据资产的平台必须找到其独特的优势。

与以前的电信和银行的数据仓库类似,在汇聚了数据后,立刻就占据了各类归口的报表统计分析、经营分析、基于数据分析模型的精准营销、账单推送与历史信息查询、热点测算、销售行为分析等领地,从三级往一级领域攻击前进,成为了企业运营无法缺少的一环。

当前,中国的工业互联网平台呈现出蓬勃发展的良好势头,初步形成了资源融合、协调发展、合作共赢的平台体系。主要工业互联网平台上的工业设备连接平均数量达到 590000,工业应用平均数量超过 1500,注册用户数量超过 500000。其中,有些公司实际上将研发成本降低了30%以上,将生产效率提高了10%以上,并实现了节能减排超过10%,已经初步显示了工业互联网平台的作用。

许多平台仍然是免费的赛马场,但是如果没有处理、理解或挖掘,所有制造商都不可能收集 Internet 爬网程序之类的信息,这会不会成为信息垃圾库?无论是简单的数据收集和数据警报,还是深入的数据分析和挖掘,内部场景都大相径庭。

占领行业的顶级客户、坚实的数据基础和快速的迭代数据应用程序是未来的发展方向。如果只重复使用可视化、简单警报和数据查询级别等方法,则会变得越来越糟。

第 3 章　工业控制基础知识

3.1　自动化通信协议

3.1.1　程序自动化

PROFIBUS 是一种典型的程序自动化协议，且使用范围较广，具有通用性。本节以 PROFIBUS DP 为例，介绍程序自动化协议通信的基本原理。

PROFIBUS 是一个用在自动化技术的现场总线标准，1987 年由德国西门子公司等 14 家公司及 5 个研究机构所推动，PROFIBUS 是程序总线网络（PROcess FIeld BUS）的简称。

PROFIBUS DP（分布式外设，Decentralized Peripherals）用在工厂自动化的应用中，可以由中央控制器控制许多传感器及执行器，也可以利用标准或选用的诊断机能得知各模块的状态。

1. PROFIBUS 通信协议（OSI 模型）

OSI 模型与 PROFIBUS 的对应关系如表 3-1 所示。

表 3-1　OSI 模型与 PROFIBUS 的对应关系

OSI 模型	PROFIBUS	服务档次			
7	应用层	DP-V0	DP-V1	DP-V2	
6	表示层				
5	会话层	—			网络管理
4	传输层				
3	网络层				
2	数据链路层	FDL			
1	物理层	EIA-485	光纤	MBP[①]	

①：MBP 为曼彻斯特总线电力传输（Manchester Bus Powered）的缩写。

2. 应用层

为了有效利用 PROFIBUS DP 的机能，PROFIBUS DP 定义了 3 种不同的服务档次。

- DP-V0：循环式的数据交换，诊断机能。
- DP-V1：循环式及非循环式的数据交换，警告处理。
- DP-V2：时钟同步数据模式，从机和从机之间的数据广播。

3. 数据链路层

FDL（总线数据链路层）混合了一般主站（Master）和从站（Slave）之间的通信及令牌传递的消息。在 PROFIBUS 网络中，控制器或控制系统为主站，感测器及致动器为从站。

发送的消息包括以下几种，可以根据其起始字符（Start Delimiter，SD）识别是哪一种消息。

（1）无数据：SD1 = 0x10

SD1	DA	SA	FC	FCS	ED

（2）变动长度数据：SD2 = 0x68

SD2	LE	LEr	SD2	DA	SA	FC	DSAP	SSAP	PDU	FCS	ED

（3）固定长度数据：SD3 = 0xA2

SD3	DA	SA	FC	PDU	FCS	ED

（4）令牌（Token）：SD4 = 0xDC

SD4	DA	SA	ED

（5）简单地收到告知（acknowledgement）：SC = 0xE5

SC

下面介绍消息中各字段的含义。

- SD：起始字符。
- LE：协议数据单位（Protocol Data Unit，PDU），即 DA、SA、FC、DSAP 及 SSAP 所有数据的长度。
- LEr：重复 LE 的内容（因 PROFIBUS 的汉明距离 HD=4，不在 FCS 检查码范围内的数据须重复一次，因此须重复 LE 内容）。
- FC：功能码。
- DA：目的设备地址。
- SA：来源设备地址。
- DSAP：目的设备的服务点（SAP）。SAP 数值与服务的具体对照如表 3-2 所示。

表 3-2 SAP 数值与服务对照表

SAP（十进制）	服　　务
默认值 0	循环数据交换（Write_Read_Data）
54	主站至主站服务点（M-M Communication）
55	更改从站地址（Set_Slave_Add）
56	读取输入（Rd_Inp）
57	读取输出（Rd_Outp）
58	给 DP 从站的控制命令（Global_Control）
59	读取配置（Configuration）数据（Get_Cfg）
60	读取诊断数据（Slave_Diagnosis）
61	写入首选项数据（Set_Prm）
62	检查配置数据（Chk_Cfg）

注：除 SAP55 之外的其他服务点都是必备的。若设备中没有非易失性存储器，可以不支持更改从站地址的 SAP55 服务。

- ❏ SSAP：来源设备的服务点。
- ❏ PDU：协议数据单元（Protocol Data Unit）。
- ❏ FCS：框架检查码，由消息中的字节直接相加而得，包括 PDU、DA、SA、FC、DSAP 及 SSAP，不考虑溢出。
- ❏ ED：结束字符，为 0x16。

发送字节时使用异步发送模式，奇偶校验位为偶校验位，起始比特及停止比特均为1个。当发送数据时在字节的停止比特跟下一字节的启始比特之间不能有停顿。主站在检测网络上至少 33 比特没有数据（为逻辑状态 1）时，会提交一条新的消息。

4．传输层

若依据 EIA-485 规范（旧称 RS-485 或 RS485）的电气传输方式，会使用阻抗为 150Ω 的双绞线，比特率范围为 9.6Kbit/s～12Mbit/s。两台中继器之间的网络线长度也有限制，随比特率的不同，上限从 100m～1200m。

3.1.2 工业控制系统

OPC（OLE for Process Control）用于过程控制的对象的连接和嵌入（Object Linking and Embedded，OLE），是一个工业标准。管理这个标准的国际组织是 OPC 基金会，OPC 基金会现有会员已超过 220 家，遍布全球，包括世界上所有主要的自动化控制系统、仪器仪表及过程控制系统的公司。OPC 基于微软的 OLE（现在的 Active X）、COM（部件对象模型）和 DCOM（分布式部件对象模型）技术。OPC 包括一整套接口、属性和方法的标准集，用于过程控制和制造业自动化系统。

OPC 协议有两个大类：一种是基于微软 COM/DCOM 技术的 Classic；另一种是基于 Web Service 的 OPC UA。前者在 DCOM 协议之上，诞生较早，已被广泛应用在各种工业控制系统现场，成为工业自动化领域的事实标准。后者出现较晚，但在设计时考虑了安全因素，有了加密机制，不过目前应用范围较小。本章着重介绍 OPC Classic。

与大多数应用层协议不同，OPC 的基础协议 DCOM 使用动态端口机制，在真正建立数据连接之前通信双方还需要协商要使用的端口。

OPC 客户端使用 51308 作为源端口首先向 OPC 服务器的 135 端口发起连接，连接成功后再经过 OPC 服务器分配新端口 50207，并通过接口 ISystemActivator 的方法 RemoteCreateInstance 的应答报文返回给客户端，之后客户端使用 51309 作为源端口向服务器的 50207 端口发起新的连接，用来进行后面的真正数据的传输，如图 3-1 所示。

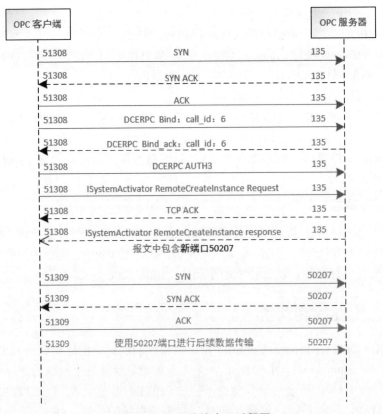

图 3-1　OPC 协议交互过程图

Wireshark 抓取的报文如图 3-2 所示。

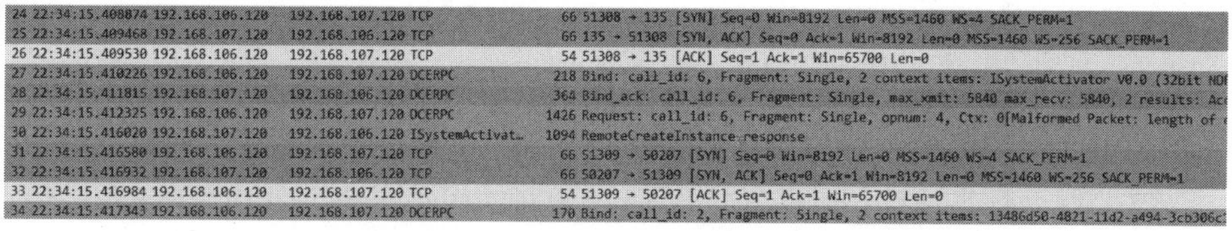

图 3-2 Wireshark 抓取的报文

接口 ISystemActivator 的方法 RemoteCreateInstance 的应答报文中包含 OPC DA 的动态端口，如图 3-3 所示。

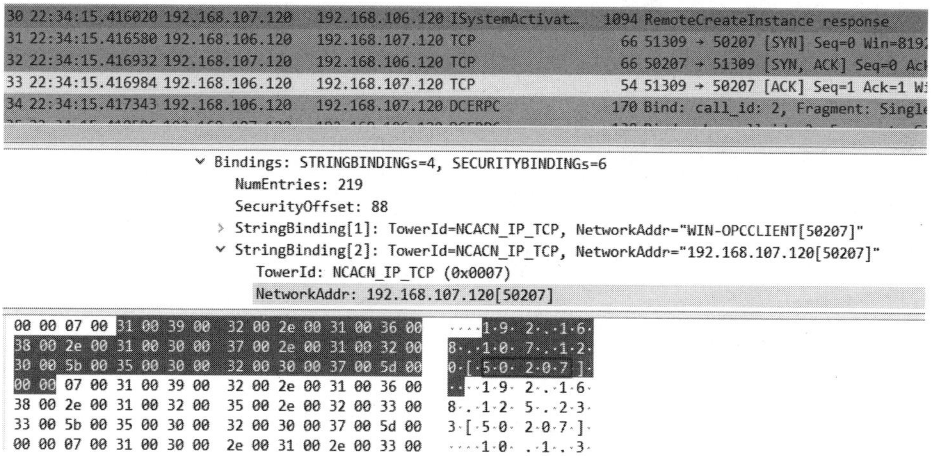

图 3-3 展开 Wireshark 抓取的报文

3.1.3 智能建筑

BACnet 是用于智能建筑的通信协议，是国际标准化组织（ISO）、美国国家标准协会（ANSI）及美国采暖、制冷与空调工程师学会（ASHRAE）定义的通信协议。

BACnet 是针对智能建筑及控制系统的应用所设计的通信，可用在暖通空调系统（HVAC，包括暖气、通风、空气调节），也可以用在照明控制、门禁系统、火警监测系统及其相关的设备。其优点在于，BACnet 能降低维护系统所需的成本，以及其安装比使用一般工业通信协议更为简易，此外，它还提供了 5 种业界常用的标准协议，因此可防止设备供应商及系统从业者的垄断，也因此未来系统的扩展性与兼容性大为增加。

1. BACnet 协议模型

BACnet 协议模型具有以下特点。

❑ 所有的网络设备，除基于 MS/TP 协议的以外，都是完全对等的（Peer

to Peer)。
- 每个设备都是一个对象实体,每个对象都用其属性描述,并提供了在网络中识别和访问设备的方法。
- 设备相互通信,可通过读/写某些设备对象的属性,并利用协议提供的服务来完成。
- 设备的完善性(Sophistication),即其实现服务请求或理解对象类型种类的能力,由设备的"一致性类别"(Conformance Class)所反映。

2. BACnet 的体系结构

BACnet 与 OSI 协议的层次对应关系如图 3-4 所示。

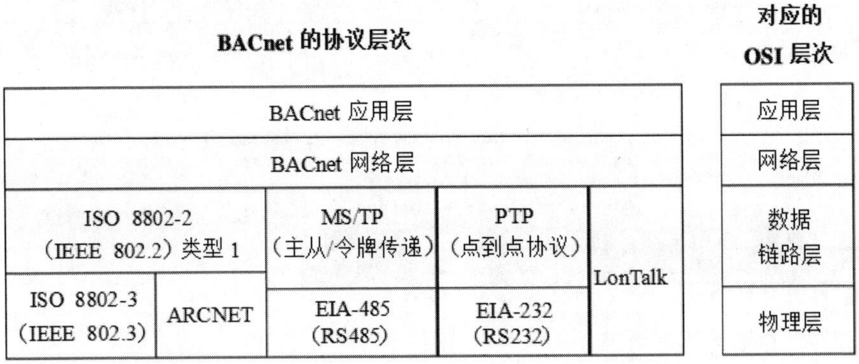

BACnet 的协议层次					对应的 OSI 层次
BACnet 应用层					应用层
BACnet 网络层					网络层
ISO 8802-2 (IEEE 802.2) 类型 1		MS/TP (主从/令牌传递)	PTP (点到点协议)	LonTalk	数据链路层
ISO 8802-3 (IEEE 802.3)	ARCNET	EIA-485 (RS485)	EIA-232 (RS232)		物理层

图 3-4 BACnet 与 OSI 协议的层次对应关系

BACnet 建立在包含 4 个层次的简化分层体系结构上,这 4 层相当于 OSI 模型中的物理层、数据链路层、网络层和应用层。

BACnet 标准定义了自己的应用层和简单的网络层,对于其数据链路层和物理层,提供了以下 5 种选择方案。

- ISO 8802-2 类型 1 定义的逻辑链路控制(LLC)协议,加上 ISO 8802-3 介质访问控制(MAC)协议和物理层协议。ISO 8802-2 类型 1 提供了无连接(Connectionless)不确认(Unacknowledged)的服务,ISO 8802-3 则是著名的以太网协议的国际标准。
- ISO 8802-2 类型 1 定义的逻辑链路控制(LLC)协议,加上 ARCNET (ANSI/ATA 878.1—1999)。
- 主从/令牌传递(MS/TP)协议加上 EIA-485 协议。MS/TP 协议是专门针对楼宇自动控制设备设计的,同 ISO 8802-2 类型 1 一样,它通过控制 EIA-485 的物理层,向网络层提供接口。
- 点对点(PTP)协议加上 EIA-232 协议,为拨号串行异步通信提供了通信机制。

- LonTalk 协议。

3．BACnet 的协议栈和数据流

由应用层服务原语产生的应用层协议数据单元（APDU），构成了网络层服务原语的数据部分，并通过网络层服务访问点下传到网络层。同样地，这个请求将进一步下传到本地设备协议栈的以下各层。

服务原语用于描述服务用户和服务提供者之间交互作用的、抽象的、与具体无关的表现方式。服务原语有以下 4 种类型。

- 请求（Request）：用户实体要求服务做某项工作。
  源（N+1）实体→源（N）实体。
- 指示（Indication）：用户实体被告知某事件发生。
  目的（N）实体→目的（N+1）实体。
- 响应（Response）：用户实体表示对某事件的响应。
  目的（N+1）实体→目的（N）实体。
- 确认（Confirm）：用户实体收到关于它的请求的答复。
  源（N）实体→源（N+1）实体。

4．BACnet 应用层

BACnet 应用层主要有以下两个功能。

- 定义楼宇自控设备的信息模型——BACnet 对象模型。
- 定义面向应用的通信服务。

5．BACnet 应用进程模型

BACnet 应用进程模型如图 3-5 所示。

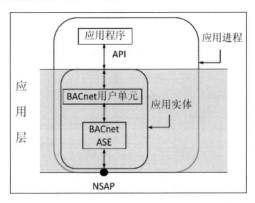

图 3-5　BACnet 应用进程模型

一个应用进程包括应用程序和应用实体。应用实体位于应用层内，属于通信协议的部分；应用程序不属于协议部分。应用程序和应用实体之间通过 API

进行通信。

应用层有 4 种原语，分别为请求（Request）、指示（Indication）、响应（Response）和证实（Confirm）。

（1）BACnet 对象模型

BACnet 网络协议使用先进的面向对象技术，通过封装在 APDU 内的对象数据进行通信。BACnet 的 28 个对象与应用实例的对照如表 3-3 所示。

表 3-3 BACnet 对象与实例对照表

序 号	对 象 名 称	应 用 实 例
1	Accumulator	累加器
2	Analog Input	模拟输入对象
3	Analog Output	模拟输出对象
4	Analog Value	模拟值对象
5	Averaging	平均器
6	Binary Input	二进制输入对象
7	Binary Output	二进制输出对象
8	Binary Value	二进制值对象
9	Calendar	日期表对象
10	Command	命令对象
11	Device	设备对象
12	Event Enrollment	事件登录对象
13	Event Log	事件日志对象
14	File	文件对象
15	Global Group	全局组对象
16	Group	组对象
17	Life Safety Point	生命安全监测点的信息检测
18	Life Safety Zone	生面安全区域的信息检测
19	Loop	控制环对象
20	Multi-State Input	多态输入对象
21	Multi-State Output	多态输出对象
22	Multi-State Value	多态值对象
23	Notification Class	通告类对象
24	Program	程序对象
25	Pulse Converter	脉冲转换器
26	Schedule	时间安排对象
27	Trend Log	趋势记录对象
28	Trend Log Multiple	多趋势记录对象

（2）BACnet 服务

BACnet 具有 35 种服务（即操作对象的方法），分为 6 类，分别为报警与事件服务、文件访问服务、对象访问服务、远程设备管理服务、虚拟终端服务和网络安全服务。

其中，对象访问服务具体如下。
- 创建对象服务。
- 删除对象服务。
- 读属性服务。
- 条件读属性服务。
- 读多个属性服务。
- 写属性服务。
- 写多个属性服务。

远程设备管理服务具体如下。
- 设备通信控制服务。
- 有证实专有传输服务。
- 无证实专有传输服务。
- 重新初始化设备服务。
- 有证实文本报文服务。
- 无证实文本报文服务。
- 时间同步服务。

（3）BACnet 网络层

BACnet 网络层的作用是检查网络拓扑结构，决定最佳路由。
- 网络层提供将报文直接传送到一个远程 BACnet 设备、广播到一个远程 BACnet 网络，或者广播到所有的 BACnet 网络中的所有 BACnet 设备的能力。
- 一个 BACnet 设备由一个网络号码和一个 MAC 地址唯一确定。

（4）BACnet 互联网络拓扑结构

BACnet 互联网络拓扑结构如图 3-6 所示。

图 3-6 中涉及的术语含义如下。
- 物理网段（Physical Segment）：直接连接 BACnet 设备的一段物理介质。
- 网段（Segment）：多个物理网段通过"中继器"在物理层连接所形成的网络段。
- 网络（Network）：多个 BACnet 网段通过网桥互联而成，每个 BACnet

网络都形成一个单一的 MAC 地址域。这些在物理层和数据链路层上连接各个网段的设备，可以利用 MAC 地址实现报文的过滤。

其中：B = 网桥，RT = 路由器，R = 中继器，1/2RT = 半路由器

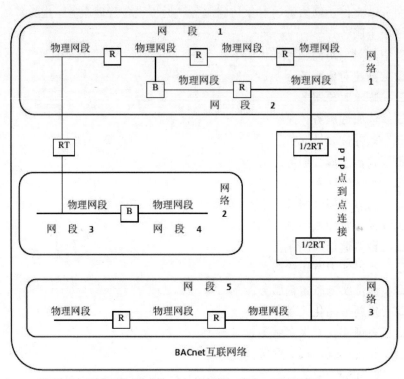

图 3-6　BACnet 互联网络拓扑结构

- 互联网络（Internetwork）：将使用不同 LAN 技术的多个网段，用 BACnet 路由器互联起来，便形成了一个 BACnet 互联网络。在一个 BACnet 互联网络中，任意两个节点之间恰好存在着一条报文通路。

（5）BACnet 数据链路层/物理层

BACnet 标准将 5 种类型的数据链路层/物理层技术作为自己所支持的数据链路层/物理层技术进行规范，形成其协议，如图 3-7 所示。

- Ethernet(ISO8802-3)局域网。
- ARCNET局域网。
- 主从/令牌传递(MS/TP)局域网。 } BACnet标准自己定义
- 点到点(PTP)连接。 }
- LonTalk局域网。

图 3-7　BACnet 的 5 种数据链路层/物理层

（6）ARCNET 局域网

ARCNET 是 1977 年由 Datapoint 公司开发的一种安装广泛的局域网（LAN）技术，它采用令牌总线（Token-Bus）方案来管理 LAN 上工作站和其他设备之间的共享线路，其中 LAN 服务器总是在一条总线上连续循环地发送一个空信息帧。

当有设备要发送报文时，它就在空帧中插入一个"令牌"以及相应的报文。当目标设备或 LAN 服务器接收到该报文后，就将"令牌"重新设置为 0，以便该帧可被其他设备重复使用。这种方案是十分有效的，特别是在网络负荷大的时候，它为网络中的各个设备提供平等使用网络资源的机会。

（7）主从/令牌传递（MS/TP）协议

BACnet 的主从/令牌传递局域网技术的基础是使用 EIA-485 标准。由于 EIA-485 标准只是一个物理层标准，不能解决设备访问传输介质的问题，因此 BACnet 定义了主从/令牌（MS/TP）协议，提供数据链路层功能。其功能如下。

- ❑ MS/TP 网络使用一个令牌来控制设备对网络总线的访问。
- ❑ 当主节点掌握令牌时，它可以发送数据帧。
- ❑ 凡是收到主节点请求报文的主（从）节点都可以发送响应报文。一个主节点在发送完报文之后，就将令牌传递给下一个主节点。
- ❑ 如果主节点有许多报文要发送，它一次掌握令牌期间最多只能发送 Nmax_info_iframes 个数据帧，就必须将令牌传递给下一个主节点，其他数据帧只能在它再一次掌握令牌时，才能发送。

（8）点到点（PTP）通信协议

为了使两个 BACnet 设备能够在各种点到点通信机制中进行通信，BACnet 定义了点到点数据链路层通信协议。其功能如下。

- ❑ 使两个 BACnet 网络层实体建立点到点数据链路连接，并可靠地交换 BACnet PDU。
- ❑ 使用已建立的物理连接执行 BACnet 点到点连接的有序终止。
- ❑ 一旦这种连接成功建立后，两个设备就可以透明地交换 BACnet PDU。
- ❑ 无论是呼叫设备还是被呼叫设备，都可以启动释放连接过程。但只有每个设备都发送了终止请求后，连接才会终止。

对应的物理连接有 EIA-232 连接调制解调器、线路驱动器和其他数据通信设备。

3.1.4 输配电通信协议

IEC104 规约由国际电工委员会制定。IEC104 规约是把 IEC101 的应用服务数据单元（ASDU）用网络规约 TCP/IP 进行传输的标准，该标准为远动信息的网络传输提供了通信规约依据。采用 104 规约组合 101 规约的 ASDU 的方式后，可很好地保证规约的标准化和通信的可靠性。

1. 应用规约数据单元的基本结构

应用规约数据单元的基本结构有 3 种，即应用规约数据单元（Application Protocal Data Unit，APDU）、应用规约控制信息（Application Protocal Control Information，APCI）和应用服务数据单元（Application Service Data Unit，ASDU）。其中，APDU=APCI + ASDU。

（1）应用规约数据单元 APDU

APDU 定义了启动字符、应用服务数据单元的长度规范，可传输一个完整的应用规约数据单，格式如表 3-4 所示。

表 3-4　APDU 的基本结构

启动 68H	应用规约控制信息 APCI
应用规约数据单元的长度（APDU）	启动一个字节
控制域　八位位组 1	长度一个字节
控制域　八位位组 2	四个控制域八位位组
控制域　八位位组 3	
控制域　八位位组 4	
IEC60870-5-104 的应用服务数据单元	应用服务数据单元 ASDU 最大帧长为 249

- 启动字符：68H（一个字节）。
- 长度规范：报文最大长度为 255 字节，应用规约数据单元的最大长度为 253 字节，控制域的长度为 4 字节，应用服务数据单元的最大长度为 249 字节。
- 控制域：控制域定义抗报文丢失和重复传送的控制信息、报文传输的启动和停止、传输连接的监视。控制域的这些类型被用于完成计数的信息传输（I 格式）、计数的监视功能（S 格式）和不计数控制功能（U 格式）。
- 应用服务数据单元。

（2）应用规约控制信息 APCI

控制域定义抗报文丢失和重复传送的控制信息、报文传输的启动和停止、传输连接的监视。

控制域的这些类型被用于完成信息传输功能（I 格式）、计数的监视功能（S 格式）和不计数的控制功能（U 格式），以上格式如表 3-5～表 3-7 所示。

表 3-5 信息传输格式类型（I 格式）的控制域

	发送序号 N（S）	LSB		0
MSB	发送序号 N（S）			
	接收序号 N（R）	LSB		0
MSB	接收序号 N（R）			

表 3-6 计数的监视功能类型（S 格式）的控制域

	0		1
		0	
	0		
	接收序号 N（R）	LSB		0
MSB	接收序号 N（R）			

表 3-7 不计数的控制功能（U 格式）类型的控制域

TESTFR		STOPDT		STARTDT			
CON	ACT	CON	ACT	CON	ACT	1	1
0							
0							
							0
0							

（3）应用服务数据单元 ASDU

应用服务数据单元 ASDU 由数据单元标识符和一个或多个信息对象组成。

数据单元标识符在所有应用服务数据单元中具有相同的结构，一个应用服务数据单元中的信息对象常有相同的结构和类型，由类型标识域所定义。

数据单元标识符的结构如表 3-8 所示。

表 3-8 数据单元标识符

报文类型标识	一个字节
可变结构限定词	一个字节
传送原因	两个字节
公共地址	两个字节
信息体地址	三个字节
信息体元素	N
……	……
……	……

报文类型标识的结构如表 3-9 所示。

表 3-9 报文类型标识结构

报文类型标识	描　　述	标　识　符
1	单点信息（遥信）	M_SP_NA_1
3	双点信息（遥信）	M_DP_NA_1
9	测量值，规一化值（遥测）	M_ME_NA_1
13	测量值，标度化值（遥测）	M_ME_NB_1
30	带时标的单点信息（SOE 信息）	M_SP_TB_1
31	带时标的双点信息（SOE 信息）	M_DP_TB_1
100	总召唤命令	C_IC_NA_1

2．规约的过程描述

规约的过程描述如图 3-8 所示。

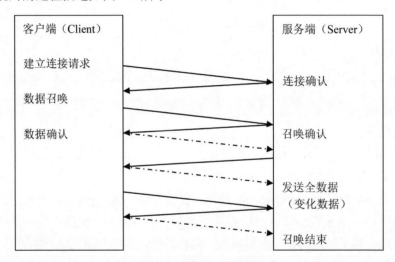

图 3-8　规约的过程描述

3．规约源码分析

（1）启动连接（U 格式）

Client send：68 04 07 00 00 00。

报文解析：启动连接。

启动字符：68H。

后续长度：04H，指从第 3 个字节开始（包括第 3 个字节）的后续报文长度为 4 个字节。

控制域：07 00 00 00，07H=00000111，右数第三位为 1，表示 STARTDT 生效。

（2）启动连接确认（U 格式）

Server send：68 04 0b 00 00 00。

报文解析：启动连接确认。

启动字符：68H。

后续长度：04H，指从第 3 个字节开始的后续报文长度为 4 个字节。

控制域：0b 00 00 00，0bH=00001011，右数第四位为 1，表示 STARTDT 确认。

（3）总召唤（I 格式）

Client send：68 0e 00 00 00 00 64 01 06 00 33 00 00 00 00 14。

报文解析：总召唤数据命令。

启动字符：68H。

后续长度：0eH，指从第 3 个字节开始的后续报文长度为 14 个字节。

控制域：00 00 00 00。

报文类型：64H=100，总召唤命令。

传送原因：06 00=6，激活。

站址：33 00=51，站址为 51。

（4）总召唤确认（I 格式）

Server send：68 0e 00 00 02 00 64 01 07 00 33 00 00 00 00 14。

报文解析：总召唤数据确认命令。

启动字符：68H。

后续长度：0eH=14，指从第 3 个字节开始的后续报文长度为 14 个字节。

控制域：00 00 02 00。

报文类型：64H=100，总召唤命令。

传送原因：07 00=7，激活确认。

站址：33 00=51，站址为 51。

（5）数据确认（S 格式）

Server send：68 04 01 00 02 00。

报文解析：数据确认。

启动字符：68H。

后续长度：04H=4，指从第 3 个字节开始的后续报文长度为 4 个字节。

控制域：01 00 02 00。

（6）总召唤结束（I 格式）

Server send：68 0e 06 00 02 00 64 01 0a 00 33 00 00 00 00 14。

报文解析：总召唤数据结束命令。

启动字符：68H。

后续长度：0eH=14，指从第 3 个字节开始的后续报文长度为 14 个字节。

控制域：06 00 02 00。

报文类型：64H=100，总召唤命令。

传送原因：0a 00=10，激活终止。

站址：33 00=51，站址为51。

（7）测试连接（U格式）

Server or Client send：68 04 43 00 00 00。

报文解析：测试连接。

启动字符：68H。

后续长度：04H=4，指从第3个字节开始的后续报文长度为4个字节。

控制域：43 00 00 00，43H=01000011，右数第七位为1，表示TESTFR生效。

（8）测试连接确认（U格式）

Server or Client send：68 04 83 00 00 00。

报文解析：测试连接确认。

启动字符：68H。

后续长度：04H=4，指从第3个字节开始的后续报文长度为4个字节。

控制域：83 00 00 00，83H=10000011，右数第八位为1，表示TESTFR确认。

（9）遥信信息（I格式）

❑ 序列号连续的单点信息

Server send：68 1c 00 00 00 00 01 8f 14 00 33 00 01 02 00 01 00 01 00 01 00 01 00 01 00 01 00 01 00 01。

报文解析：单点遥信。

启动字符：68H。

后续长度：1cH=28，指从第3个字节开始的后续报文长度为28个字节。

控制域：00 00 00 00。

报文类型：01H=1，单点信息，遥信。

可变结构限定词：8fH=10001111，最高位为1 表示 s 连续，8f-80=0f，0fH=15，表示有15个遥信数据。

传送原因：14 00=20，相应站召唤。

站址：33 00=51，站址为51。

信息体起始地址：01 02 00，0201H。

信息元素数据：01 00 01 00 01 00 01 00 01 00 01 00 01 00 01，15个遥信数据的值。

解析后得到15个遥信数据：

Index=0201H   value=01H & 0x01=1

Index=0202H   value=00H & 0x01=0

……

Index=020dH   value=01H & 0x01=1
Index=020eH   value=00H & 0x01=0
Index=020fH   value=01H & 0x01=1

❑ 序列号不连续的单点信息

Server send：68 1e 00 00 00 00 01 05 03 00 33 00 01 02 00 01 05 02 00 01 08 02 00 00 0a 02 00 00 0f 02 00 01。

报文解析：单点遥信。

启动字符：68H。

后续长度：1eH=30，指从第 3 个字节开始的后续报文长度为 30 个字节。

控制域：00 00 00 00。

报文类型：01H=1，单点信息，遥信。

可变结构限定词：05H=00000101，最高位为 0 表示不连续，05H=5，表示有 5 个遥信数据。

传送原因：03 00=3，突发（自发）。

站址：33 00=51，站址为 51。

第 1 个信息元素地址：01 02 00，0201H。

第 1 个信息元素数据：01。

第 2 个信息元素地址：05 02 00，0205H。

第 2 个信息元素数据：01。

第 3 个信息元素地址：08 02 00，0208H。

第 3 个信息元素数据：00。

第 4 个信息元素地址：0a 02 00，020aH。

第 4 个信息元素数据：00。

第 5 个信息元素地址：0f 02 00，020fH。

第 5 个信息元素数据：01。

解析后得到 5 个遥信数据：

Index=0201H   value=01H & 0x01=1
Index=0205H   value=01H & 0x01=0
Index=0208H   value=00H & 0x01=1
Index=020aH   value=00H & 0x01=0
Index=020fH   value=01H & 0x01=1

❑ 序列号连续的双点信息

Server send：68 1c 00 00 00 00 03 8f 14 00 33 00 01 00 00 01 00 01 00 01 00 01 00 01 00 01 00 01。

报文解析：单点遥信。

启动字符：68H。

后续长度：1cH=28，指从第3个字节开始的后续报文长度为28个字节。

控制域：00 00 00 00。

报文类型：03H=3，双点信息，遥信。

可变结构限定词：8fH=10001111，最高位为1 表示 s 连续，8f-80=0f，0fH=15，表示有15个遥信数据。

传送原因：14 00=20，相应站召唤。

站址：33 00=51，站址为51。

信息体起始地址：01 00 00，0001H。

信息元素数据：01 00 01 00 01 00 01 00 01 00 01 00 01 00 01，15个遥信数据的值。

解析后得到15个遥信数据：

Index=0001H　　　value=01H & 0x03=1

Index=0002H　　　value=00H & 0x03=0

……

Index=000eH　　　value=00H & 0x03=0

Index=000fH　　　value=01H & 0x03=1

❑ 序列号不连续的双点信息

Server send：68 1e 00 00 00 00 03 05 03 00 33 00 01 00 00 01 05 00 00 01 08 00 00 00 0a 00 00 00 0f 00 00 01。

报文解析：单点遥信。

启动字符：68H。

后续长度：1eH=30，指从第3个字节开始的后续报文长度为30个字节。

控制域：00 00 00 00。

报文类型：03H=3，双点信息，遥信。

可变结构限定词：05H=00000101，最高位为0表示不连续，05H=5，表示有5个遥信数据。

传送原因：03 00=3，突发（自发）。

站址：33 00=51，站址为51。

第1个信息元素地址：01 00 00，0001H。

第1个信息元素数据：01。

第2个信息元素地址：05 00 00，0005H。

第2个信息元素数据：01。

第3个信息元素地址：08 00 00，0008H。

第3个信息元素数据：00。

第 4 个信息元素地址：0a 00 00，000aH。
第 4 个信息元素数据：00。
第 5 个信息元素地址：0f 00 00，000fH。
第 5 个信息元素数据：01。
解析后得到 5 个遥信数据：

Index=0001H　　　value=01H & 0x03=1
Index=0005H　　　value=01H & 0x03=0
Index=0008H　　　value=00H & 0x03=1
Index=000aH　　　value=00H & 0x03=0
Index=000fH　　　value=01H & 0x03=1

（10）遥测信息（I 格式）

遥测信息常采用短整型或短浮点型数据进行传送。

一个短整型数据（09H）由 2 个字节的数据值位和 1 个字节的质量位组成。
一个短浮点型数据（0dH）由 4 个字节的数据值位和 1 个字节的质量位组成。
下面以短整型数据为例说明。

❑　序列号连续

Server send: 68 3d 00 00 00 00 0d 90 14 00 33 00 07 07 00 0a 00 00 14 00 01 1e 00 00 28 00 01 32 00 00 3c 00 01 46 00 00 50 00 01 5a 00 00 64 00 01 6e 00 00 78 00 01 82 00 00 8c 00 01 96 00 00 a0 00 01。

报文解析：带品质描述的遥测。

启动字符：68H。

后续长度：3dH=61，指从第 3 个字节开始的后续报文长度为 61 个字节。

控制域：00 00 00 00。

报文类型：0dH=13，测量值，遥测。

可变结构限定词：90H=10010000，最高位为 1 表示连续，90-80=10，10H=16，表示有 16 个遥测数据。

传送原因：14 00=20，响应站召唤。

站址：33 00=51，站址为 51。

信息体起始地址：07 07 00，0707H。

信息元素数据：16 个遥测数据。

解析后得到 16 个遥测数据：

Index=0707H　　　value=0aH=10　　　quality=00
Index=0708H　　　value=14H=20　　　quality=01
……
Index=0715H　　　value=96H=150　　　quality=00

Index=0716H　　　　value=a0H=160　　　　quality=01

- 序列号不连续

Server send：68 1c 00 00 00 00 09 03 03 00 33 00 08 07 00 14 00 01 0f 07 00 5a 00 00 13 07 00 82 00 00。

报文解析：带品质描述的遥测。

启动字符：68H。

后续长度：1cH=28，指从第 3 个字节开始的后续报文长度为 28 个字节。

控制域：00 00 00 00。

报文类型：09H=9，测量值，遥测。

可变结构限定词：03H=00000011，最高位为 0 表示不连续，03H=3，表示有 3 个遥测数据。

传送原因：03 00=3，突发（自发）。

站址：33 00=51，站址为 51。

第 1 个信息元素地址：08 07 00，0708H。

第 1 个信息元素数据值：14 00，0014H=20。

第 1 个信息元素质量位：01。

第 2 个信息元素地址：0f 07 00，070fH。

第 2 个信息元素数据值：5a 00，005aH=90。

第 2 个信息元素质量位：00。

第 3 个信息元素地址：13 07 00，0713H。

第 3 个信息元素数据值：82 00，0082H=130。

第 3 个信息元素质量位：00。

解析后得到 3 个遥测数据：

Index=0708H　　　　value=14H=20　　　　quality=01
Index=070fH　　　　value=5aH=90　　　　quality=00
Index=0713H　　　　value=82H=130　　　quality=00

（11）SOE 信息（I 格式）

- 单点信息

Server send：68 15 4e 00 12 00 1e 01 03 00 33 00 01 02 00 01 16 23 32 10 13 05 05。

报文解析：带时标的单点信息，SOE 信息。

启动字符：68H。

后续长度：15H=21，指从第 3 个字节开始的后续报文长度为 21 个字节。

控制域：4e 00 12 00。

报文类型：1eH=30，带时标的单点信息，SOE 信息。

可变结构限定词：01H=00000001，最高位为 0 表示不连续，01H=1，表示有 1 个 SOE 数据。

传送原因：03 00=3，突发（自发）。

站址：33 00=51，站址为 51。

第 1 个信息元素地址：01 02 00，0201H。

第 1 个信息元素数据：01。

第 1 个信息元素的时标：16 23 32 10 13 05 08。

时标解析：第 1 和第 2 字节表示毫秒，16 23=8982。

第 3 字节表示分钟，32H=50。

第 4 字节表示小时，10H=16。

第 5 字节表示日，13H=19。

第 6 字节表示月，05H=5。

第 7 字节表示年，08H=8。

❑ 双点信息

Server send：68 15 c2 01 0c 00 1f 01 03 00 01 00 10 00 00 01 16 23 32 10 13 05 05。

报文解析：带时标的双点信息，SOE 信息。

启动字符：68H。

后续长度：15H=21，指从第 3 个字节开始的后续报文长度为 21 个字节。

控制域：c2 01 0c 00。

报文类型：1fH=31，带时标的双点信息，SOE 信息。

可变结构限定词：01H=00000001，最高位为 0 表示不连续，01H=1，表示有 1 个 SOE 数据。

传送原因：03 00=3，突发（自发）。

站址：01 00=1，站址为 1。

第 1 个信息元素地址：10 00 00，0010H。

第 1 个信息元素数据：01。

第 1 个信息元素的时标：16 23 32 10 13 05 05。

时标解析：第 1 和第 2 字节表示毫秒，16 23=8982。

第 3 字节表示分钟，32H=50。

第 4 字节表示小时，10H=16。

第 5 字节表示日，13H=19。

第 6 字节表示月，05H=5。

第 7 字节表示年，05H=5。

3.1.5 智能电表

智能电表的协议有多种，下面以 DL/T 645—2007 电能表通信协议为例，介绍智能电表的通信协议。

1. 帧格式

DL/T 645—2007 协议的帧格式如表 3-10 所示。

表 3-10 DL/T 645—2007 协议的帧格式

说 明	代 码	说 明	代 码
帧起始符	68H	帧起始符	68H
地址域	A0	控制码	C
	A1	数据域长度	L
	A2	数据域	DATA
	A3	校验码	CS
	A4	结束符	16H
	A5		

（1）帧起始符

标识一帧信息的开始，其值为 0x68H=01101000B。

（2）地址域 A0～A5

地址域由 6 个字节构成，每字节 2 位 BCD 码，地址长度为 12 位十进制数。每块表具有唯一的通信地址，且与物理层信道无关。当使用的地址码长度不足 6 字节时，高位用"0"补足。通信地址 999999999999H 为广播地址，只针对特殊命令有效，如广播校时和广播冻结等。广播命令不要求从站应答。地址域支持缩位寻址，即从若干低位起，剩余高位补 AAH 作为通配符进行读表操作，从站应答帧的地址域返回实际通信地址。地址域传输时低字节在前,高字节在后。

（3）控制码 C

控制码的格式如图 3-9 所示。

（4）数据域长度 L

L 为数据域的字节数。读数据时 L≤200，写数据时 L≤50，L=0 时无数据域。

（5）数据域 DATA

数据域包括数据标识、密码、操作者代码、数据、帧序号等，其结构随控制码的功能而改变。传输时发送方按字节进行加 33H 处理，接收方按字节进行减 33H 处理。

（6）校验码 CS

从第一个帧起始符开始到校验码之前的所有各字节的模 256 的和，即各字节二进制算术和,不计超过 256 的溢出值。

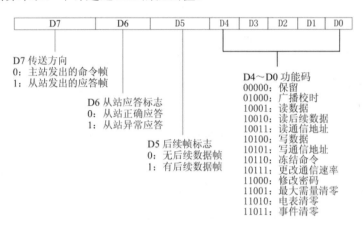

图 3-9 控制码格式

(7) 结束符 16H

标识一帧信息的结束,其值为 16H=00010110B。

2．读数据

(1) 主站请求帧

功能:请求读电能表数据。

控制码:C=11H。

数据域长度:L=04H+m(数据长度)。

帧格式 1(m=0),如图 3-10 所示。

图 3-10 主站请求帧结构(m=0)

帧格式 2(m=1,读给定块数的负荷记录),如图 3-11 所示。

| 68H | A0 | ... | A5 | 68H | 11H | 05H | DI$_0$ | ... | DI$_3$ | N | CS | 16H |

图 3-11 主站请求帧结构(m=1)

帧格式 3(m=6,读给定时间、块数的负荷记录),如图 3-12 所示。

图 3-12 主站请求帧结构(m=6)

（2）从站正常应答

控制码：C=91H，无后续数据帧；C=B1H，有后续数据帧。

数据域长度：L=04H+m（数据长度）。

无后续数据帧格式，如图 3-13 所示。

| 68H | A0 | ... | A5 | 68H | 91H | L | DI0 | ... | DI3 | N1 | ... | Nm | CS | 16H |

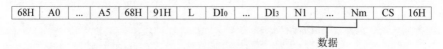

图 3-13　从站正常应答帧结构（C=91H）

有后续数据帧格式，如图 3-14 所示。

| 68H | A0 | ... | A5 | 68H | B1H | L | DI0 | ... | DI3 | N1 | ... | Nm | CS | 16H |

图 3-14　从站正常应答帧结构（C=B1H）

如果没有满足条件的负荷记录，从站按正常应答帧格式返回（数据域只有数据标识，数据域长度为4）。

（3）从站异常应答帧

控制码：C=D1H。

数据域长度：L=01H。

帧格式，如图 3-15 所示。

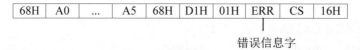

| 68H | A0 | ... | A5 | 68H | D1H | 01H | ERR | CS | 16H |

图 3-15　从站异常应答帧结构（C=D1H）

3.1.6　车用通信

本节以 CAN 协议为例，介绍车用通信网络协议。

控制器局域网总线（Controller Area Network，CAN）是一种用于实时应用的串行通信协议总线，它使用双绞线来传输信号，是应用最广泛的现场总线之一。CAN 协议用于汽车中各种不同元件之间的通信，以此取代昂贵而笨重的配电线束。该协议的健壮性使其用途延伸到其他自动化和工业应用。CAN 协议的特性包括完整性的串行数据通信、提供实时支持、传输速率高达 1Mbps，同时具有 11 位的寻址以及检错能力。

CAN 总线网络主要挂载 CAN_H 和 CAN_L，各个节点通过这两条线实现信号的串行差分传输。为了避免信号的反射和干扰，还需要在 CAN_H 和 CAN_L 之间接上 120Ω 的终端电阻。

1. 信号表示

CAN 总线采用不归零码位填充技术，也就是说 CAN 总线上的信号有两种不同的信号状态，分别是显性的（dominant）逻辑 0 和隐性的（recessive）逻辑 1，信号每一次传输完成后不需要返回逻辑 0（显性）的电平。

位填充规则为：发送器只要检测到位流里有 5 个连续相同值的位，便自动在位流里插入补充位。

2. 通信速率与通信距离

CAN 总线上任意两个节点的最大通信距离与其位速率有关，如表 3-11 所示。

表 3-11 CAN 总线速率与最大通信距离的关系

位速率/Kbps	1000	500	250	125	100	50	20	10	5
最大距离/m	40	130	270	530	620	1300	3300	6700	10000

3. 总线协议层次结构

❏ 物理层

在物理层中定义实际信号的传输方法，包括位的编码和解码、位的定时和同步等内容，作用是定义不同节点之间根据电气属性如何进行位的实际传输。

在物理连接上，CAN 总线结构提供两个引脚，即 CANH 和 CANL。总线通过 CANH 和 CANL 之间的差分电压完成信号的位传输。

在不同系统中，CAN 总线的位速率不同。

在系统中，CAN 总线的位速率是唯一的，并且是固定的，这需要对总线中的每个节点配置统一的参数。

❏ 传输层

传输层是 CAN 总线协议的核心。传输层负责把接收到的报文提供给对象层，以及接收来自对象层的报文。传输层负责位的定时及同步、报文分帧、仲裁、应答、错误检测和标定以及故障界定。

❏ 对象层

在对象层中可以为远程数据请求以及数据传输提供服务，确定由实际要使用的传输层接收哪一个报文，并且为恢复管理和过载通知提供手段。

4. CAN 总线报文结构

❏ 数据帧

数据帧是大多数情况下使用的报文结构。从标识符长度上，分为标准帧（11 位标识符）和扩展帧（29 位标识符）。

数据帧由 7 个不同的位场组成，分别是帧起始、仲裁场、控制场、数据场、CRC 场、应答场和帧结束。其中，数据场的长度为 0~8 个字节。标识符位于仲裁场中，报文接收节点通过标识符进行报文滤波。

- 远程帧

远程帧，由总线上的节点发出，用于请求其他节点发送具有同一标识符的数据帧。当某个节点需要数据时，可以发送远程帧请求另一节点发送相应的数据帧。与数据帧相比，远程帧没有数据场。

- 错误帧

任何单元，一旦检测到总线错误，就发出错误帧。

- 过载帧

用于在先行的和后续的数据帧（或者远程帧）之间提供附加延时，保证接收端能够来得及处理前面收到的数据，包括过载标志和过载界定符。

3.2 工业控制系统 ICS

3.2.1 PLC

可编程逻辑控制器（Programmable Logic Controller，PLC）是在传统的顺序控制器基础上引入微电子技术、计算机技术、自动控制技术和通信技术，形成的一代新型工业控制装置，目的是用来取代继电器、执行逻辑、计时、计数等顺序控制功能，建立柔性的程控系统。

国际电工委员会（IEC）颁布了对 PLC 的规定：可编程控制器是一种数字运算操作的电子系统，专为在工业环境下应用而设计。它采用可编程序的存储器，用来在其内部存储执行逻辑运算、顺序控制、定时、计数和算术运算等操作的指令，并通过数字的、模拟的输入和输出,控制各种类型的机械或生产过程。

可编程序控制器及其有关设备，都应按易于与工业控制系统形成一个整体、易于扩充其功能的原则设计。

1. PLC 的起源

美国汽车工业生产技术要求的发展促进了 PLC 的产生。20 世纪 60 年代，美国通用汽车公司在对工厂生产线调整时，发现继电器、接触器控制系统修改难、体积大、噪声大、维护不方便以及可靠性差，于是提出了著名的"通用十条"招标指标。

2. PLC 的发展

20 世纪 70 年代初出现了微处理器。人们很快将其引入可编程逻辑控制器，使可编程逻辑控制器增加了运算、数据传送及处理等功能，完成了真正具有计算机特征的工业控制装置。此时的可编程逻辑控制器为微机技术和继电器常规控制概念相结合的产物。个人计算机发展起来后，为了方便反映可编程控制器的功能特点，将可编程逻辑控制器命名为 PLC（Programmable Logic Controller，PLC）。

3．PLC 的工作原理

当可编程逻辑控制器投入运行后，其工作过程一般分为三个阶段，即输入采样、用户程序执行和输出刷新。完成上述三个阶段称作一个扫描周期。在整个运行期间，可编程逻辑控制器的 CPU 以一定的扫描速度重复执行上述三个阶段。

由于 PLC 强大的功能和优良的性能，以及应用成本的不断下降和使用的方便性，促使 PLC 的应用领域不断扩展，市场潜力巨大，于是，全世界许多公司纷纷推出自己的 PLC 产品。出于垄断或市场保护的目的，各家公司的 PLC 产品各有差别，互不兼容。当形形色色的 PLC 涌入市场时，国际电工委员会与有关 PLC 制造商多次协商，于 1993 年制定了 IEC 1131 标准以引导 PLC 健康地发展。

3.2.2　PLC 编程

IEC 1131 标准共分为 5 个部分：IEC 1131-1 为一般信息，即对通用逻辑编程做了一般性介绍并讨论了逻辑编程的基本概念、术语和定义；IEC 1131-2 为装配和测试需要，从机械和电气两部分介绍了逻辑编程对硬件设备的要求和测试需要；IEC 1131-3 为编程语言的标准，它吸取了多种编程语言的长处，并制定了 5 种标准语言；IEC 1131-4 为用户指导，提供了有关选择、安装、维护的信息资料和用户指导手册；IEC 1131-5 为通信规范，规定了逻辑控制设备与其他装置的通信联系规范。IEC 1131 标准后更名为 IEC 61131 标准。

PLC 编程以 IEC 61131-3 为编程语言的标准，它吸取了多种编程语言的长处，并制定了以下 5 种标准语言。

- ❑ 顺序功能图（Sequential Function Chart，SFC）。
- ❑ 梯形图（Ladder Diagram，LD）。
- ❑ 功能块图（Function Block Diagram，FBD）。
- ❑ 指令表（Instruction List，IL）。
- ❑ 结构文本（Structured Text，ST）。

其中，顺序功能图、梯形图和功能块图是图形编程语言，指令表和结构文本是文字语言。

1．顺序功能图

顺序功能图是一种位于其他编程语言之上的图形语言，用来编制顺序控制程序。顺序功能图提供了一种组织程序的图形方法，在顺序功能图中可以用其他语言嵌套编程。步、转换和动作是顺序功能图中的三种主要元件。顺序功能图用来描述开关量控制系统的功能，根据它可以很容易地画出顺序控制梯形图程序。

2. 梯形图

梯形图是使用最多的 PLC 图形编程语言。梯形图与继电器控制系统的电路图很相似，直观易懂，很容易被工厂熟悉继电器控制的电气人员掌握，特别适用于开关量逻辑控制。

3. 功能块图

功能块图是一种类似于数字逻辑门电路的编程语言，有数字电路基础的人很容易掌握。该编程语言用类似与门、或门的方框来表示逻辑运算关系，方框的左侧为逻辑运算的输入变量，右侧为输出变量，输入、输出端的小圆圈表示"非"运算，方框被"导线"连接在一起，信号自左向右流动。

4. 指令表

PLC 的指令是一种与微机的汇编语言中的指令相似的助记符表达式，由指令组成的程序叫作指令表程序。指令表程序较难阅读，其中的逻辑关系很难一眼看出，所以在设计时一般使用梯形图语言。如果使用手持式编程器，必须将梯形图转换成指令表后再写入 PLC。在用户程序存储器中，指令按步序号顺序排列。

5. 结构文本

结构文本是为 IEC 61131-3 标准创建的一种专用的高级编程语言。与梯形图相比，它能实现复杂的数学运算，编写的程序非常简洁和紧凑。

除了提供几种编程语言供用户选择外，标准还允许编程者在同一程序中使用多种编程语言，这使编程者能选择不同的语言来适应特殊的工作。

3.2.3 工业控制协议

工业控制协议指工业设备间通信使用的专用或者通用协议。通用的工业协议有 Modbus、OPC、IEC-104 等，各组件间的通信一般使用国际通用标准。专用协议，如西门子的 S7 协议，没有通用的标准，解析协议需要研究人员投入较多的精力进行逆向分析。

无论是通用协议还是专用协议，在设计之初的重点都是以可用性与可靠性为核心，或多或少存在协议的安全性问题。

1. Modbus 通信协议

Modbus 协议是 OSI 模型第 7 层上的应用层报文传输协议，它在连接至不同类型总线或网络的设备之间提供客户机/服务器通信。

自从 1979 年出现工业串行链路的事实标准以来，Modbus 使成千上万的自动化设备能够通信。目前，继续增加对简单而雅观的 Modbus 结构的支持。互联网组织能够使用 TCP/IP 栈上的保留系统端口 502 访问 Modbus。

2. Modbus 通信栈

Modbus 是一个请求/应答协议,并且提供功能码规定的服务。Modbus 功能码是 Modbus 请求/应答 PDU 的元素。Modbus 通信栈的作用是描述 Modbus 事务处理框架内使用的功能码,如图 3-16 所示。

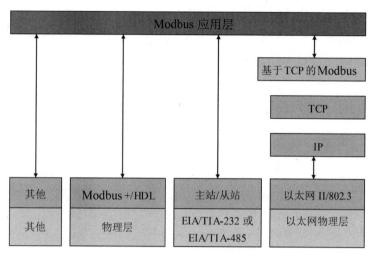

图 3-16 Modbus 通信栈

(1) Modbus 网络体系结构

Modbus 协议允许在各种网络体系结构内进行简单通信,其网络体系结构如图 3-17 所示。

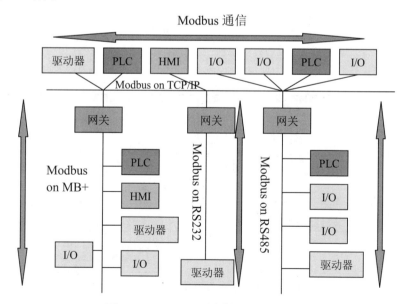

图 3-17 Modbus 网络体系结构的实例

每种设备（PLC、HMI、控制面板、驱动程序、动作控制、输入/输出设备）都能使用 Modbus 协议来启动远程操作。在基于串行链路和以太 TCP/IP 网络的 Modbus 上可以进行相同通信。一些网关允许在几种使用 Modbus 协议的总线或网络之间进行通信。

（2）Modbus 事务处理

当服务器对客户机响应时，它使用功能码域来指示正常（无差错）响应或者出现某种差错（称为异常响应）。对于一个正常响应来说，服务器仅对原始功能码响应，如图 3-18 所示。

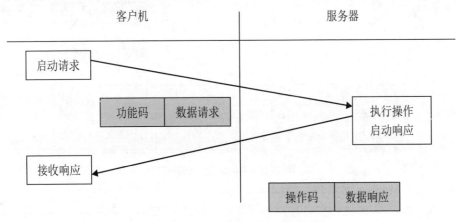

图 3-18　Modbus 事务处理（无差错）

对于异常响应，服务器返回一个与原始功能码等同的码，设置该原始功能码的最高有效位为逻辑 1，如图 3-19 所示。

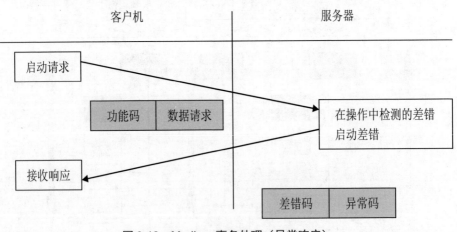

图 3-19　Modbus 事务处理（异常响应）

（3）公共功能码定义

公共功能码定义如表 3-12 所示。

表 3-12 公共功能码定义

功能	访问类型	内存类型	功能码说明	功能码 码	功能码 子码	十六进制
数据访问	比特访问	物理离散量输入	读输入离散量	02		0x02
		内部比特	读线圈	01		0x01
		或	写单个线圈	05		0x05
		物理线圈	写多个线圈	15		0x0F
	16 比特访问	输入存储器	读输入寄存器	04		0x04
			读多个寄存器	03		0x03
		内部存储器	写单个寄存器	06		0x06
		或	写多个寄存器	16		0x10
		物理输出存储器	读/写多个寄存器	23		0x17
			屏蔽写寄存器	22		0x16
	文件记录访问		读文件记录	20	6	0x14
			写文件记录	21	6	0x15
	封装接口		读设备识别码	43	14	0x2B

常用的功能码主要有以下几个：

- 01（0x01）：读线圈。
- 02（0x02）：读输入离散量。
- 03（0x03）：读多个寄存器。
- 04（0x04）：读输入寄存器。
- 05（0x05）：写单个线圈。
- 06（0x06）：写单个寄存器。
- 15（0x0F）：写多个线圈。
- 16（0x10）：写多个寄存器。
- 43（0x2B）：读设备识别码。

（4）Modbus-TCP 请求报文

Modbus-TCP 请求报文如表 3-13 所示。

（5）Modbus-TCP 响应报文

Modbus-TCP 响应报文如表 3-14 所示。

表3-13 Modbus-TCP 请求数据

Modbus-TCP 请求数据：				
0080f4e1aaee1c3947c109f10800450000345ca6400080060000c0a8017bc0a8010ae97501f6c7c81b08e91000215018fad083fc0000 72 13 00 00 00 06 01 03 00 04 00 04				
	示例	长度	说明	备注
Map报文头	0x72	1	事务处理标识符 Hi	客户机发起，服务器复制，用于事务处理配对
	0x13	1	事务处理标识符 Lo	
	0x0000	2	协议标识符号	客户机发起，服务器复制 Modbus 协议=0
	0x0006	2	长度	从本字节起（不包括本字节）到最后
	0x01	1	单元标识符	客户机发起，服务器复制串口链路或其他总线上远程终端标识
功能码	0x03	1	功能码，读寄存器	参考标准 Modbus 协议
数据	0x0004	2	起始地址	
	0x0004	2	寄存器数量	
校验				

表3-14 Modbus-TCP 响应数据

Modbus-TCP 响应数据：				
1c3947c109f10080f4e1aaee080045000039d5360000400621b3c0a8010ac0a8017b01f6e975e9100021c7c81b14501820006b490000 72 13 00 00 00 0b 01 03 08 00 00 00 0a 00 64 00 00				
	示例	长度	说明	备注
Map报文头	0x72	1	事务处理标识符 Hi	客户机发起，服务器复制，用于事务处理配对
	0x13	1	事务处理标识符 Lo	
	0x0000	2	协议标识符号	客户机发起，服务器复制 Modbus 协议=0
	0x000b	2	长度	从本字节起（不包括本字节）到最后
	0x01	1	单元标识符	客户机发起，服务器复制串口链路或其他总线上远程终端标识
功能码	0x03	1	功能码，读寄存器	参考标准 Modbus 协议
数据	0x08	1	字节个数	
	0x----		数据：每2个字节代表1个数据	
校验				

（6）Modbus 数据分析

PC 机向 PLC 使用功能码 06 向寄存器 03 写入 0x15，当写入成功后，PLC 向 PC 机响应数据。具体的数据分析如图 3-20 所示。

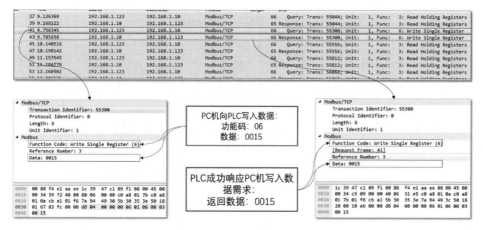

图 3-20　Modbus 数据分析

3.2.4　工业控制网络

工业控制网络在提高生产速度、管理生产过程、合理高效加工，以及保证安全生产等工业控制及先进制造领域起到越来越关键的作用。工业控制网络从最初的计算机集成控制系统 CCS 到集散控制系统 DCS，发展到现场总线控制系统。近年来，以太网进入工业控制领域，出现了大量基于以太网的工业控制网络。同时，随着无线技术的发展，基于无线的工业控制网络的研究也已开展。工业控制网络可以总结为四大类型：传统控制网络、现场总线、工业以太网及无线网络。传统控制网络现在已经很少使用，目前广泛应用的是现场总线与工业以太网，而工业以太网关键技术的研究是目前工业控制网络研究的热点。

1．现场总线

开发现场总线最初的目的是用数字仪表内部所具有的数字信号替代 4mA～20mA 等模拟信号，以实现控制室与现场之间的信息传输，最初应用于过程控制及制造业。现场总线应用以后，人们得到了更多的好处。例如控制功能彻底分散到现场，先进的现场设备管理功能得以实现，系统的可靠性大大提高等。现场总线有过不同的定义，其实质是指应用在测控现场，实现现场设备、系统管控设备之间信息交换的串行双向数字通信网络。

IEC 61158 是国际电工委员会（International Electrotechnical Commission，IEC）的现场总线标准。目前，IEC 61158 现场总线标准已经发展了一系列标准，最新版本为 IEC 61158-6-20（2007 年发布），总共有 20 种现场总线加入该标准，如表 3-15 所示。

表 3-15 现场总线标准协议

类型	技术名称	类型	技术名称
Type1	TS61158 现场总线	Type11	TCnet 实时以太网
Type2	CIP 现场总线	Type12	EtherCAT 实时以太网
Type3	Profibus 现场总线	Type13	Ethernet Powerlink 实时以太网
Type4	P-NET 现场总线	Type14	EPA 实时以太网
Type5	FF HSE 高速以太网	Type15	Modbus-RITS 实时以太网
Type6	SwiftNet 被撤销	Type16	SERCOSI、II 现场总线
Type7	WorldFIP 现场总线	Type17	VNET/IP 实时以太网
Type8	INTERBUS 现场总线	Type18	CC_Link 现场总线
Type9	FF H1 现场总线	Type19	SERCOS III 实时以太网
Type10	PROFINET 实时以太网	Type20	HART 现场总线

表 3-16 是部分现场总线的比较（部分数据无从查证）。

表 3-16 现场总线比较

总线协议	最大速率	最大距离	100m 速率	发布时间/年	总线数	节点数	电气特性
RS422	10Mbps	1200m/100Kbps	1Mbps		4	10	−6V～+6V
RS485	10Mbps	1200m/100Kbps	1Mbps	1983	2/4	32	−6V～+6V
CAN	1Mbps/40m	10000m/5Kbps	—	1986	2	110	0～+5V
Ethernet/IP	100Mbps	100m	—				
ControlNet	5Mbps	6000m	—	1997		99	
LonWorks	1.25Mbps	2700m/78Kbps				127	
EIB	9.6Kbps	1000m		1990		64	
Interbus	500Kbps	1200m	500Kbps	1984			
Profibus	12Mbps/100m	1200m/9.6Kbps	12Mbps	1991		32	0～+24V
FF HSE	2.5Mbps	190m/31.25Kbps					
Profinet	100Mbps	100m					
P-net	76.8Kbps	1200m	76.8Kbps	1983		125	
CC_Link	10Mbps	1200m	10Mbps	1996			
DeviceNet	500Kbps/100m	500m/125Kps	500Kbps				

现场总线打破了传统控制系统的结构形式。传统控制系统中，采用一对一的设备连线，按控制回路分别进行连接，位于现场的测量变送器与位于控制室的控制器之间，控制器与位于现场的执行器、开关、马达之间均为一对一的物理连接。在 FCS 中，所有设备作为网络节点连接到总线上，不仅节省了电缆，而且还方便了布线。

除此之外，现场总线的结构还有以下优点：具有较高的性价比；系统性能大幅度提高；采用数字信号通道；采用双向传输；互操作与互用性；系统的开放性；系统结构的高度分散；现场设备具有智能和自治的特点；提高了系统的精度和自诊断功能；降低了设计、安装的软硬件费用和系统的维护费用；组态和修改容易。

现场总线也有着其明显的不足之处。

（1）现场总线没有单一的国际标准

各类现场总线制定了各自不同的体系结构和标准。经过 14 年的纷争，2000 年年初 8 种现场总线成为 IEC 现场总线国际标准子集。这一结果令人失望，也违背了制定世界上单一现场总线标准的初衷。尽管基金会现场总线试图推出中立和公正、防止任何技术垄断、广泛性的体系结构和标准，但至今仍有一些标准未能取得一致通过，并且迟迟未见产品问世。现场总线真正实现开放性任重而道远。在这种情况下，多种现场总线并存，共存于一个系统已成为客观事实。

（2）现场总线的系统开发困难，开放性有一定的局限性

FF、Lon Works、CAN 等现场总线均有自己的协议，要构成一个控制系统，必须采用相应的开发工具、平台和软件包。这需要较昂贵的代价，往往只有开发商、研究机构才能有这类开发工具，一般用户则无能为力。这说明现场总线的开放性仍有一定的局限性。许多技术人员正致力于现场总线图形化节点软件开发工具的研究工作。

2．工业以太网协议

工业以太网一般是指在技术上与商业以太网兼容，但在产品设计时，材质的选用、产品的强度、适用性以及实时性等方面能够满足工业现场的需要，也就是满足环境性、可靠性、实时性、安全性以及安装方便等要求的以太网。

下面介绍工业以太网的常见协议。

（1）Modbus TCP/IP

Modbus TCP/IP 协议由施耐德公司推出，以一种非常简单的方式将 Modbus 帧嵌入 TCP 帧中，使 Modbus 与以太网和 TCP/IP 结合，称为 Modbus TCP/IP。这是一种面向连接的方式，每一个呼叫都要求一个应答，这种呼叫/应答的机制与 Modbus 的主/从机制一致，但通过工业以太网交换技术进而大大提高了确定性，改善了一主多从轮询机制上的制约。

（2）Profinet

Profinet 由 Siemens 开发并由 Profibus International 支持，目前它有 3 个版本，第一个版本定义了基于 TCP/UDP/IP 的自动化组件。采用标准 TCP/IP+以太网作为连接介质，并采用标准 TCP/IP 协议加上应用层的 RPC/DCOM 来完成节点之间的通信和网络寻址。它可以同时挂接传统 Profibus 系统和新型的智能现场设备。现有的 Profibus 网段可以通过一个代理设备（Proxy）连接到 Profinet 网络中，使整套 Profibus 设备和协议能够原封不动地在 Profinet 中使用。传统的 Profibus 设备可通过代理与 Profinet 上面的 COM 对象进行通信，并通过 OLE 自动化接口实现 COM 对象之间的调用。它将以太网应用于非时间关键的通信，用于高层设备和 Profibus-DP 现场设备技术之间，以便将实时控制域通过代理集成到一个高层的水平上。

第二个版本中，Profinet 在以太网上开辟了两个通道：一个是标准的使用 TCP/IP 协议的非实时通信通道，另一个是实时通道，旁路第三层和第四层，提供精确通信能力。该协议减少了数据长度，以减小通信栈的吞吐量。为优化通信功能，Profinet 根据 IEEE 802.p 定义了报文的优先级，最多可用 7 级。

Profinet 第三版采用了硬件方案以缩小基于软件的通道，以进一步缩短通信栈软件的处理时间。为连接到集成的以太网交换机，Profinet 第三版还开始解决基于 IEEE 1588 同步数据传输的运动控制解决方案。

（3）Ethernet/IP

Ethernet/IP 是适合工业环境应用的协议体系，它是由 ODVA（Open Devicenet Vendors Assoication）和 ControlNet International 两大工业组织推出的最新成员，与 DeviceNet 和 ControlNet 一样，它们都是基于 CIP（Control and Information Protocol）协议的网络。它是一种面向对象的协议，能够保证网络上隐式（控制）的实时 I/O 信息和显式信息（包括组态、参数设置、诊断等）的有效传输。

Ethernet/IP 采用和 Devicenet 以及 ControlNet 相同的应用层协议 CIP。因此，它们使用相同的对象库和一致的行业规范，具有较好的一致性。Ethernet/IP 采用标准的 Ethernet 和 TCP/IP 技术传送 CIP 通信包，这样通用且开放的应用层协议 CIP 加上已经被广泛使用的 Ethernet 和 TCP/IP 协议，就构成 Ethernet/IP 协议的体系结构。

（4）EtherCAT

EtherCAT（Ethernet for Control Automation Technology）由德国 Beckhoff 公司开发，并由 EtherCAT 技术组（EtherCAT Technology Group，ETG）支持。它采用以太网帧，并以特定的环状拓扑发送数据。网络上的每一个站均从以太网帧上取走与该站有关的数据，并插入该站本身特定的输入/输出数据。网络内的最后一个模块向第一个模块发送一个帧以形成和创建一个物理环和逻辑环。EtherCAT 还通过内部优先级系统，使实时以太网帧比其他的数据（如组态或诊断数据等）具有较高的优先级。组态数据只在传输实时数据的间隙（如果间隙时间足够传输的话）中传输，或者通过特定的通道传输。EtherCAT 还保留标准以太网功能，并与传统 IP 协议兼容。为了实现这样的装置，需要专用 ASIC 芯片，以集成至少两个以太网端口，并采用基于 IEEE 1588 的时间同步机制，以支持运动控制中的实时应用。

（5）Powerlink

Powerlink 由贝加莱（B&R）公司开发，并由 Ethernet Powerlink 标准化组（Ethernet Powerlink Standardisation Group，EPSG）支持。

Powerlink 协议对第三、四层的 TCP（UDP）/IP 栈进行了扩展。它在共享式以太网网段上采用槽时间通信网络管理（Slot Communication Network Management，SCNM）中间件控制网络上的数据流量。SCNM 采用主从调度方式，每个站只有在收到主站请求的情况下，才能发送实时数据。因此，在一个特定的时间，只有一个站能够访问总线，所以没有冲突，从而确保了通信的实时性。为此，Powerlink 须采用基于 IEEE 1588 的时间同步。在其扩展的第二版中，包括了基于 CANopen 的通信与设备行规。

3.2.5 工业互联协议

与互联网时代 TCP/IP、HTTP 一统天下的局面不同，物联网的通信环境有 Ethernet、Wi-Fi、RFID、NFC（近距离无线通信）、Zigbee、6LoWPAN（IPv6 低速无线版本）、Bluetooth、GSM、GPRS、GPS、3G、4G 等网络，而每一种通信应用协议都有一定适用范围。AMQP、JMS、REST/HTTP 都是工作在以太网，CoAP 协议是专门为资源受限设备开发的协议，而 DDS 和 MQTT 的兼容性则强很多。

1. REST 协议（松耦合服务调用）

表述性状态传递（Representational State Transfer，REST）是 Roy Fielding 在 2000 年的博士论文中提出来的一种软件架构风格。它是一种针对网络应用的设计和开发方式，可以降低开发的复杂性，提高系统的可伸缩性。

REST 被应用于物联网主要是基于 HTTP Web 服务的转化。REST 模式的 Web 服务与复杂的 SOAP、XML-RPC 相比更加简洁，因此越来越多的 Web 服务开始采用 REST 风格设计和实现。

REST 其实是互联网中服务调用 API 封装风格，其将物联网中的数据采集到物联网应用系统中，然后可以通过开放 REST API 的方式，把数据服务开放出去，被互联网中其他应用所调用，所以它非常利于服务平台与物联终端的独立开发。但它的通信数据量与 API 内容密切相关，且是一种无状态通信，所以需要对安全机制重新设计。

2．CoAP 协议

由于物联网中的很多设备都是资源受限型的，即只有少量的内存空间和有限的计算能力，所以传统的 HTTP 协议应用在物联网上就显得过于庞大而不适用。IETF 的 CoRE 工作组提出了一种基于 REST 架构的 CoAP 协议。

CoAP 是一种应用层协议，它运行于 UDP 协议之上而不是像 HTTP 那样运行于 TCP 之上。CoAP 协议非常小巧，最小的数据包仅为 4 字节。

CoAP 并不能替代 HTTP 协议，但是对于那些小设备（256KB Flash、32KB RAM、20MHz 主频）而言，CoAP 的确是一个好的解决方案。

CoAP 采用与 HTTP 协议相同的请求响应工作模式。CoAP 协议共有 4 种不同的消息类型。

- CON：需要被确认的请求，如果 CON 请求被发送，那么对方必须做出响应。
- NON：不需要被确认的请求，如果 NON 请求被发送，那么对方不必做出回应。
- ACK：应答消息，即接收到 CON 消息后做出的响应。
- RST：复位消息，当接收者接收到的消息包含一个错误，接收者 解析消息或者不再关心发送者发送的内容，那么复位消息将会被 发送。

3．MQTT 协议（低带宽）

消息队列遥测传输（Message Queuing Telemetry Transport，MQTT）协议是一种基于发布/订阅（publish/subscribe）模式的"轻量级"通信协议，该协议构建于 TCP/IP 协议上，由 IBM 在 1999 年发布。MQTT 的最大优点在于可以以极少的代码和有限的带宽，为连接远程设备提供实时可靠的消息服务。作为一种低开销、低带宽占用的即时通信协议，使其在物联网、小型设备、移动应用等方面有较广泛的应用。

MQTT 协议运行在 TCP/IP 或其他网络协议上，提供有序、无损、双向连接，其特点如下。

- 使用发布/订阅消息模式，提供了一对多消息分发机制，以实现与应用程序的解耦。
- 对负载内容屏蔽的消息传输机制。
- 对传输消息，有 3 种服务质量（QoS）。
  - 最多一次（≤1）：该级别会发生消息丢失或重复，消息发布依赖于底层 TCP/IP 网络。
- ➢ 至多一次（≥1）：该级别会确保消息到达，但消息可能重复。
- ➢ 只有一次（=1）：该级别确保消息只有一次到达。在一些要求比较严格的计费系统中可以使用此级别。
- ❑ 数据传输和协议交换的最小化（协议头部只有 2 字节），以减少网络流量。
- ❑ 通知机制，异常中断时通知传输双方。

实现 MQTT 协议需要客户端和服务器端。MQTT 协议中有 3 种身份：发布者（publisher）、消息代理（broker）和订阅者（subscriber）。其中，消息的发布者和订阅者都是客户端，消息代理是服务器，消息发布者可以同时是订阅者。

MQTT 传输的消息分为两部分：主题（topic）和有效负载（payload）。
- ❑ topic：可以理解为消息的类型，订阅者订阅（subscribe）后，就会收到该主题的消息内容（payload）。
- ❑ payload：可以理解为消息内容，指订阅者具体要使用的内容。

MQTT 协议一般适用于设备数据采集到端（Device→Server，Device→Gateway）、集中星型网络架构（Hub-and-Spoke），不适用于设备与设备之间通信，因为设备控制能力弱，且实时性较差，一般都在秒级。

4．DDS 协议（高可靠性、实时）

数据分发服务（Data Distribution Service，DDS）协议是对象管理组织（OMG）在 HLA 及 CORBA 等标准的基础上制定的新一代分布式实时通信中间件技术规范，DDS 采用发布/订阅体系架构，强调以数据为中心，提供丰富的 QoS 服务质量策略，能保障数据进行实时、高效、灵活地分发，可满足各种分布式实时通信应用需求。DDS 信息分发中间件是一种轻便的、能够提供实时信息传送的中间件技术。

DDS 可以很好地支持设备之间的数据分发和设备控制、设备和云端的数据传输，同时 DDS 的数据分发的实时效率非常高，能做到秒级内同时分发百万条消息到众多设备。DDS 在服务质量（QoS）上提供非常多的保障途径，这也是它适用于国防军事、工业控制这些高可靠性、高安全性应用领域的原因。但这些应用都工作在有线网络下，在无线网络，特别是资源受限的情况下，没有见到过实施案例。

5．AMQP 协议（互操作性）

AMQP（Advanced Message Queuing Protocol）是一个提供统一消息服务的应用层标准高级消息队列协议，是应用层协议的一个开放标准，为面向消息的中间件设计。基于此协议的客户端与消息中间件可传递消息，并不受客户端/

中间件不同产品、不同的开发语言等条件的限制。Erlang 中的实现有 RabbitMQ 等。

AMQP 协议是一个二进制协议，拥有多信道、协商式、异步、安全、跨平台、中立、高效等特点。AMQP 通常被划分为以下 3 层。

- 模型层：定义了一套命令（按功能分类），客户端应用可以利用这些命令来实现它的业务功能。
- 会话层：负责将命令从客户端应用传递给服务器，再将服务器的应答传递给客户端应用，会话层为这个传递过程提供可靠性、同步机制和错误处理。
- 传输层：提供帧处理、信道复用、错误检测和数据表示。

实现者可以将传输层替换成任意传输协议，只要不改变 AMQP 协议中与客户端应用程序相关的功能即可。实现者还可以使用其他高层协议中的会话层。

AMQP 协议最早应用于金融系统之间的交易消息传递，在物联网应用中，主要适用于移动手持设备与后台数据中心的通信和分析。

6. XMPP 协议（即时通信）

XMPP 是一种基于标准通用标记语言的子集 XML 的协议，它继承了在 XML 环境中灵活的发展性。因此，基于 XMPP 的应用具有超强的可扩展性。经过扩展以后的 XMPP 可以通过发送扩展的信息来处理用户的需求，以及在 XMPP 的顶端建立如内容发布系统和基于地址的服务等应用程序。而且，XMPP 包含了针对服务器端的软件协议，使其能与另一端进行通话，这使得开发者更容易建立客户应用程序或给一个配制好的系统添加功能。

XMPP 协议是自由、开放、公开的，并且易于了解，而且在客户端、服务器、组件、源码库等方面，都已经各自有多种实现。XMPP 适用于即时通信的应用程序，还能用在网络管理、内容供稿、协同工具、档案共享、游戏、远端系统监控等方面。

3.2.6 DCS

分布式控制系统（Distributed Control System，DCS）在国内自控行业又称为集散控制系统，是相对于集中式控制系统而言的一种新型计算机控制系统，它是在集中式控制系统的基础上发展、演变而来的，综合了计算机（Computer）、通信（Communicate）、显示（CRT）和控制（Control）等 4C 技术，其架构如图 3-21 所示。

DCS 是工业生产控制系统的统称，是同一个厂商高度集成开放的系统，大致可分为上位机、下位机和网络设备 3 个部分。

上位机即人机交互接口（HMI），按功能分类可分为操作员站、工程师站、历史/趋势服务器和通信站/应用站等。

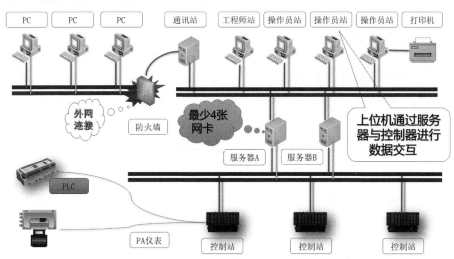

图 3-21 DCS 架构示意图

- 操作员站：一般用于安装工艺流程监管软件、控制工艺设备、调整工艺参数和查看历史趋势。
- 工程师站：安装 DCS 管理软件，包括网络组态、用户管理、逻辑组态、流程图组态、逻辑下载/上载、数据库管理、操作站管理、通信管理以及高级设置等。
- 历史/趋势服务器：运行相应的数据库软件，对整个 DCS 系统的实时数据和历史数据进行记录与管理。
- 通信站/应用站：一般用于安装第三方软件，如 OPC、Modbus 客户端等，为其他应用提供数据或者通信接口。

下位机是控制器的泛指，用于接收现场信号、处理逻辑和执行逻辑动作，是整个 DCS 系统的大脑。

网络设备用于构建 DCS 系统的通信，在工业现场的网络设备较商用交换机对恶劣环境的适应性更高，对网络延时和抖动有严格要求。

3.2.7 SCADA

数据采集与监视控制（Supervisory Control and Data Acquisition，SCADA）系统是以计算机为基础的生产过程控制与调度自动化监控系统。

SCADA 系统主要用于监视和控制现场运行设备。从另外的层面来说，其和 DCS 上位机实现的功能基本一致。SCADA 系统广泛用于工业生产的各个领域，包括水处理、交通、变配电、轨道交通及钢铁等行业。

SCADA 系统与其他系统的区别在于以下方面。
- ❑ 分布区域广泛。
- ❑ 主站与控制对象距离远。
- ❑ 监控终端的工作条件苛刻。
- ❑ 通信系统复杂多变。
- ❑ 通信系统不保证可靠传输。

3.3 工 业 行 业

3.3.1 电力行业

1. 电力产业链

电力行业公司分为两大类：电力公司和电力辅业公司。电力公司包括发电、输电、变配电、售电及用电公司，电力辅业公司包括设计、建设及设备公司。

电力系统的组成如图 3-22 所示。

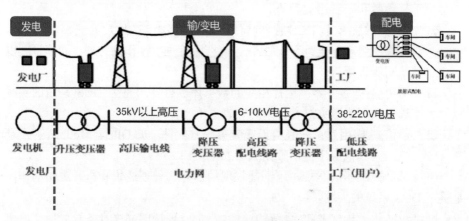

图 3-22 电力系统组成图

2. 电力行业产品链

（1）发电

发电公司主要是"五大四小"。五大发电集团分别为中国华能、中国大唐、中国华电集团公司、中国国电和国家电投，四小发电集团分别为国投集团、神华集团、华润电力和中广核。

地方发电企业包括山东鲁能、浙江浙能、上海申通、广东粤电以及北京京能等发电集团。

发电公司的主要经营业务是发电，包括火电、水电、风电、太阳能、核电、生物质能、天然气等，还有其他如电气设备、工程承包等业务。

（2）输变配售电

输变配售电的主要组成公司为中国南方电网有限责任公司、国家电网有限公司和内蒙古电力（集团）有限责任公司。

中国南方电网有限责任公司供电区域为广东、广西、云南、贵州和海南，负责投资、建设和经营管理南方区域电网，经营相关的输配电业务，参与投资、建设和经营相关的跨区域输变电和联网工程；经营电力购销业务，负责电力交易与调度；经营国内外投融资业务；自主开展外贸流通经营、国际合作、对外工程承包和对外劳务合作等业务。

国家电网有限公司经营区域覆盖26个省（自治区、直辖市），覆盖国土面积的88%以上，供电服务人口超过11亿人。国家电网公司直属产业作为公司业务的重要组成部分，是公司服务经济社会发展的重要力量，业务板块包括电工装备制造、信息通信与电子商务、节能与电能替代、境外投资与运营、工程总承包等。拥有16家产业公司、6家上市公司。

内蒙古电力（集团）有限责任公司（以下简称"公司"或"内蒙古电力公司"）是全国唯一独立的省级管理电网企业，负责除赤峰、通辽、呼伦贝尔、兴安盟之外的自治区其余8个盟市供电营业区的电网建设、经营、管理和农电工作，同时受自治区委托，管理自治区电力设计、电力科研、电力施工等国有企业。公司是内蒙古自治区政府所属的唯一国有独资特大型电网管理企业。

（3）电力设计建设

电力设计建设企业主要包括中国电力建设集团有限公司和中国能源建设股份有限公司。

中国电力建设集团有限公司由中国水利水电建设集团公司、中国水电工程顾问集团公司以及国家电网公司和中国南方电网有限责任公司14个省（区域）电网企业所属的勘测设计企业、电力施工企业、装备修造企业改革重组而成，也是我国唯一提供水利电力工程及基础设施规划、勘测设计、咨询监理、建设管理、投资运营为一体的综合性建设集团。

中国能源建设股份有限公司是中国能源建设主要业务和资产的运营平台，继承了中国能源建设的全部资产、资质和企业文化，具有集电力和能源规划咨询、勘测设计、工程承包、装备制造、投资运营等于一体的完整业务链，有着雄厚的发展基础。

（4）电力设备

电力设备企业包括许继集团有限公司、国电南瑞科技股份有限公司、特变电工股份有限公司、思源电气股份有限公司、上海电气集团股份有限公司、哈尔滨电气集团有限公司以及中国东方电气集团有限公司等，产品覆盖发电、输电、配电、用电等电力系统各个环节，横跨一二次、高中压、交直流装备领域，提供电力装备制造及系统解决方案。

3. 电力行业标准

电力行业标准是全部电力行业标准的统称，其中包括电力行业工程建设标准。电力行业工程建设标准对基本建设中的各类工程勘察、规划、设计、施工、安装及验收等内容，规定了相应的技术要求和方法，是电力行业标准的重要组成部分。

（1）基础与安装标准
- 标准电压
- 标准电流
- 标准频率
- 道路与街道照明灯具的安全要求
- 电能质量供电电压允许偏差
- 电能质量电压允许波动和闪变
- 电能质量公用电网谐波
- 电能质量三相电压允许不平衡度
- 电能质量电力系统频率允许偏差
- 电器装置安装工程接地装置施工及验收规范
- 建设工程施工现场供用电安全规范
- 电业安全工作规程（发电厂和变电所电气部分）
- 电业安全工作规程（电力线路部分）
- 电业安全工作规程（高压试验室部分）
- 电力建设安全工作规程（架空电力线路部分）
- 电力建设安全工作规程（变电所部分）
- 电力设备典型消防规程

（2）高压输变电
- 高压输变电设备的绝缘配合
- 高压输变电设备的绝缘配合使用导则
- 高压电力设备外绝缘污秽等级
- 高压架空线路和发电厂、变电所环境污区分级及外绝缘选择标准
- 高电压试验技术（第一部分：一般试验要求）
- 高电压试验技术（第二部分：测量系统）
- 3kV～110kV；35kV～110kV 高压配电装置设计规范

(3）高压开关
- 72.5kV 及以上气体绝缘金属封闭开关设备
- 高压开关设备通用技术条件
- 电气装置安装工程高压电气施工及验收规范
- 有载分接开关运行维修导则
- 气体绝缘金属封闭开关设备运行及维护规程
- 交流高压断路器参数选用导则

（4）电力系统与变电所
- 高压/低压预装式变电站
- 供配电系统设计规范
- 10kV 及以下变电所设计规范
- 低压配电设计规范
- 35kV～110kV 变电所设计规范
- 农村低压电力技术规程
- 城市中低压配电网改造技术导则
- 高压直流换流站绝缘配合导则
- 变电所总布置设计技术规程
- 农村小型化变电所设计规程
- 城市电力网规程设计导则

（5）继电保护与自动控制
- 3kV～110kV 电网继电保护装置运行整定规程
- 电站电气部分集中控制装置通用技术条件
- 地区电网数据采集与监控系统通用技术条件
- 电网调度自动化系统运行管理规程
- 地区电网调度自动化功能规范
- 县级电网调度自动化功能规范
- 城区电网调度自动化功能规范
- 电站设备自动化装置通用技术条件
- 剩余电流动作保护器的一般要求
- 高电压冲击试验用数字记录仪第一部分：对数字记录仪的要求
- 电能计量柜
- 电气装置安装工程盘、柜及二次回路接线施工及验收规范
- 电气系统二次回路用控制及继电保护屏（柜、台）通用技术条件
- 35kV 变电站（所）成套集控保护屏、柜、台通用技术条件

(6) 低压装置
- 电网电源供电的家用和类似一般用途的电子及有关设备的安全要求
- 漏电保护器的安装和运行
- 低压无功功率静态补偿装置总技术条件
- 量度继电器和保护装置安全设计的一般要求
- 静态继电保护装置逆变电源技术条件
- 低压固定封闭式成套开关设备
- 低压并联电容器装置
- 低压无功就地补偿装置

(7) 电力变压器
- 电力变压器 第1部分：总则
- 电力变压器 第2部分：温升
- 电力变压器 第3部分：绝缘水平和绝缘试验
- 电力变压器 第5部分：承受短路的能力
- 三相油浸式电力变压器技术参数和要求
- 干式电力变压器技术参数和要求
- 工矿企业电力变压器经济运行导则
- 电力变压器应用导则
- 油浸式电力变压器负载导则
- 油浸式电力变压器技术参数和要求 500kV 级
- 干式电力变压器负载导则
- 电力变压器选用导则
- 电气装置安装工程电力变压器、油浸电抗器、互感器施工及验收规范
- 电力变压器运行规程
- 电力变压器检修导则

(8) 互感器
- 电压互感器
- 电流互感器
- 电容式电压互感器

(9) 避雷器
- 交流系统用碳化硅阀式避雷器
- 交流无间隙金属氧化物避雷器
- 交流无间隙金属氧化物避雷器使用导则

4. 电力信息安全相关标准

电力信息安全相关标准如表 3-17 所示。

表 3-17 电力信息安全相关标准

序号	标准和政策
1	《电力企业网络与信息安全监督管理暂行规定》（电监信息［2007］50 号）
2	《电力行业信息系统安全等级保护定级工作指导意见》（电监信息［2007］44 号）
3	《关于开展电力行业信息系统安全等级保护定级工作的通知》（电监信息［2007］34 号）
4	《关于加强工业控制系统信息安全管理的通知》（工信部［2011］451 号）
5	《电力行业信息系统安全等级保护基本要求》（电监信息［2012］62 号）
6	《国家能源局综合司关于开展电力工控 PLC 设备信息安全隐患排查及漏洞整改工作的通知》（国能综安全［2013］387 号）
7	《电力行业网络与信息安全管理办法》（国能安全［2014］317 号）
8	《电力监控系统安全防护规定》（国家发改委令第 14 号）
9	《关于印发电力监控系统安全防护总体方案》及其 7 个附件（能源局 36 号）
10	《中国制造 2025》（国务院）
11	《中国南方电网电力监控系统安全防护管理办法》（南方电网 2016）
12	《工业控制系统信息安全防护指南》（工信部 2016）
13	《工业自动化和控制系统网络安全》（国家标准委）
14	《中华人民共和国网络安全法》（全国人大常委会）
15	《信息安全技术 网络安全等级保护安全设计技术要求 第 5 部分：工业控制安全要求》（国家标准委）
16	《工业控制系统信息安全事件应急管理工作指南》（工信部）
17	《工业控制系统信息安全行动计划（2018—2020 年）》（工信部）
18	《国家能源局关于加强电力行业网络安全工作的指导意见》（国能发安全［2018］72 号）

5. 发电厂

发电厂有多种发电途径：靠火力发电的称为火电厂，靠水力发电的称为水电厂，还有一些靠太阳能（光伏）、风力与潮汐发电的电厂等。而以核燃料为能源的核电厂已在世界许多国家发挥越来越大的作用。我国火电装机容量占总装机容量的 60%以上，因此本章以火电厂为例，描述发电厂的网络架构。

现代化火电厂是一个庞大而又复杂的生产电能与热能的工厂，它主要由 5 个系统组成：燃料系统、燃烧系统、汽水系统、电气系统和控制系统。

火电厂的网络架构一般由基础控制层、监控层（DCS）、操作管理层（SIS）和调度管理层（MIS）组成，如图 3-23 所示。厂级 SIS 以下属于过程控制层，厂级 SIS 及 MIS 属于工厂管理层，随着两化融合概念的提出以及科技的发展，越来越多的企业希望可以远程控制现场生产情况，云、物联网等概念必然推动工业控制网络与公共网络的共享。

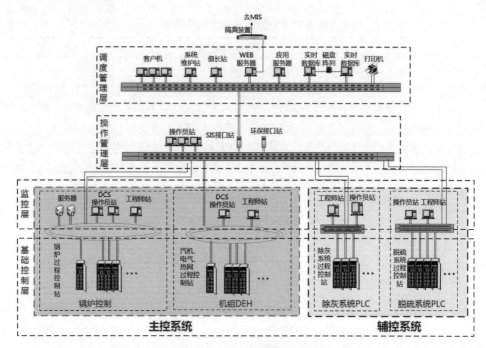

图 3-23 火电厂典型网络架构图

（1）L1 基础控制层

该层网络完成控制生产过程的功能，主要由工业控制器、数据采集卡件，以及各种过程控制输入/输出仪表组成，也包括现场所有的系统间通信。可以本地实现连续控制调节和顺序控制，设备检测和系统测试与自诊断、过程数据采集、信号转换、协议转换等功能，主辅机 DCS 的控制器以及 PLC 控制器位于这一层。

（2）L2 监控层（DCS）

这层包含各个分装置的工程师站以及操作员站，可以进行生产过程的监控、系统组态的维护以及现场智能仪表的管理。事实上，由基础控制层和监控层就能进行产品的正常生产，但是在大型电厂中，为了实现生产管理智能化以及信息化，通常都会设置操作管理层及以上的网络层。DCS 管理层网络通过 Layer3 级交换机汇聚各分区监控层的 LAN。设置全局工程师站可以对分区内所有装置的组态进行维护，查看网络内各装置的监控画面、趋势和报警。

（3）L3 操作管理层（SIS）

SIS 是实行生产过程综合优化服务的实时管理和监控系统，它将全厂分散控制系统 DCS 系统、可编程逻辑控制系统 PLC 以及其他计算机过程控制系统 PCS 汇集在一起，并与管理信息系统 MIS 有机结合，在整个电厂内实现资源共用、信息共享，做到管控一体化。SIS 系统也是连接全厂过程控制系统与管理系统的桥梁，实时/历史数据库平台是厂级监控信息系统（SIS）的核心部分，它的存储容量和存储效率直接关系到下层数据采集的范围和精度。

（4）L4 调度管理层（MIS）

火力发电厂管理信息系统 MIS（Management Information System）是指对火力发电企业大量的原始管理数据进行收集、整理，支持查询、分析汇总等方面的工作。火力发电厂 MIS 系统是以生产管理为基础、设备管理和经营管理为中心的综合管理系统，是全面实现成本控制、提高经济效益、实现现代化管理的信息系统。它为企业提供辅助决策信息，实现企业的生产、物资、人员、资金的优化管理，达到安全经济生产的预期目标。

6．变电站

IEC 61850 标准将变电站自动化系统从结构上分为变电站层、间隔层和过程层。数据网络分为变电站层网络、过程层 GOOSE 网络和过程层 SMV 采样值网络，如图 3-24 所示。

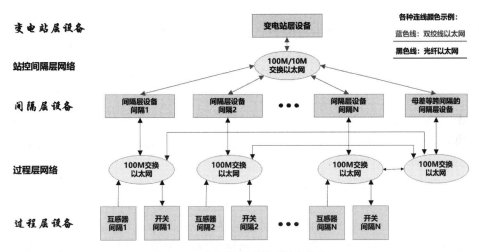

图 3-24　变电站自动化系统架构图

（1）过程层

过程层是一次设备与二次设备的结合面，主要由电子式互感器、合并单元以及智能单元等自动化设备构成，主要完成与一次设备相关的功能，如开关量、模拟量的采集以及控制命令的执行等。

（2）间隔层

间隔层主要包括变电站的保护、测控、计量等二次设备，主要任务是利用本间隔的数据完成对本间隔设备的监测和保护判断。

（3）变电站层

变电站层主要包括变电站监控系统、远动系统、继电保护故障信息系统等，其作用是完成对本站内间隔层设备及一次设备的控制,并完成与远方控制中心、工程师站及人机界面的通信功能。

(4) GOOSE

GOOSE（Generic Object Oriented Substation Event）是一种面向变电站事件通用对象服务,它支持由数据集组织的公共数据的交换,主要用于在多个具有保护功能的 IED 之间实现保护功能的闭锁和跳闸。

(5) 电子式互感器（含合并单元）

电子式互感器主要分为有源式和无源式,有源式包括罗氏线圈（无铁芯）和低功耗线圈（LPCT,含铁芯）；无源式包括磁光玻璃和光纤等纯光学原理互感器制成。

合并单元是电子式互感器的重要组成部分,其作用是将电子式互感器数据规范处理,供保护、测控、计量等装置使用。合并单元按功能可分为间隔合并单元和电压合并单元。

(6) 智能单元

智能单元是一次设备的信息化终端,用于接收间隔层设备命令,控制开关、主变分接头等,并正确反映设备状态,通常安装于一次设备处,以光缆与间隔设备连接。

7. 配电站

配电是在电力系统中直接与用户相连并向用户分配电能的环节。配电系统由配电变电所、高压配电线路、配电变压器、低压配电线路以及相应的控制保护设备组成。

(1) 电力系统电压等级

电力系统电压等级分为 220V/380V（0.4kV）、3kV、6kV、10kV、20kV、35kV、66kV、110kV、220kV、330kV 和 500kV。随着电机制造工艺的提高,10kV 发电机已批量生产,所以 3kV、6kV 已较少使用,20kV、66kV 也很少使用；供电系统以 10kV、35kV 为主,输配电系统以 110kV 以上为主,发电厂发电机有 6kV 与 10kV 两种,现在以 10kV 为主；用户均为 220V/380V（0.4kV）低压系统。

根据《城市电力网规定设计规则》规定：输电网为 500kV、330kV、220kV、110kV,高压配电网为 110kV、66kV,中压配电网为 20kV、10kV、6kV,低压配电网为 0.4kV（220V/380V）。

发电厂发出 6kV 或 10kV 电,除发电厂自己用（厂用电）之外,也可以用 10kV 电压送给发电厂附近用户,10kV 供电范围为 10km、35kV 为 20km～50km、66kV 为 30km～100km、110kV 为 50km～150km、220kV 为 100km～300km、330kV 为 200km～600km、500kV 为 150km～850km。

（2）变配电站种类

电力系统各种电压等级均通过电力变压器来转换，电压升高为升压变压器（变电站为升压站），电压降低为降压变压器（变电站为降压站）。一种电压变为另一种电压则选用两个线圈（绕组）的双圈变压器；一种电压变为两种电压则选用 3 个线圈（绕组）的三圈变压器。

变电站除升压与降压之分外，还以规模大小分为枢纽站、区域站与终端站。枢纽站电压等级一般为 3 个（三圈变压器），550kV/220kV/110kV；区域站一般也有 3 个电压等级（三圈变压器），220kV/110kV/35kV 或 110kV/35kV/10kV；终端站一般直接接到用户，大多数为两个电压等级（两圈变压器），110kV/10kV 或 35kV/10kV。用户本身的变电站一般只有两个电压等级（双圈变压器），110kV/10kV、35kV/0.4kV 或 10kV/0.4kV，其中以 10kV/0.4kV 为最多。

3.3.2 智能制造

在新型智能制造领域，智慧工厂在典型工厂控制系统和企业信息网集成的框架的基础上，充分利用正在迅速发展的物联网技术、大数据技术和互联网技术，将工业控制系统、生产过程执行系统、企业办公网络以及互联网紧密相连，网络拓扑如图 3-25 所示。

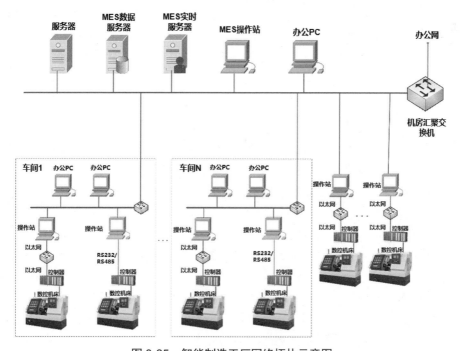

图 3-25　智能制造工厂网络拓扑示意图

3.3.3 智慧能源

智慧能源是指将能效技术与智能技术相结合，强调具体的技术及其物质或物理属性，还没有延伸到观念、制度等非物质或非物理的范畴。

智慧能源的载体是能源。无论是开发利用技术，还是生产消费制度，我们研究的对象与载体始终都是能源，我们不懈探索的目的也是寻觅更加安全、充足和清洁的能源，使人类生活更加幸福快乐、商品服务更加物美价廉、活动范围更加宽广深远、生态环境更加宜居美好。

1．系统网络架构

能源管理系统用于监测、分析各地铁车站及全路各种能源使用情况，并建立设备运行情况的统计与分析系统，建立设备评价、服务评价及用能效果评价指标体系。能源管理系统采用具有行业内先进水平、稳定可靠的控制网络构建。能源管理系统的设计应充分考虑城市轨道交通的用能特点和工作环境，系统网络架构及接入系统的产品应稳定、可靠、先进、开放。

整个能源管理系统由能源管理系统主站（中央级）、通信网络（由通信系统提供）及前端计量终端（由各相应设备专业负责提供并实施）组成。

系统网络架构应具有如下要求。

- ❑ 中央管理级计算机网络采用以太网，可连接城市轨道交通主干通信传输网或公众通信。
- ❑ 网络构建传输通道，中央管理级应提供数据上传 IP 网络接口。
- ❑ 中央管理级与车站控制级网络之间,采用 TCP/IP 或其他标准协议的主干通信传输网构。
- ❑ 应满足能源管理系统功能的要求，应能分散采集，集中管理。
- ❑ 应具有良好的可靠性、开放性和扩展性。

2．系统网络功能

能源管理系统独立构建自成系统，由通信系统提供骨干网组网传输通道，实现全线独立组网。

（1）前端计量终端（现场级）

主要由各类智能表计构成。智能表计安装于各现场开关柜、环控电控柜、配电控制箱内及空调水、生活水、消防水管道上。由智能表计采集各用电设备的电能数据、用水系统的用水量数据等，并通过通信总线将数据传输给能源管理系统子站。电能量的计量采用带有显示和通信功能的电力监测仪或电度表；水量的计量须采用带有显示和通信功能的直读式水表。

现场控制级网络连接的网络控制器、能耗计量器具、数据采集器等联网产品应确保数据传输实时、连续、可靠。

（2）能源管理系统子站（车站级）

主要由网络设备构成，负责通过网络将通信管理机所采集的开关柜、环控电控柜、配电控制箱内的智能电表、空调水、生活水、消防水管道上的智能水表等智能表计中的电能数据、水量数据及各设备的状态信息，汇总处理后上传给能源管理系统主站。

（3）通信网络（通信层）

由通信系统负责提供向能源管理系统主站进行数据传输的通道。

（4）能源管理系统主站（中央级）

包括数据存储与分析服务器、数据查询服务器、数据采集服务器、工作站、打印机和网络设备，主站通过网络与各子站监控系统进行通信，采集各子站的能耗数据及主要设备的状态信息，完成数据采集、存储管理、统计分析，建立设备运行情况的统计和分析系统，建立设备评价、服务评价及用能效果评价指标体系。中央管理级计算机网络通过主干通信传输网与车站管理级通信管理机相连，实现能源管理系统网络之间互联互通、信息交互；通信传输网为能源管理系统数据传输提供足够的带宽。

3.3.4 智慧水务

智慧水务是通过数据采集设备、无线网络、水质水压仪器等在线监测设备实时感知城市供排水系统的运行状态，并采用可视化的方式有机整合水务管理部门与供排水设施，形成城市水务物联网，并可将海量水务信息进行及时分析与处理，并做出相应的处理结果辅助决策建议，以更加精细和动态的方式管理水务系统的整个生产、管理和服务流程，从而达到"智慧"的状态。

智慧水务的建设目标是：建立一个网络、一个平台、一个中心、一个窗口的"四个一"企业运营管理体系结构，和适合于本地区的实用和可靠的智慧水务信息系统，使城镇水务的生产、销售、服务、管理各个环节得到有效整合。

- 一个网络：由工控网、物联网、专业业务运营局域网（LAN）构成的企业网（Intranet）。
- 一个平台：供水信息一体化综合管理平台（企业内网门户、数据中心、决策支持、智慧水务）。
- 一个中心：建立以供水调度为中心的生产指挥系统，实现由原水到用户的供水全过程优化控制。
- 一个窗口：公众综合信息服务平台，企业外网（Internet）门户网站，营造面向用户、沟通世界的信息氛围，构建快速、宽松的用户服务环境。

智慧水务信息系统拓扑结构为：三层网络和对应的三级分布式应用系统组成的开放、互联、分层、分布式体系结构，如图 3-26 所示。

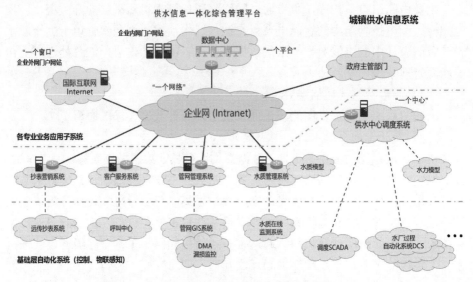

图 3-26　智慧水务信息系统拓扑结构

3.3.5　智慧烟草

烟草行业智慧工厂也应建立在物联网和服务网构建的信息技术基础上。

其中，与生产计划、物流、能源和经营相关的 ERP（企业资源计划）系统，以及与产品设计、技术相关的 PLM（产品生命周期管理）系统处在最上层，与服务网紧紧相连。

与制造生产设备和生产线控制、调度、排产等相关的 PCS（生产过程控制系统）、MES（制造执行系统）功能通过 CPS（信息物理系统）实现，与工业物联网紧紧相连。

从制成品形成和产品生命周期服务的维度，智慧工厂还需要具有智慧的原材料供应和售后服务，构成实时互联互通的信息交换。

3.3.6　钢铁冶金

钢铁生产工艺主要包括炼铁、炼钢和轧钢等流程。

1．炼焦生产流程

炼焦作业是将焦煤经混合、破碎后加入炼焦炉内经干馏后产生热焦碳及粗焦炉气的过程。

2. 烧结生产流程

烧结作业是将粉铁矿、各类助熔剂及细焦炭经混拌、造粒后，经由布料系统加入烧结机，再由点火炉点燃细焦炭，然后由抽气风车抽风完成烧结反应，高热的烧结矿经破碎冷却、筛选后，送往高炉作为冶炼铁水的主要原料。

3. 高炉生产流程

高炉作业是将铁矿石、焦炭及助熔剂由高炉顶部加入炉内，再由炉下部鼓风嘴鼓入高温热风，产生还原气体来还原铁矿石，产生熔融铁水与熔渣的炼铁制程。

4. 转炉生产流程

炼钢厂先将熔铣送前处理站做脱硫脱磷处理，经转炉吹炼后，再依订单钢种特性及品质需求，送二次精炼处理站（RH 真空脱气处理站、Ladle Injection 盛桶吹射处理站、VOD 真空吹氧脱碳处理站、STN 搅拌站等）进行各种处理，调整钢液成份，最后送大钢胚及扁钢胚连续铸造机，浇铸成红热钢胚半成品，经检验、研磨或烧除表面缺陷，或直接送下游轧制成条钢、线材、钢板、钢卷及钢片等成品。

5. 连铸生产流程

连续铸造作业是将钢液转变成钢胚的过程。上游处理完成的钢液，以盛钢桶运送到转台，经由钢液分配器分成数股，分别注入特定形状的铸模内，开始冷却凝固成形，生成外为凝固壳、内为钢液的铸胚，接着铸胚被引拔到弧状铸道中，经二次冷却继续凝固到完全凝固。经矫直后再依订单长度切割成块，方块形即为大钢胚，板状形即为扁钢胚。此半成品视需要经钢胚表面处理后，再送到轧钢厂轧延。

6. 热轧生产流程

热轧钢带工场主要制程是将扁钢胚加热后，经粗轧机及精轧机轧延成钢带，并以层流冷却系统喷水冷却至适当温度，再由盘卷机卷成粗钢卷。

3.3.7 交通运输

交通运输是包括铁路、公路、水路及航空运输基础设施的布局及修建、载运工具运用工程、交通信息工程及控制、交通运输经营和管理的工程领域。

现代化的交通运输方式主要有铁路运输、公路运输、水路运输、航空运输和管道运输。5 种运输方式在技术上、经济上各有长短，都有适宜的使用范围。下面以地铁的综合监控系统为例，介绍交通运输行业。

轨道交通综合监控系统（ISCS）属于城市轨道交通系统机电设备综合自动

化的范畴,以乘客、环境及设备的防灾和安全为核心,并为安全行车和调度指挥提供应急处理方案及丰富的信息,目的是为了进一步提高城市轨道交通服务质量和运营管理水平。综合监控系统通过将原来独立的多个机电系统(如 FAS、BAS、PSCADA、PA、CCTV、PSD、AFC、CLK 等)整合集成为一个能够协调运行的大系统,达成了资源共享和信息互通,实现了各机电系统的联动和快速反应,提高了轨道交通运营人员对各类事件的应急反应能力和处理速度,最大限度地保证了乘客的安全,提高了轨道交通的服务质量和综合运营效率。

ISCS 是以现代计算机、网络、自动化和信息技术为基础的大型计算机集成系统,集成了多个地铁自动化专业子系统,并在统一的集成平台支持下对地铁各专业子系统进行监视、控制和管理,实现各专业系统的信息共享及系统之间的联动控制功能。

- 中心控制层:包括中央级 ISCS、网络管理系统(NMS)、备用中心(临时指挥中心)ISCS、设备维护系统(DMS)、培训管理系统(TMS),以及复示系统等组成。
- 站级控制层:由位于各车站的车站级 ISCS、停车场的 ISCS(TSICS)和车辆段 ISCS(DSICS)组成。
- 现场设备层:包括站内的各子系统的基础设备监控、PLC 及通信单元组成的自动化设备层,以及相关子系统接口设备等。

ISCS 的系统架构如图 3-27 所示。

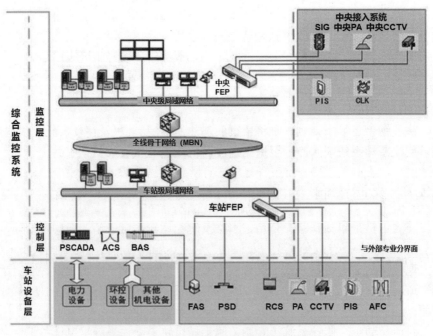

图 3-27 轨道交通综合监控系统结构示意图

第 4 章 工业互联网安全体系

4.1 工业信息安全概述

4.1.1 工业信息安全的再认识

工业是国民经济的主体和建设现代化经济体系的主要着力点,工业竞争力是国家竞争力的重要体现。随着德国"工业 4.0"、美国"再工业化、先进制造"和我国"制造强国、网络强国"等国家战略的推出,以及云计算、大数据、物联网等新一代信息技术的大规模应用,工业体系由自动化向数字化、网络化和智能化方向发展。新一轮产业变革为经济转型带来新机遇的同时,也加速了网络安全风险向工业领域的全面渗透,工业信息安全问题日益凸显。

从内容来看,工业信息安全泛指工业生产运行过程中的信息安全,涉及工业领域各个环节,其核心任务就是要确保工业自动化、信息化、网络化和智能化等基础设施的安全。

从保障对象上看,工业信息安全要保障工业系统和设备(如工业控制系统)、工业互联网平台(包括承载平台运行的工业云以及应用服务)、工业网络基础设施(包括基础电信网络、解析网络和其他网络)及工业数据等的安全。

因此,工业信息安全不仅涉及传统计算机网络和信息系统安全,还涉及工业软硬件设备、控制系统和工业协议等的安全。

从工业信息安全的发展路径来看,早期的工业领域处于自动化阶段,生产环境相对封闭,工业信息安全作为网络安全的细分应用方向,主要集中在工业企业信息管理层的安全。近年来,工业企业逐渐进入数字化转型时期,工业控制系统(以下简称"工控系统")和生产设备的网络安全风险激增,工业信息安全的重点在于工控安全。当前,两化融合进程加速了由数字化向网络化过渡,互联网快速渗透到工业领域的各个环节,工业实体逐步趋向泛在互联,工业互联网安全逐渐成为工业信息安全的焦点和核心。工业信息安全从面向企业端的传统信息安全、工控安全逐步延伸至工控网络安全、工业主机安全、工业设备安全、工业应用安全、工业漏洞扫描以及工业漏洞挖掘等领域。

4.1.2　工业信息安全产业的界定

习近平总书记在2018年4月召开的全国网络安全和信息化工作会议上明确指出："加强网络安全时间应急指挥能力建设，积极发展网络安全产业，做到关口前移，防患于未然。"在工业互联网快速发展的大背景下，新一代信息技术在工业生产领域广泛渗透和深度融合，不断升级的安全挑战对新时期的工业信息安全产业发展提出了更高、更新的要求。

工业信息安全产业发展的初期阶段以工控安全为核心，以纵深防御的技术理念为基础，涌现出大量围绕工控系统的"外建"安全防护产品和解决方案。随着工业互联网的加速推进，传统工业现场相对封闭可信的制造环境和强调高可靠性的格局逐渐被打破，工控系统、工业互联网智能设备、工业互联网平台等自身的安全问题不容小觑，内嵌信息安全功能的产品和服务市场需求激增。因此，工业信息安全产业发展应以提升企业工业信息安全综合防护水平为目标，统筹考虑内嵌安全和外建安全的市场需求。市场需求和时间的对应关系如图4-1所示。

当前，国内外缺乏对工业信息安全产业的公认界定，产业相关数据的统计口径也尚未建立。结合工业信息安全的内涵，工业信息安全产业可以定义为从事工业生产、运行、管理过程中的安全技术研究开发、产品生产经营和提供相关服务的经济活动。

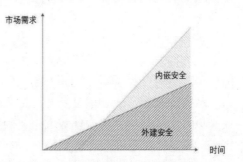

图 4-1　市场需求和时间的对应关系

4.2　工业互联网安全概述

4.2.1　工业互联网安全内涵与范畴

当前，以移动互联网、云计算、大数据、物联网和人工智能等为代表的新一代信息技术与制造技术加速融合，推动着制造业向数字化、网络化、智能化和服务化方向发展，成为推动经济转型升级、新旧发展动能接续转换的强劲引擎。

新一代信息技术在加速信息化与工业化深度融合发展的同时,也带来了日趋严峻的信息安全问题。工业信息化、自动化、网络化和智能化等基础设施是工业的核心组成部分,是工业各行业、企业的神经中枢。工业互联网安全的核心任务就是要确保这些工业神经中枢的安全。工业互联网安全事关经济发展、社会稳定和国家安全,是网络安全的重要组成部分。

从内容来看,工业互联网安全涉及工业领域各个环节,包括工业控制系统信息安全(简称工控安全)、工业大数据安全、工业云安全和工业电子商务安全等内容。

根据普渡参考模型,工业企业信息系统架构可以分为企业网络层、信息管理层、生产管理层、过程监控层、现场控制层和现场仪表/设备层,如图4-2所示。从安全防御技术成熟度来看,工业领域各行业在信息管理层的信息安全防护发展较早,技术和产品都相对成熟。

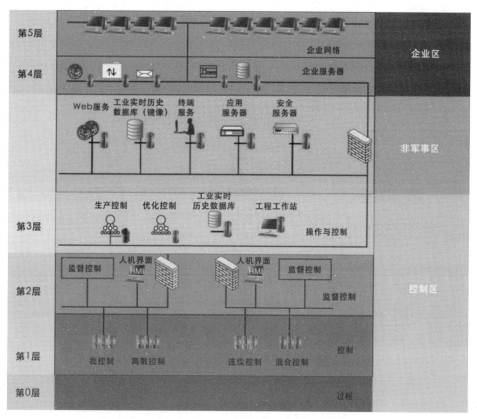

图 4-2 工业企业普渡参考模型(Purdue Model)

工控安全或以资产为中心的操作技术(Operational Technology,OT)安全主要指生产管理层、工业控制层及现场设备层所涉及的信息安全防护。Gartner

在 2017 年的《OT 安全市场指南》中，指出工业信息安全市场重点关注的操作运行系统包括数据采集与监控系统（SCADA）、过程控制网络（PCN）、离散控制系统（DCS）、制造执行系统（MES）、远程信息处理、机器人、设施管理、建筑自动化系统（BAS）以及交通运输管理系统等。

随着 IT 与 OT 加速融合一体化，工业互联网的快速发展为工业信息系统的整体安全防护带来更大的挑战。目前，工业互联网平台安全、工业网络基础设施安全、工业数据安全，以及 IT/OT 的融合安全等领域的技术研究和产品应用均处于起步阶段，但随着防护对象保障需求的变化，工业信息安全产业的边界也将不断延伸扩展。

4.2.2 工业互联网安全产业结构分类

随着新一代信息技术的快速发展，工业信息安全产业结构不断变化，软硬件产品的界限越发模糊，产品和服务的联系愈加紧密。在借鉴 Gartner 和 ARC 咨询公司对市场主要产品和服务的分类的基础上，结合我国实际情况，基于对产业结构的理解，依据市场主流应用，可以将工业信息安全产业结构分为产品和服务两大类。具体的工业互联网安全产业结构如图 4-3 所示。

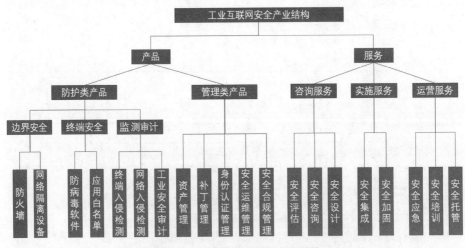

图 4-3　工业互联网安全产业结构

与传统计算机网络安全相比，工业互联网安全在保障对象、安全需求、网络和设备环境、通信协议等方面具有特殊性。识别工业企业信息系统存在的风险与安全隐患，并对应实施相应的安全技术与管理保障策略是确保工业互联网安全的重要手段。从市场发展来看，针对工业企业用户的信息安全需求，工业互联网安全产品类市场主要分为防护类产品与管理类产品两类。

从技术防护的角度，工业互联网安全防护类产品包括边界安全产品、终端安全产品及监测审计类产品。其中，边界安全产品以工业防火墙和网络隔离设备为代表，主要用于保护工业网络边界并提供区域隔离；终端安全产品涵盖了能够在工业互联网安全环境下，防护所有终端设备的安全产品，如防病毒软件、应用白名单、端口设备控制、主机加固等；监测审计类产品主要用于监控和评估工业控制系统的完整性，典型产品包括终端入侵检测、网络入侵检测和工业安全审计等。

从安全策略和管理流程的角度，工业互联网安全管理类产品包括资产管理、补丁管理、身份认证管理、安全运维管理和安全合规管理几大类，旨在帮助企业管理与维护工业资产和设备安全态势。由于工业企业用户的安全需求侧重于生产或运行过程的可靠性，工业互联网安全管理产品结合了传统IT网络安全管理产品和解决方案，但限制了会对工业生产环境造成影响的功能模块。同时，工业互联网安全管理产品还将覆盖范围扩展到其他工业资产和控制协议。

工业互联网安全服务主要指工业企业购买的第三方安全服务。通过对工业互联网安全服务市场发展驱动因素的分析，根据安全服务对象及企业用户项目管理生命周期，安全服务可以分为三大类。

第一类是以安全评估、安全咨询和安全设计为代表的咨询服务，该类服务主要依托专家的知识体系和行业经验并依据国内外标准和行业监管规范，建立工业信息安全管理体系，为用户提供决策依据和优化方案。

第二类是以安全集成和安全加固为代表的实施服务，该类服务主要采取适当的管理过程和控制措施，通过产品和解决方案将工业信息安全管理体系落地实施。

第三类是以安全应急、安全培训和安全托管为代表的运营服务，旨在为工业企业提供满足其全生命周期安全运营和管理需求的服务。

4.3 工控系统安全

4.3.1 工控网络安全

数据采集与监控（SCADA）、分布式控制系统（DCS）、过程控制系统（PCS）和可编程逻辑控制器（PLC）等工业控制系统广泛运用于工业、能源、交通、水利以及市政等领域，用于控制生产设备的运行。

一旦工业控制系统信息安全出现漏洞，将对工业生产运行和国家经济安全造成重大隐患。随着计算机和网络技术的发展，特别是信息化与工业化深度融合以及物联网的快速发展，工业控制系统产品越来越多地采用通用协议、通用硬件和通用软件，以各种方式与互联网等公共网络连接，高度信息化的同时也减弱了控制系统及 SCADA 系统等与外界的隔离，病毒、木马等威胁正在向工业控制系统扩散，工业控制系统信息安全问题日益突出。

2010 年的"震网"病毒事件，充分反映出工业控制系统信息安全面临着严峻的形势。工信部协［2011］451 号通知明确指出，"我国工业控制系统信息安全管理工作中仍存在不少问题，主要是对工业控制系统信息安全问题重视不够，管理制度不健全，相关标准规范缺失，技术防护措施不到位，安全防护能力和应急处置能力不高等，威胁着工业生产安全和社会正常运转。对此，各地区、各部门、各单位务必高度重视，增强风险意识、责任意识和紧迫感，切实加强工业控制系统信息安全管理。"

大多数企业模型化后的系统网络结构，基本由信息层（Information Zone）、操作站层（Station Zone）和控制器层（Controller Zone）三大部分组成。目前的现状是大多数控制网络中在运行的计算机，很少或没有机会安装全天候病毒防护或更新版本。控制器的设计都以优化实时的 I/O 功用为主，而并不提供加强的网络连接安全防护功能。在整个网络中存在多个网络端口切入点需要防护，并且许多控制网络都是"敞开的"，不同的子系统之间都没有进行有效的隔离，尤其是基于 OPC、MODBUS 等通信的工业控制网络，其中某一部分出现问题被攻击后，病毒就通过网络迅速蔓延。

工控网络防护技术能够有效检测到工控网络中的通信异常和协议异常并加以阻止，对工控网络专有协议进行深度分析，层层拆解数据包，深入剖析结构，帮助用户实现对工控网络进行深层次的安全管理和控制，进而避免工控系统的意外事故。

工控网络防护技术相对传统 IT 网络防护主要在可靠性方面进行了增强并增加了工控专有协议的识别。该技术用于生产控制网与监控网、监控网与管理信息网的边界，隔离生产控制网和监控网以及保护工控网络安全区域的安全，阻止来自监控网、管理信息网和其他区域的安全威胁，提供工控协议深度解析、工控指令访问控制、攻击防护和日志审计等综合安全功能，保证生产的安全有序进行。

基于镜像流量的网络威胁检查技术主要用来检测工控网络安全区域的网络流量，发现来自监控网、信息网和其他区域的安全威胁。对工业控制协议的通信报文进行深度解析，能够实时检测针对工业协议的网络攻击、用户误操作、用户违规操作、非法设备接入以及蠕虫、病毒等恶意软件的传播并实时报警，同时详实记录一切网络通信行为，包括指令级的工业控制协议通信记录，为工业控制系统的安全事故调查提供坚实的基础。

4.3.2 工业主机安全

我国制造业可分为 3 类：第一类是轻纺工业，如食品、饮料、烟草、造纸和纺织等；第二类以资源加工为主，如石油、化工、化纤、医药和黑色金属等；第三类以机械、电子制造为代表，最具代表性的就是装备、重工制造，不限于机床、专用设备、交通运输工具、机械设备和仪器仪表等。

随着国力的增长，我国制造业获得了长足发展，并已成为国家未来发展主要支撑领域。制造业是国力强盛的主要特征，是工业互联网的重要基础，并直接关系着中国强国梦的实现。

虽然我国制造业近几年获得了较大发展，但整体水平较发达国家仍有较大差距，制造企业自身也面临一系列发展瓶颈和不足。

1．内部因素

首先，制造业规模不断扩大，网络不断更新。横向看，DNC 网络越来越庞大，产线不断扩容，覆盖面积越来越广，网络安全面临挑战。纵向看，服务器体量越来越大，总体终端数量越来越多。以一个中型的汽车制造企业为例，其操作终端可多达 400～500 台左右，占了办公终端的近十分之一。如何确保主机终端安全可控，面临着巨大的挑战。

其次，随着市场需求多样化、生产分工精细化以及功能性控制器（PLC、机床功能板卡等）的多样化，设计端对分布式控制（DNC）服务器及生产线的干预（本地监控站甚至机床本身）越来越多，未知风险愈来愈难以掌控。

最后，随着国家"工业互联网"建设推进，作为"数据采集基础"的企业服务器和管理终端设备，往往存在大量未知风险，面临被淘汰、虚拟化趋势。但企业、行业工业 APP、工业云 PaaS 平台建设缓慢，很长一段时间内，现有设备仍是生产主力，主要依赖对象。寻求既可满足生产实际需求，也可保障设备自身安全的方案，是每个企业面临的首要问题。

2．外部因素

2017 年是我国工控安全的转折点。这一年，"勒索病毒-永恒之蓝"肆虐，波及制造业（如著名的台积电事件）、油气中下游产业链、医疗、海关、政府办公等行业，被业内人士称为"网络的 512 地震"。勒索病毒的主要感染对象为操作主机，因此未来一段时间勒索病毒仍是制造业面临的主要威胁。

从制造业的本身特点来看，除了网络的必要防护之外（如边界隔离、入侵检测、网络审计等），其最核心的应当是主机的安全防护，毕竟人的因素才是最根本的。由于生产网络庞大，操作节点众多且分散，任何一个节点遭到攻击都会造成网络的局部，甚至全网瘫痪。从对企业实际情况的调研来看，无论操作员站、工程师站、服务器等都面临一些共性问题。

因此，如图4-4所示，需要从以下几个方面去解决问题。

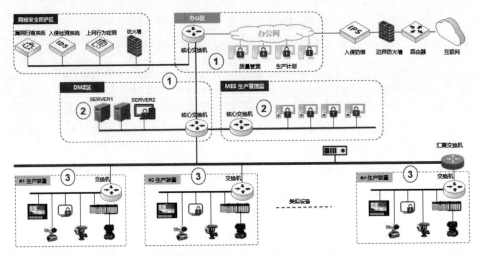

图4-4　某车间产线主机防护部署示意图

（1）调整网络结构，设置数据中转及操作专属设备（DMZ区），规范访问路径、限制操作行为，禁止非授权对终端主机的访问和操作。

（2）对办公网主机进行安全加固和补丁修补，预防再次中毒的危险；利用"白名单技术"为生产网工控主机建立主机安全运行环境。

- ①号位置对办公区进行主机加固，封堵不必要的通信端口，例如139、445等，同时依据相关技术要求，建立主机安全基线。办公网主机由于其特殊性，存在大量的网络操作和访问，随时会产生大量新的程序和文件，不适用主机白名单防护。
- ②号位置DMZ区和MES生产管理层由于其系统及操作相对固定，不会频繁更新和升级，适合主机白名单防护机制。
- ③号位置生产装置终端由于其操作系统固定,系统及软件更新不频繁，适合主机白名单机制防护。但是考虑到现场经常有就地组态更新，这里主要有两种情况：一是如果是技术参数调整不会影响主机安全卫士的运行，且主机卫士也不会进行拦截；二是如果进行组态更新，涉及整个文件后缀名发生变化，或者增加新的文件（白名单中不存在的），则可以通过统一管理平台将该台主机白名单暂时放开。
- 由于现场操作的存在，一定要保证专用调试工具的安全，这可以通过工具管理实现，参考工控安全管理规范。
- 与主机卫士配套使用的还有安全授权U盘，专业维护工具也可安装白名单软件，对应安全授权U盘，实现数据安全摆渡。

部署工控主机卫士对系统内主机进行防护，主机卫士采用"白名单"管理技术，通过对数据采集和分析，其内置智能学习模块会自动生成工业控制软件正常行为的白名单，与现网中的实时传输数据进行比较、匹配和判断。

如果发现其用户节点的行为不符合白名单中的行为特征，其主机安全防护系统将会对此行为进行阻断或告警，以此避免主机网络受到未知漏洞威胁，同时还可以有效地阻止操作人员异常操作带来的危害。

在控制网区域控制室的各操作员站、工程师站和服务器上部署工控主机卫士，对主机注册表、操作系统，以及运行在主机上的工控软件进行保护，拒绝任何未经授权的安装、修改、卸载及删除操作，从而做到斩断病毒和恶意代码的运行传播，起到加固控制网主机的作用。

在采用智能主动防御基础上，融合主机加固功能，满足 GB/T 20272—2019《信息安全技术操作系统安全技术要求》对操作系统安全技术的要求。它不用更改操作系统就可以安装，操作方便。同时在操作系统的基础安全功能之上提供安全保护层，通过截取系统调用来实现对文件系统的访问控制，提高操作系统的安全性。它具有完整的用户身份鉴别、访问权限控制、外设控制、完整性校验和日志审计的功能，并且采用集中式管理，克服了分布式系统在管理上的诸多问题。

（3）利用统一管理平台，对主机进行双因子认证、外设监管、非法外联监控、软体防火墙告警、主机流量、多种日志审计、存储和管理等。

通过上述工业主机安全防护手段可以解决以下问题。

- ❑ 主机操作系统纯净，不适合频繁升级、打补丁的问题。
- ❑ 目前国内还没有一款针对工业主机的专用杀毒软件，即使有也存在一定安全隐患，如病毒库升级问题。
- ❑ 由于特殊的使用环境，主机应用软件存在一定漏洞，但又不敢轻易打补丁，使用白名单技术则可以固化主机运行环境，解决主机升级、打补丁烦恼。
- ❑ 绝大部分主机缺少必要的安全策略和管理规划，使用主机安全卫士融合主机加固技术，解决安全基线建设不足问题。

目前针对工控主机的安全防护主要采用"应用程序白名单"技术。该技术主要指一组应用程序名单列表，只有在此列表中的应用程序被允许在系统中运行，之外的任何程序都不被允许运行。

通过数据采集和分析，智能学习模块自动生成的工业控制软件正常行为模式的白名单，与工业主机要运行的进程进行比较、匹配和判断。如果发现其特征不符合白名单中的记录，则将会对此行为进行阻断或告警，以此避免工业控制网络受到未知漏洞威胁，同时还可以有效地阻止操作人员异常操作带来的危害。

4.3.3 工业应用安全

工业软件一般是指应用于工业领域里的应用软件,包括操作、应用、中间件、嵌入式等。一般来讲工业软件被划分成编程语言、系统软件、应用软件和介于这二者之间的中间件。其中系统软件为计算机使用提供最基本的功能,应用软件根据所服务的领域提供有针对性的功能服务。

工业软件具备以下三大特点。

- ❑ 工业软件是一类专用软件,专门用于解决某类相应问题及需求,即专用性强。
- ❑ 工业软件的应用领域主要是工业企业,根据业务环节可分为研发、制造、管理等应用。
- ❑ 从产品形态看,包括面向产品设计的研发软件(如 CAD、CAE、PDM等)、面向企业经营的管理软件、面向制造过程的自动化控制软件、面向装置级的嵌入式软件(含中间件)、面向生产制造的管理软件(如 CAPP、CAM、ERP)以及面向企业内和企业间协同的平台类软件等,由此可见,工业软件的行业性较强。

目前很多工业软件已具备数字化、智能化、网络化与综合集成化,其发展趋势在向着高精度、高可靠性和高适应性方向发展,即功能安全的智能化。

从一般意义上来说,工业软件大都应用于工业企业研发、制造环境中,面对的是设计、控制等要求严格,甚至是要求非常苛刻的环境,如民用航空器设计中的精准跟踪、钢铁生产中的炉温精确控制、轨道交通信号传输的准确无误、医疗器械数控系统的完全到位、数字化核电仪控系统的万无一失等,无不要求工业软件的功能安全实现是最为重要的。这也是工业软件与一般通用软件的最本质区别之一。可以说,一个不能满足功能安全的工业软件,即使都满足了应用的系统功能实现,也是不成功的,是有缺陷的产品,甚至带来某些重大事故危害也是在所难免的。

实施功能安全本质上就是控制风险,而风险是对一个特定危险事件出现的概率和结果的估量。完全杜绝风险的发生,要考虑投入成本与现实效果的性价比。

功能安全,简单说就是指风险降低系统功能的可靠性。开展功能安全的重点是对电气 E、电子 E、可编辑电子设备 PE 的安全相关系统功能可靠性的半定量描述(安全完整性等级)。而风险是对一个特定危险事件出现的概率和结果的估量。完全杜绝风险的发生,不可能也不现实,毕竟要考虑投入成本与现实效果的性价比。但依据现实条件,实事求是地确定所允许的风险,并估计必要的风险降低办法,就可分配安全相关系统的安全完整性要求——这也是包括工业软件产品(系统)等在内的众多产品所应严格遵循的最基本、也是最重要的理念。此外,功能安全的可靠性仅仅依靠生产企业自身的自我保障是远远不够的,必须经第三方架构权威认证。

我国工业应用软件的整体发展水平,距离国外确实存在不小的差距。这其中重要的差距之一,就表现在我们对工业业务需求的理解不够深刻、完整,表现在工业软件产品的研制与应用上,就是对其功能安全的理解与认识、技术与手段的有限与不足,本质上是相关基础研究的不足。

当然,提高工业应用软件产品的功能安全很大程度上会增大开发的成本,这更是我国众多企业现阶段直接面对的现实考虑。我国以及国际上近期所发生的一些事故,无不都与工业应用软件(系统)功能安全有关。提高对工业应用软件功能安全的重视,包括加强功能安全实现的基础研究、技术方法、管理手段、专业服务等,都是目前及今后推进工业应用软件产业发展过程中,亟待面对的一项重要工作。

4.3.4 工业漏洞扫描

随着计算机和网络技术的发展,特别是两化融合以及物联网的快速发展,越来越多的通用协议、硬件和软件在工业控制系统产品中采用,并以各种方式与互联网等公共网络连接,使得针对工业控制系统的攻击行为大幅度增长。其中,最常见的攻击方式就是利用工业控制系统的漏洞,可编程逻辑控制器(Programmable Logic Controller,PLC)、分布式控制系统(Distributed Control System,DCS)、数据采集与监视控制系统(Supervisory Control And Data Acquisition,SCADA)乃至应用软件均被发现存在大量信息安全漏洞,如ABB、施耐德电气(Schneider)、通用电气(GE)、研华科技(Advantech)及罗克韦尔(Rockwell)等工业控制系统厂商的产品均被发现包含各种信息安全漏洞。图4-5所示为2008—2018年工控漏洞走势图。

从图4-5中可以看出,2010年之后工控漏洞数量显著增长,出现此趋势的主要原因是2010年后工业控制系统安全问题的关注度日益增高。

工业信息系统配置操作是否安全也是安全风险的重要方面,安全配置错误一般是由人员操作失误导致。虽然现在有了配置检查Checklist、行业规范和等级保护纲领性规范要求,让运维人员有了检查安全配置的依据,但是面对网络中种类繁杂、数量众多的设备和软件,如何快速、有效地检查安全配置,识别与安全规范不符合的项目,以达到整改合规的要求,这也是运维人员要面临的难题。

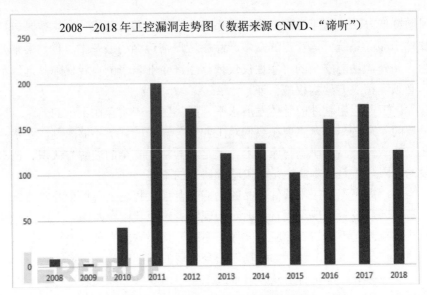

图 4-5　2008—2018 年工控漏洞走势图

基于指纹识别和漏洞库的工控漏洞扫描技术主要是检测已知的安全漏洞，采用基于被动方式接收流量扫描，与指纹识别库和工控漏洞库进行特征匹配，发现工控设备漏洞。在工业应用环境中，漏洞扫描建议采用被动的、非破坏性的办法对工控系统、工控设备和工控网络进行检查和监测，及时发现漏洞和威胁，避免影响正常的生产业务。在工业控制系统中，生产业务的稳定性、可靠性、连续性是至关重要的，尤其是对一些核心的生产系统和控制设备，因此对其进行漏洞扫描时也需要做到"无害""无损"。此时，把扫描融入正常业务中，也就是说扫描行为与正常的业务行为是一致的，这样就能避免非正常的操作而造成对系统的影响。通过这种成熟的技术，可以实现对工业控制系统的无损漏洞扫描。

4.3.5　工控漏洞挖掘

1. 漏洞的出现

漏洞主要是因为设计和实施中出现错误所致，造成信息的完整性、可用性和保密性受损。漏洞通常存在于软件中，也存在于各个信息系统层，从协议规格到设计到物理硬件。漏洞还可能是恶意用户或自动恶意代码故意为之。重要系统或网络中单个漏洞可能会严重破坏一个机构的安全态势。

"漏洞"一词的定义是易受攻击性或利用信息安全系统设计、程序、实施或内部控制中的弱点不经授权获得信息或进入信息系统。这里的关键词是"弱点"。任何系统或网络中的弱点都是可防的。

2. 漏洞的影响

漏洞会影响到很大范围的软硬件设备,包括操作系统本身及其支撑软件,网络客户和服务器软件,网络路由器和安全防火墙,等等。换言之,在这些不同的软硬件设备中都可能存在不同的安全漏洞问题。在不同种类的软、硬件设备,同种设备的不同版本之间,由不同设备构成的不同系统之间,以及同种系统在不同的设置条件下,都会存在各自不同的安全漏洞问题。

3. 漏洞的危害

自 2013 年以来,国家信息安全漏洞共享平台(CNVD)收录的安全漏洞数量年平均增长率为 21.6%,但 2017 年较 2016 年增长了 47.4%,达 15955 个,收录安全漏洞数量达到历史新高。其中,高危漏洞收录数量高达 5615 个(占 35.2%),同比增长 35.4%。"零日"漏洞 3854 个(占 24.2%),同比增长 75%。

安全漏洞主要涵盖 Google、Oracle、Microsoft、IBM、Cisco、Apple、WordPress、Adobe、HUAWEI、ImageMagick、Linux 等厂商的产品。按影响对象分类统计,收录漏洞中应用程序漏洞占 59.2%,Web 应用漏洞占 17.6%,操作系统漏洞占 12.9%,网络设备(如路由器、交换机等)漏洞占 7.7%,安全产品(如防火墙、入侵检测系统等)漏洞占 1.5%,数据库漏洞占 1.1%。涉及电子政务、电信、银行、民航等重要部门。

根据美国软件工程研究所估算,如果系统能够及时安装合适的软件补丁,可以避免 95%以上的网络入侵。而且很多安全漏洞、错误配置是可以通过网络漏洞管理系统进行检测与发现的,并通过漏洞修复和加固,防患于未然。因此,一个自动化、全局性的网络漏洞挖掘系统对用户就显得十分必要。

工业控制网络安全漏洞是在其生命周期的各个阶段(设计、实现、运维等过程)引入的某类问题,例如设计阶段引入的一个设计得非常容易被破解的加密算法,实现阶段引入的一个代码缓冲区溢出问题,运维阶段的一个错误的安全配置,这些都有可能最终成为工控网络安全漏洞,这些漏洞会对工控网络的安全(包括可用性、完整性、机密性)产生严重影响。

近年来,工控系统强调开放性,在网络中大量引入通用的 IT 产品,如 Windows 操作系统、关系数据库等,并广泛使用以太网和 TCP/IP 协议,在降低成本和简化集成的同时将大量 IT 漏洞引入了工控网络。同时,大部分的工控网络应用层协议和现场总线协议,广泛使用 MODBUS/TCP、CAN 等明码传输协议,存在没有严格的身份识别、报文很容易被伪造等无法避免的脆弱性。

因此，由相对封闭的专用计算机和网络体系发展而来的工控网络系统，薄弱的环节几乎来自于各方各面，特别对于大型 SCADA 系统，设备分散安装，部分采用公网和无线网络，更容易受到利用漏洞的攻击，严重的攻击后果可以使系统网络完全瘫痪，造成工业过程失控或装置停机。

工控网络具有非常鲜明的特点，首先是封闭性，SCADA、DCS 等控制系统和 PLC 等控制设备在设计之初就没有考虑完善的安全机制；其次是复杂性，工控网络常见的总线协议和应用层协议有几十种，不但每种通信协议的数据接口不完全相同，这些协议的规约实现也不相同；最后是不可改变性，工控网络很难进行改造和补丁升级。

综上所述，传统信息安全的测试技术和设备不适合工控网络。当前我国相关机构对工控网络安全漏洞进行检测的手段是比较局限的，具体体现在以下几个方面。

- ❑ 现有检测手段仅针对工控网络内的外围服务器和通用 IT 设备，无法触及亟待保护的核心工控设备。
- ❑ 现有的端口服务扫描、漏洞特征扫描等技术对漏洞库的依赖较大，但公开的工控网络安全漏洞库信息很少，导致无法实现深入、全面的检测。
- ❑ 基于公开漏洞的扫描技术和机制无法有效发现未知漏洞，同时在时间上永远滞后于攻击者利用的未知漏洞。
- ❑ 缺乏针对性检测工具，无法有效证明工控设备上的潜在漏洞是否存在。

由于缺乏针对工控网络安全漏洞进行检测和挖掘的工具，在定期的安全检查时无法及时发现工控设备和系统的隐患和漏洞，一旦发生工控网络安全事故，不但难以在第一时间内辨析是脆弱性问题还是设备故障，也无法对可疑设备做到物证俱全。

工业漏洞挖掘检测平台需采用已知漏洞检测和未知漏洞挖掘相结合的方式，能够对工业控制设备（如 PLC）、工业控制系统（如 DCS、SCADA）、工业控制网络中的安全保护设备（如工控防火墙、网关），以及工控软件（如 WinCC）进行全面自动化检测和漏洞挖掘。

4．基于工控安全漏洞库的已知漏洞检测

基于工控网络安全漏洞库，依靠高效漏洞扫描引擎、检测规则的自动匹配，扫描工控网络中的关键设备和软件，检测是否存在已知漏洞。扫描引擎的一系列核心功能包括工控通信协议支持、存活判断、端口扫描、服务识别及操作系统判断等，同时具备 PLC、DCS、SCADA 等系统和软件识别功能，如图 4-6 所示。

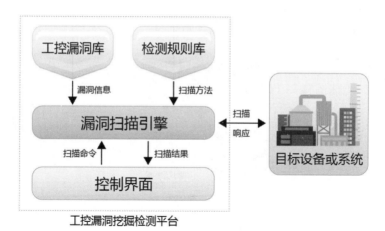

图 4-6　基于工控安全漏洞库的已知漏洞检测原理图

5. 基于工业控制协议的模糊测试挖掘未知漏洞

对工控网络未知安全漏洞进行挖掘，需要基于工控协议的模糊测试技术，通过对工控网络中的设备和系统进行智能模糊测试来发现。

（1）运用模糊测试的原理，设计测试用例并构造变异报文，检测工控协议实现的缺陷。

通过点对点、桥接等连接方式，将工业漏洞挖掘检测平台与被测设备或系统进行连接，经过配置、选择、运行、结果等步骤，在强大的自定义测试引擎的基础上，综合运用各种测试方法和脚本，向被测对象提供非预期的随机或用户自定义输入并监控输出中的异常来发现其潜在缺陷和故障。优化后的自动化模糊测试引擎不仅关注协议和软件的边界值，同时还会关心任何能够触发未定义或是不安全行为的输入数据。

（2）构建完整的、可扩展的动态随机分析测试框架，监控测试目标，管理测试结果，并支持多目标（例如设备、软件、系统等）、多种协议（例如 Modbus、IEC104、Profinet 等不同类型的协议）和多线程（加速测试进度）。

平台需要提供操作、监视、管理整个漏洞挖掘测试过程的功能。测试过程中，基于高效的智能模糊测试和攻击测试等自动化测试方法，自动生成测试用例列表，并在测试列表运行时可以实时监控和进行管理，能够高效地完成复杂测试。

丰富的测试监视器，包含底层通信（ICMP、ARP、链路状态）、高层通信（TCP 和 UDP 端口）及控制信号（离散、模拟），能够随时监视测试用例执行情况和结果。测试完成后，系统会生成正常、疑似漏洞、其他等测试结果，对疑似漏洞的测试结果进行漏洞标识，关联所有相关信息，并对漏洞名称、危险等级和描述等信息进行编辑，保存至本机漏洞库中作为漏洞分析的依据。

基于工业控制协议的模糊测试原理如图 4-7 所示。

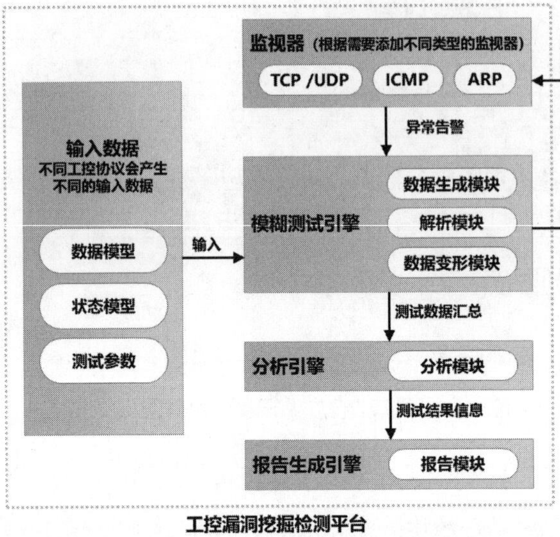

图 4-7 基于工业控制协议的模糊测试原理图

同时，通过对疑似漏洞的所有相关信息的细节进行深入分析，重复进行针对性的测试，明确疑似漏洞的真实性，最后在出错数据包中精确定位，并可以将发现的疑似漏洞保存至漏洞库中进行管理。通过漏洞库中发现的漏洞进行漏洞测试，验证漏洞的真实性和可复现性。

根据漏洞分析的结果，利用工业漏洞挖掘检测平台提供的开发工具可以进行一系列的衍生开发，包括新的测试用例、测试脚本、测试/攻击套件，并且可以对衍生开发的结果进行漏洞测试用例、脚本测试检验。

4.4 工业网络安全

工业互联网的发展使得工厂内部网络呈现出 IP 化、无线化、组网方式灵活化与全局化的特点，工厂外网呈现出信息网络与控制网络逐渐融合、企业专网与互联网逐渐融合以及产品服务日益互联网化的特点。这就造成传统互联网中的网络安全问题开始向工业互联网蔓延，具体表现为以下几个方面：工业互联协议由专有协议向以太网/IP 协议转变，导致攻击门槛极大降低；现有一些 10M/100M 工业以太网交换机（通常是非管理型交换机）缺乏抵御日益严重的 DDoS 攻击的能力；工厂网络互联、生产、运营逐渐由静态转变为动态，安全策略面临严峻挑战等。此外，随着工厂业务的拓展和新技术的不断应用，今后还会面临 5G/SDN 等新技术引入、工厂内外网互联互通进一步深化等带来的安全风险。

工业互联网网络安全防护应面向工厂内部网络、外部网络及标识解析系统等方面，具体包括网络结构优化、边界安全防护、接入认证、通信内容防护、通信设备防护、安全监测审计等多种防护措施，构筑全面高效的网络安全防护体系。

1．优化网络结构设计

在网络规划阶段，需设计合理的网络结构。一方面通过在关键网络节点和标识解析节点采用双机热备和负载均衡等技术，应对业务高峰时期突发的大数据流量和意外故障引发的业务连续性问题，确保网络长期稳定可靠运行；另一方面通过合理的网络结构和设置，提高网络的灵活性和可扩展性，为后续网络扩容做好准备。

2．网络边界安全

根据工业互联网中网络设备和业务系统的重要程度，将整个网络划分成不同的安全域，形成纵深防御体系。安全域是一个逻辑区域，同一安全域中的设备资产具有相同或相近的安全属性，如安全级别、安全威胁、安全脆弱性等，同一安全域内的系统相互信任。在安全域之间采用网络边界控制设备，以逻辑串接的方式进行部署，对安全域边界进行监视，识别边界上的入侵行为并进行有效阻断。

3．网络接入认证

接入网络的设备与标识解析节点应该具有唯一性标识，网络应对接入的设备与标识解析节点进行身份认证，保证合法接入和合法连接，对非法设备与标识解析节点的接入行为进行阻断与告警，形成网络可信接入机制。网络接入认证可采用基于数字证书的身份认证等机制来实现。

4．通信和传输保护

通信和传输保护是指采用相关技术手段来保证通信过程中的机密性、完整性和有效性，防止数据在网络传输过程中被窃取或篡改，并保证合法用户对信息和资源的有效使用。同时，在标识解析体系的建设过程中，需要对解析节点中存储的数据以及在解析过程中传输的数据进行安全保护。具体包括以下几个方面。

- ❑ 通过加密等方式保证非法窃取的网络传输数据无法被非法用户识别和提取有效信息，确保数据加密不会对任何其他工业互联网系统的性能产生负面影响。在标识解析体系的各类解析节点与标识查询节点之间建立解析数据安全传输通道，采用国密局批准使用的加密算法及加密设备，为标识解析请求及解析结果的传输提供机密性与完整性保障。
- ❑ 网络传输的数据采取校验机制，确保被篡改的信息能够被接收方有效鉴别。
- 应确保接收方能够接收到网络数据,并且能够被合法用户正常使用。

5. 网络设备安全防护

为了提高网络设备与标识解析节点自身的安全性,保障其正常运行,网络设备与标识解析节点需要采取一系列安全防护措施,主要包括以下几个方面。

- 对登录网络设备与标识解析节点进行运维的用户进行身份鉴别,并确保身份鉴别信息不易被破解与冒用。
- 对远程登录网络设备与标识解析节点的源地址进行限制。
- 对网络设备与标识解析节点的登录过程采取完备的登录失败处理措施。
- 启用安全的登录方式(如 SSH 或 HTTPS 等)。

6. 安全监测审计

网络安全监测是指通过漏洞扫描工具等方式探测网络设备与标识解析节点的漏洞情况,并及时提供预警信息。网络安全审计是指通过镜像或代理等方式分析网络与标识解析系统中的流量,并记录网络与标识解析系统中的系统活动和用户活动等各类操作行为以及设备运行信息,发现系统中现有的和潜在的安全威胁,实时分析网络与标识解析系统中发生的安全事件并告警。同时记录内部人员的错误操作和越权操作,并进行及时告警,减少内部非恶意操作导致的安全隐患。

4.4.1 网络边缘计算

边缘计算是指在靠近智能设备或数据源头的一端,提供网络、存储、计算、应用等能力,达到更快的网络服务响应和更安全的本地数据传输。边缘计算可以满足系统在实时业务、智能应用、安全隐私保护等方面的要求,为用户提供本地的智能服务,如图 4-8 所示。

边缘计算一般由云端管理系统、本地核心节点和普通设备组成,云端系统负责设备管理、配置设备驱动函数和联动函数、设置消息路由等功能,本地核心节点一般是计算能力较强的设备,如路由器和网关,提供本地计算、消息转发、设备管理的能力,设备一般指灯、开关等轻量级设备,可以接收网关下发的指令和上报数据给网关。

边缘计算主要用于解决传统云数据中心直接控制终端的几个无法绕开的问题。

1. 海量数据对网络带宽造成的巨大压力

云中心具有强大的处理性能,能够处理海量数据。但是,随着物联网的发展,现在几乎所有的电子设备都可以连接到互联网,这些电子设备会产生海量数据,而将这些海量数据传送到云中心成了一个难题,这对于网络带宽是个巨大的挑战。

图 4-8 网络边缘计算示意图

2. 联网设备对于低时延、协同工作的需求

云计算模型的系统性能瓶颈在于网络带宽的有限性,传送海量数据需要一定的时间,云中心处理数据也需要一定的时间,这就会加大请求响应时间,使用户体验极差。而在新兴的物联网应用场景中,例如实时语音翻译,再例如无人驾驶汽车,其对响应时间都有极高要求,依赖云计算并不现实。

3. 联网设备涉及的个人隐私与安全问题

终端设备中的大量数据会涉及个人隐私,传到云中心会大大增加数据的安全风险。

不过,边缘计算设施的使用也将可能面临更多的安全性问题,用户可能遇上前所未有的新安全漏洞。因为被这些过去可能是完全隔离的系统,如今都连接到网络上,有可能面临被盗用或者被篡改的风险,并引发更大的灾难性事件。

4.4.2 工业 VPN

随着工业制造技术和自动化控制管理技术的不断进步,现在许多大型企业都要求各个异地分厂或每个测量站点、中转站的设备主要运行参数实时汇总到总厂的调度中心,以便调度中心可以及时对各个站点的设备运行状况进行监控和调整。同时，在工业控制领域，技术支持工程师也经常需要远程维护工业控制设备，这些应用对于网络数据传输都必不可少，而数据加密和接入安全是网络传输安全的基础。如果数据以明文方式在网络中进行传输，将会面临数据篡改、数据窃取、数据破坏等各类安全风险。

在 VPN 技术出现以前，一般采用"信道加密机"来解决这类安全问题，或者使用专线来进行接入，由于信道加密机是在链路层进行加/解密处理，使得它不能被应用到 Internet 网络中，从而大大地限制了网络的可扩展性和延伸性，而专线接入的成本又过于高昂，为每一个站点专门拉一条专线显然并不现实。IPsec VPN 技术的出现，很好地解决了使用通用信道机所带来的问题，并且使工业控制网络可以基于公用网络（如 Internet 网络）建立自己的私有网络成为可能，这样企业就可以以很低的成本将网络延伸到 Internet 所覆盖的每个角落。VPN 具有以下优势。

- 低成本：VPN 技术由于直接采用 Internet 进行数据传输，相比传统专线，网络带宽成本下降 70%以上。
- 数据加密：IPSec VPN 技术能够对网络层以上数据进行加密，即便数据被中间人获取，也不能窃取数据。
- 组网方式灵活：支持点对点、点对多点、客户端直接接入等各类组网方式，比传统专线方式更灵活。
- 增强的安全性：VPN 不仅支持加密技术，也支持隧道技术、认证技术、密钥管理技术等，能够提供对设备的接入认证。

4.4.3 工业 NAT

传统意义上讲，要确保工业网络安全就必须将自动化设备和企业网络通过物理方式隔离开来。如果自动化设备不连接任何东西，安全威胁自然会降到最低，但是扩展性却很低，发挥的价值也会最低。现在不连接企业网络的设施已越来越少，因为更多组织不断扩展企业网络并将其常规化。很多组织已经逐渐接受这一新的现实，并积极通过认真规划网络和采用 IP 地址最佳实践解决安全性问题。工厂可将防火墙部署在网络中，以限制特定类型的网络流量或传输至特定用户的网络流量，将网络攻击的风险降至最低。另一种技巧是实施 NAT（网络地址转换），NAT 能够隐藏内部 IP 地址，但不会影响内部地址访问安全区域以外的网络设备。

NAT 不仅可以对外隐藏内部地址，防止恶意攻击，同时也能够节约 IP 地址，在当前公网 IP 地址严重不够用的情况下显得更加有价值。但是工业网络中涉及部分工业协议在 NAT 以后出现功能不正常或连接失败等问题，需要工业协议支持厂商同步迭代更新。

4.4.4 工业互联安全

根据工业互联网安全要求，工业互联网安全至少包括设备安全、控制安全、网络安全、数据安全、应用安全等几个方面。工业互联泛指工业设备、平台通过网络进行连接及与之相关的系列交互，涉及设备准入控制、身份鉴别、访问控制及入侵防范等多个方面。

在工业互联安全方面，根据工业互联网安全总体要求规范，在工业互联网不同的位置，存在不同的安全关注点和安全要求。

针对工厂内部网络，需要做到区域划分和隔离并保证数据传输完整性，工厂内部网络应根据业务特点划分为不同的安全域，安全域之间应采用技术隔离手段，网络传输应采用适应工厂内部网络特点的完整性校验机制，实现对网络数据传输的完整性保护。

针对工厂外部网络，需要保证数据传输的完整性和保密性，除了应采用常规校验机制检验网络数据传输的完整性，并能发现其完整性被破坏的情况之外，还应采用密码技术支持的数据保密机制，实现对网络中传输数据的保密性保护。

针对工厂网络边界的防护，需要做到网络边界隔离和边界访问控制，内部网络和外部网络应该划分为不同的安全区域，两个安全区域之间需要不同的安全策略，并实施安全隔离。

在网络边界上实施的访问控制，应该满足如下要求。

- ❑ 应在网络边界根据访问控制策略设置访问控制规则，保证跨越网络边界的访问和数据流通过边界防护设备提供的受控接口进行通信，默认情况下受控接口拒绝所有通信。
- ❑ 应删除多余或无效的访问控制规则，优化访问控制列表，并保证访问控制规则数量最小化。
- ❑ 应根据网络边界访问控制规则，通过检查数据包的源地址、目的地址、源端口、目的端口和协议等，确定是否允许该数据包通过该区域边界。
- ❑ 工厂内部网络与工厂外部网络之间应采用访问控制机制，禁止任何穿越区域边界的 E-mail、Web、Telnet、Rlogin、FTP 等通用网络服务。

4.5 工业互联网平台安全

4.5.1 平台边缘层安全

1. 物联网设备安全

根据物联网设备接入工业互联网不同的方式，其安全上云需要应对不同的场景提供差异化的方案。为实现这一目标，我们的总体思路是，研究物联网设备边缘计算与安全接入网关，利用公有云平台部署的软件对海量有安全接入的物联网设备实现就近的接入，对部分设备集中或采用需要感知层网关连接低功耗短距离通信的，采用硬件形态的物联网设备边缘计算与安全接入网关，如图 4-9 所示。

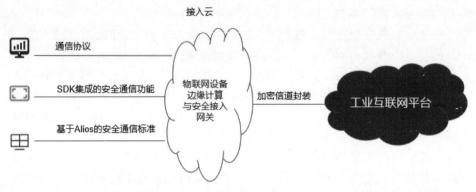

图 4-9　物联网设备安全接入总体设计

网关根据物联网设备的情况，利用现有通信协议、SDK 集成的安全通信功能或基于 Alios 等物联网操作系统支持的安全通信标准，采用其能支持的最高强度的认证方案和通信方式实现设备层面的受信接入，在网关侧，采用协议无关的隧道封装技术与工业互联网平台相连，结合其他内置的安全机制，实现物联网设备的安全上云目标。

2. 工业控制设备安全

物联网设备接入网关是一套工控网络安全接入工业互联网的边界安全设备，基于内嵌安全加密算法技术，实现对物联网设备网络访问的身份认证、密码运算、传输加密、访问控制、日志采集等多种安全功能，保护工控网设备及数据免受重放攻击、伪造攻击、数据篡改以及会话劫持等网络攻击。

物联网设备接入网关在保证数据通信安全的同时提供高性能的访问控制能力，实现数据安全的传输、合规用户安全接入以及对工控网络源有权限的访问控制。此外工业系统接入网关还具有一定的工业数据采集、协议转换等功能，支持多个主流工业协议设备的数据采集，支持多种协议转换等功能，如图 4-10 所示。

3. 用户访问和使用平台服务安全

终端侧的身份鉴别依靠与工业互联网平台云计算边界的安全接入网关通信实现，如图 4-11 所示。采用 SDK、C/S 客户端、Web 界面或移动 APP 的形式让用户能够根据自己业务的特点选取适用的方式进行远程接入，用户通过分配的用户唯一标识和身份管理中心动态分配的用户鉴别手段进行接入认证。与接入网关侧建立安全的通信隧道，在其中进行业务和运维工作。

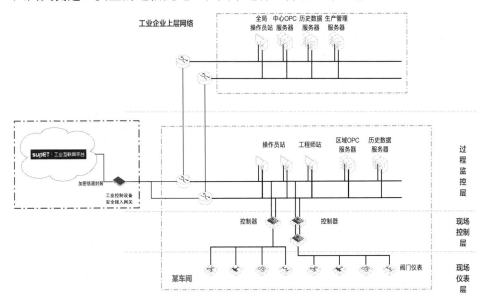

图 4-10　工业控制设备安全接入网关组网设计示意

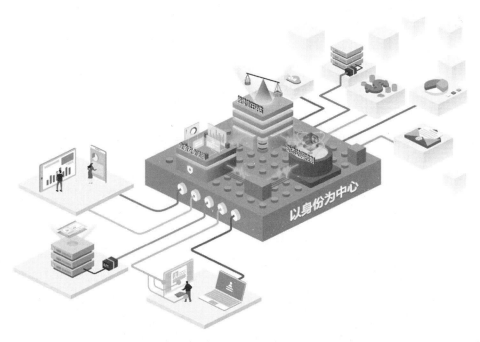

图 4-11　基于身份的远程接入动态安全控制

4.5.2 平台 IaaS 层安全

1. 边界安全

（1）流量安全监控

云环境边界的流量监测与可视化通过开发流量安全监控模块实现，该模块是毫秒级的攻击监控产品。通过对工业互联网平台入口镜像流量包的深度解析，实时地检测出各种攻击和异常行为，并与其他防护模块联动防护。同时，流量安全监控模块在整个工业互联网平台综合安全防护系统构建的纵深防御体系中，提供了丰富的信息输出与基础的数据支持。

（2）抗 DDoS 流量清洗

DDoS 流量清洗模块是基于国内公司自主开发的大型分布式操作系统和十余年安全攻防的经验成果，为工业互联网平台用户提供基于云计算架构设计和海量 DDoS 攻击的防御模块。该模块基于云计算的环境设计，具有高度的扩展性和可移植性，可以有效地应用于工业互联网平台上企业通过不同框架搭建的云计算环境中，提供强大的抗 DDoS 能力，如图 4-12 所示。

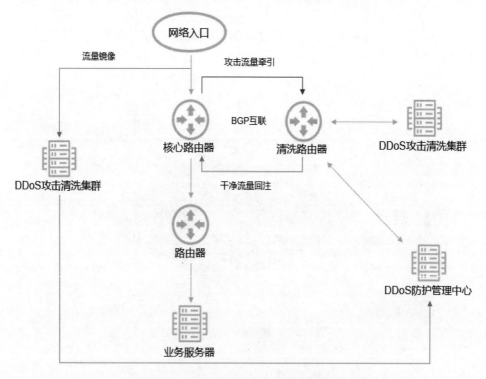

图 4-12 针对 DDoS 防护的流量调度示意

（3）云边界安全网关

安全接入网关是工业互联网平台与边缘计算节点进行安全通信的网关型服务设备，该网关用于与物联网接入安全网关、工业控制系统安全接入网关进行安全的通信，并对攻击请求进行抵御。此外，安全接入网关对通过企业办公网及互联网访问工业互联网平台的用户进行身份鉴别，并对访问过程提供完整性和机密性保护。

访问请求在经过抗 DDoS、接入认证等功能处理后，即将转发至内网的流量都是经过授权的用户发送的非暴力攻击请求，针对这一部分内容，应采用并行计算安全引擎对流量进行内容层过滤，排查其中是否存在基于已知漏洞和恶意代码发起的攻击尝试，对风险行为进行阻断。

为实现高性能的攻击行为识别与过滤，安全过滤应采用并行处理架构，其逻辑结构如图 4-13 所示，把最耗费 CPU 资源的网络数据处理放在数据平面，由多个 CPU 并行处理。

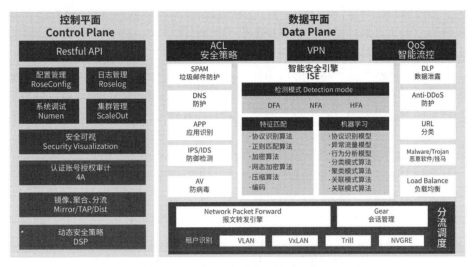

图 4-13 一体化引擎安全防护架构图

2．云网络安全

（1）访问控制

工业互联网平台的云端业务系统都需要进行分区、分安全域管理，支持针对云内所有虚拟机基于地址、端口号或业务应用类型进行逻辑安全域的划分，支持在任意安全域之间部署访问控制策略，根据安全防护级别配置默认动作，同时，访问控制规则须支持多条并可依据优先级进行顺序调整。

云网络微隔离防护系统支持基于 IP 地址、应用类型和业务系统等多个维度划分逻辑安全域，支持基于安全域甚至虚拟机粒度进行微隔离访问控制。

(2) 入侵防范

为应对基于漏洞的入侵行为,工业互联网平台的业务系统须具备入侵防范的能力,能够针对云内任意虚拟机的东西向流量和南北向流量进行入侵检测和安全防护,该入侵防范系统须内置工业入侵特征库,能够识别出工业控制协议,能够针对工业控制系统的入侵和攻击行为进行有效防护。

云网络微隔离防护系统能够实时针对所有进出虚拟机的业务流量进行异常威胁检测。因此,无论是来自于外部的入侵行为,还是来自于内部的入侵行为,安全组件都能够及时地发现并阻断告警,避免因恶意入侵导致对工业互联网平台的运营威胁。

(3) 病毒防护

网络病毒无论对物理主机还是虚拟主机造成的影响都是极大的,轻则耗尽系统资源,导致业务无法正常运营;重则窃取或加密核心数据,导致经济损失或服务中断,而网络访问正是导致虚拟机中毒的一个重要路径,因此部署云网络层的防病毒产品是极其必要的,一方面可以有效遏制病毒通过网络路径感染虚拟机;另一方面可以防止单台虚拟机中毒后导致的大面积内部横向扩散和感染,极大地降低感染病毒给数据中心带来的安全风险。

云网络微隔离防护系统的安全组件支持网络病毒防护引擎,能够实时基于虚拟机的网络流量进行病毒和恶意软件的检测,有效避免虚拟机通过邮件或者网络文件下载导致的主机中毒,同时,能够有效遏制已经感染病毒的虚拟机对内部其他虚拟机的横向污染,将病毒的影响范围降到最低。

(4) 安全可视

作为工业互联网平台的运维管理人员,其需要能够实时且全面地了解整个平台内部的运营状况和安全态势,那么全面高效的可视化工具就尤为重要。

产品支持对云平台内所有虚拟资产绘制逻辑一致的 3D 网络拓扑,通过该拓扑,用户可以实时了解工业互联网平台的运营状态和安全态势,包括虚拟机运行状态信息、虚拟机流量统计信息、实时访问应用情况、虚拟机受攻击情况和安全事件相关信息等。

3. 云主机安全

(1) 云主机系统安全加固

建议工业互联网平台采用安全的方式对云服务器实例上的操作系统进行访问和操作。例如,使用 SSH 公钥和私钥对,并妥善保存私钥(至少要求使用复杂密码,可在创建实例时设置);采用更安全的 SSHv2 方式远程登录;采用 sudo 指令的方式实现临时提权等。

(2) 虚拟主机恶意代码防范

传统的病毒防护解决方案都是通过安装防病毒应用程序到主机的操作系统

中。在整合服务器虚拟化后，要实现针对病毒的实时防护，同样需要在虚拟主机的操作系统中安装防病毒 Agent 程序，但是服务器虚拟化的目的是整合资源，最大化地发挥服务器资源的利用率，而传统的防病毒技术需要在每台虚拟主机中安装程序，例如一台服务器虚拟 6 台主机，传统方法将需要安装 6 套 Agent，并且在制定扫描任务时就需要消耗虚拟主机的计算资源，这种方式并没有达到节约计算资源的效果，反而增加了计算资源的消耗，并且在病毒库更新时带来更多的网络资源消耗。

针对有代理方案的诸多弊端，本方案采用在每台物理主机上部署独立安全组件虚拟机的方式进行主机的病毒防护，实现主机层的恶意代码防范。

4.5.3 平台 PaaS 层安全

1. 安全编码标准

安全编码标准是为了实现应用安全开发的具体规范，建议工业互联网平台企业根据平台自身特点、常见安全问题和行业最佳实践编制安全编码标准，指导应用开发人员根据技术要求进行系统和应用的开发工作。

2. 自动化测试工具

自动化测试是把以人为驱动的测试行为转化为机器执行的一种过程。通常，在设计了测试用例并通过评审之后，由测试人员根据测试用例中描述的规程一步步执行测试，得到实际结果与期望结果的比较。通过研制自动化测试工具，可以对借助工业互联网平台开发的工业 APP 进行功能、业务逻辑、代码缺陷在内的各方面验证，从而从根本上提高平台发布服务的安全水平，降低对外保护的脆弱性，减少被攻击的可能；另一方面，工具的建成也将为工业企业自行开发 APP 或第三方利用 PaaS 平台开发 APP 提供极大的便利，提升平台企业的竞争力，是平台企业开展安全综合防护系统建设时具有极大附加价值的安全措施。

3. API 安全网关

API 网关是一系列服务集合的访问入口。从面向对象的设计角度来看，它与外观模式类似，实现对所有服务的封装。

API 安全网关针对 API 服务的安全保护需求，实现了 API 接口的统一代理、访问认证、数据加密、安全防护及应用审计等能力，从而实现对数据分析服务和微服务组件的安全防护。

API 安全网关是以零信任架构为基础，用于业务应用/应用前置和后台服务之间的安全 API 调用，是零信任的访问控制策略执行节点。

API 安全网关基于 Netty NIO 的响应式架构（分布式缓存基于 Redis，数据库基于 MySQL，分布式配置基于 ZooKeeper），实现了 API 配置缓存，运行时不依赖 DB，配置更新后自动通知各网关节点。支持自定义组件，动态加载，在不中断网关服务的情况下重新加载配置和运行组件；同时还具备 API 服务连续异常后自动熔断和自我恢复、访问异常和超时处理等功能。

API 安全网关核心运行过程不写磁盘 IO，避免磁盘 IO 性能影响网关吞吐量；Docker 容器化支持拆分网关、管理服务、第三方中间件依赖等镜像，便于灵活扩容。

API 网关工作架构如图 4-14 所示。

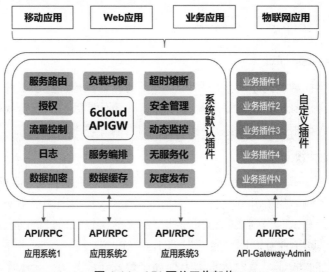

图 4-14　API 网关工作架构

（1）多维度认证授权

网关提供多种认证模式，如 Token、IP 地址等，通过运营中心的身份管理中心作为认证数据源、认证策略控制台和自适应策略变更中心。

只有通过认证的客户端才能进一步访问网关暴露的服务。

认证通过后再检测客户端是否有权限访问指定的 API。

（2）流量控制策略

支持配置 API 流量阈值，如每秒、每分、每小时的请求次数限制，当流量超过阈值，新来的请求会被网关拦截，确保后端服务可以正常运行。

客户可以根据需求选择集群或者单网关节点的流量控制。

（3）服务编排控制

对于 APP 或者前端 Web 应用，存在一个页面需要集成多个后端服务数据的情况，而其是远程连接，导致大部分的时间都消耗在建立连接上。为此可以通过管理中心将多个后端服务编排成一个新的服务，由网关将每个后端服务的数据聚合后再返回给客户端，提高页面的响应速度。

（4）传输加密

安全网关在代理 API 调用的过程中使用专业的 TLS 传输技术，确保 API 调用方与 API 服务器之间数据通信的安全性，并可通过约定的 APPID/APPKey 对传输数据进行加密，可有效防止中间人攻击。

（5）API 监控告警

通过监控平台提供了 API 调用过程的各种统计报表，便于运维人员提前规避风险；管理人员可以自定义各种告警规则，系统将自行监控并推送告警信息。

4.5.4 平台 SaaS 层安全

1．应用安全加固

为保障发布的 Web 应用的安全性，建议以镜像管理中心提供的安全镜像为基础进行应用部署，并以此为基础进行中间件及数据库的安全加固。

对于采用移动 APP 形式的工业 APP，应采用移动应用安全加固，对应用安装文件进行保护，防止对 APP 的逆向调试，防止通过移动端对应用安全性造成破坏。

2．Web 应用入侵防护

Web 应用防火墙（Web Application Firewall，WAF）基于云安全大数据能力实现，通过防御 SQL 注入、XSS 跨站脚本、常见 Web 服务器插件漏洞、木马上传、非授权核心资源访问等 OWASP 常见攻击，过滤海量恶意访问，避免网站资产数据泄露，保障网站的安全与可用性。

WAF 的主要功能是将 Web 流量引流到 WAF 上，由 WAF 将流量进行检测、过滤、清洗后再代理转发到应用服务器，完成整个 Web 应用防护。

WAF 包含的功能如表 4-1 所示。

表 4-1　WAF 功能描述

功 能 项	功 能 说 明
Web 常见攻击防护	防御 SQL 注入、XSS 跨站脚本、文件上传、文件包含、常见目录遍历、常见 CMS 漏洞、代码执行注入、脚本后门攻击、扫描器攻击等常见 Web 攻击类型 针对 Web 攻击提供观察和阻断两种模式：观察模式对攻击告警但不立刻阻断，便于评估误报现象；阻断模式则直接拦截阻断带有攻击的请求

续表

功　能　项	功　能　说　明
缓解 CC 攻击	支持对请求 URL 的频率及访问地址分布、异常响应码等信息进行统计，拦截异常行为 针对 CC 攻击提供正常模式和攻击紧急模式两种 CC 防护策略。在 CC 攻击导致网站不可访问时，可启用攻击紧急模式加强 CC 攻击防护力度，缓解 CC 攻击 CC 安全防护除了系统规则防护，还支持对单一源 IP 的 URL 访问进行自定义规则设置
精准访问控制	提供友好的配置界面，支持 IP、URL、Referer、User-Agent 等 HTTP 常见字段的条件组合，打造强大的精准访问控制策略，并支持盗链防护、网站后台保护等防护场景
恶意 IP 自动封禁	当某 IP 持续对域名发起 Web 攻击时，可自动封禁该 IP 一段时间
地区封禁	提供基于地理位置的区域封禁能力，可对指定的省份或者海外地区来源 IP 进行一键封禁或者加白名单直接放行

3. 脆弱性扫描服务

为快速识别业务运行过程中系统存在的漏洞，需要在工业互联网平台中部署能够发现云平台、主机、Web 应用和数据库漏洞的漏洞扫描产品，及时更新系统最新的漏洞情况并报送安全态势感知平台，实现对资产和资产风险的可视化。

（1）Web 漏洞扫描功能

平台漏扫系统应具备强大的 Web 应用漏洞安全检测能力，全面支持 OWASP TOP 10 漏洞检测，例如 SQL 注入、跨站脚本攻击 XSS、网站挂马、网页木马、CGI 漏洞等。支持的协议包括 HTTP、HTTPS 等；支持的 Web 服务器包括 IIS、WebSphere、WebLogic、Apache、Tomcat、Nginx 等；支持的编程语言包括 ASP、JSP、.NET、J2EE、PHP 等；支持的数据库类型包括 Access、MySQL、Oracle、DB2、PostgreSQL、Sybase、Informix、SQlite、Miscrosoft SQL Server 等；支持的第三方组件包括 WordPress、eWebEditor、FCKeditor、Struts 2 等。

系统应能够自动化解析 json、base64 数据并进行扫描；支持自定义 Cookie 进行深入检测；支持基于 Basic、Cookie 等认证方式的 Web 扫描；还支持被动扫描，支持用户录入 url，能够扫描一些常规页面爬取软件检测不到的 url；方便用户及时发现 Web 网站中存在的安全漏洞，避免信息安全事件的发生。

而且，系统需要具备领先的 Web 漏洞验证机制，能够对发现的 Web 漏洞进行验证，记录下扫描漏洞发现的测试数据包，以用于取证，并能够对注入漏洞，自动识别数据库类型，获取 InstanceName（实例名称/数据库名称）和

UserName（用户名称），使误报率大大降低。

（2）数据库安全扫描功能

平台漏扫系统应具备专业的数据库安全扫描能力，支持主流云平台使用的各类数据库。

系统应具备的数据库漏洞知识库，覆盖权限绕过漏洞、SQL 注入漏洞、访问控制漏洞等。系统还应提供授权检测和非授权检测这两种扫描方式，进而帮助平台企业、用户可以根据不同的情景选择扫描检测方式，并选取相应的扫描策略实现对数据库的安全检测，检测完成后自动生成检测报告，报告包含检测出的漏洞详细描述和修复建议。方便用户及时发现数据库中存在的安全漏洞，保障用户的数据安全。

而且，系统还应可以通过对数据库对象、二进制文件等进行对比，从而发现数据库中潜藏的木马。

（3）APP 安全扫描功能

平台漏扫系统应支持对 Android 上的移动应用（APP）进行漏洞扫描，采用静态分析的方式，准确发现 APK 中存在的组件安全、配置安全、数据安全和恶意行为等安全风险，从而大幅提升移动 APP 的安全性，避免因 APP 漏洞造成业务损失。

（4）大数据漏洞扫描功能

平台漏扫系统应支持对主流大数据组件进行漏洞扫描和安全配置合规性检查，包括 Hadoop、Spark、HBase、Solr、ES 等。能够生成统计分析报告，提供详细的漏洞描述和漏洞修复建议，从而增强大数据平台各组件安全的合规性。

4.5.5　数据安全防护技术研究与实现方案

数据安全是贯穿各层次、业务全流程和生命经周期的安全问题，安全综合防护系统为了确保数据层面的安全，设计了全栈加密的基础服务接口、通信过程的加密服务和全生命周期的数据安全服务。

1. 数据机密性保护

防止敏感数据泄密是工业互联网平台安全防护的核心目标，为了实现这一目标，应在数据的全生命周期中提供全栈的加密保护能力，包括应用程序敏感数据加密、数据库加密、块存储数据加密、对象存储系统加密、硬件加密模块和网络数据传输加密。

2. 数据完整性保护

工业互联网平台应在数据生产、传输和存储的全流程中对数据的完整性进行保护。对穿过工业互联网平台的数据交互，应通过云边界安全接入网关及 API 接入控制网关的加密通信过程实现数据传输过程中的完整性保护，同时在数据的使用过程中进行校验，通过数据校验位、散列算法等对远程传输的结果和本地计算结果进行比对，确保工业互联网平台提供和存储的数据是未被篡改的。

3．残留数据清除

对于曾经存储过用户数据的内存和磁盘，一旦释放和回收，其上的残留信息应自动进行零值覆盖，实现对残留数据的物理清除。

4．数据存储备份

关键信息的存储需要依靠多重技术来实现。

- 镜像快照：通过云操作系统的镜像快照功能，保留某个时间点上的系统数据状态，用于数据备份，便于用户快速实现灾难恢复。
- 块存储技术：块存储支持在可用区内自动复制用户的数据，防止意外的硬件故障导致数据不可用，以保护用户的业务免于组件故障的威胁。
- 分布式文件系统：通过使用三副本技术，将系统中的数据保存 3 份。如果其中一份副本丢失，系统会自动进行三副本的复制操作，始终保持拥有 3 份副本。同时，根据安全策略，3 份副本不会存储在同一个物理存储介质上，保持存储的分离操作。
- 云存储备份：基于虚拟机快照采用差分备份技术，用灾备存储资源对数据进行备份，如图 4-15 所示。

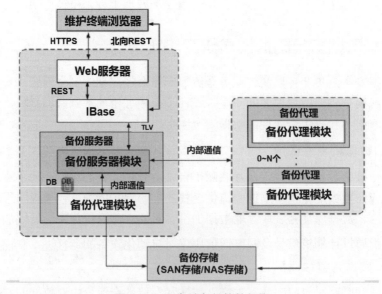

图 4-15　云存储备份软件架构

5. 数据库审计

数据库审计模块是应对用户应用上云、云端数据安全面临的挑战而规划的适用于工业互联网平台环境中数据库安全审计的产品。基于投标人多年数据库安全技术积累，数据库审计系统将传统产品与云端相结合，在工业互联网平台环境中形成一套为数据库运维和安全管理人员提供安全、诊断与维护能力为一体的安全管理工具。

数据库审计系统计划实现对云端自建数据库、RDS 数据库访问的全面精确审计及 100%准确的应用用户关联审计，并具备风险状况、运行状况、性能状况、语句分布的实时监控能力。

数据库审计系统通过数据库化的界面语言、智能化的协议识别、可视化的运行状况呈现、可交互可下钻的风险追踪能力，完美实现快速部署、方便维护的云数据库审计。

4.6 工业应用安全

4.6.1 工业组态软件安全

随着工业信息化的发展，信息技术对工业领域的影响越来越深，传统信息安全领域的威胁正逐步向工业控制系统领域扩散，工业控制系统的安全问题日益突出。黑客们也已经将注意力从以往对网络服务器的攻击逐步转移到了对工业控制系统的攻击上。通过攻击工业控制系统不仅可对网络系统造成威胁，甚至可以破坏工业基础设施，危及人身安全及国家安全，因此工业控制系统安全已经受到广泛关注。组态软件作为工业控制系统软件功能的重要组成部分，其安全性将直接影响着整个工业控制系统的安全。

工业控制系统由组态软件、智能仪表、IPC、PLC、远程数据采集模块等组成。它由智能仪表实现过程参量的控制，由 PLC 进行开关量的控制，由远程数据采集模块进行数据采集，采用工控组态软件由上位机工业控制机计算进行集中监控，具有成本低、可靠性高、实用性强及控制性能好等特点。组态软件通常可以称为"组态式监控软件"，其中"组态"的含义为"配置""设定""设置"，具体是指客户按照功能需要，选择各功能模块进行组合的方式来实现软件开发，而不需要重新编写开发程序代码；"监控"的含义为"监视和控制"，具体是指通过计算机信号及网络通信协议对自动化设备的运行进行监视、管理和控制等操作，在过程控制与数据采集等工业控制领域有着广泛的应用。它提供了简单方便的图形开发环境，通常各种组态软件都包含了丰富的图元（也可以自定义图元），能够通过简单灵活的图元拖曳，简单的类 C 语言的脚本编写，来开发系统的图形化界面。

组态软件主要用在工业控制系统的系统监控层面上。现在主流的组态软件通常提供常用软件的接口，例如，可以方便地与 OPC 服务器连接，与各种外部数据库连接，与 Web 服务器连接，等等。此外组态软件一般都预置了主流的硬件厂商的各种 I/O 设备的驱动程序。然而只要有应用就会有风险，组态软件面临的主要风险如下。

- ❏ 高权限导致高风险。
- ❏ 校验不严格导致程序漏洞。
- ❏ 软件联网导致远程攻击等。

在面对这些风险的同时，我们应该注意以下几点：在软件开发环节防止软件漏洞的产生，严格控制组态软件的运行权限，加强访问控制策略。

通过上述的安全措施，可在组态软件开发、实际生产部署、操作运维等方面提高工控系统整体安全，可在开发环节有效避免由于异常输入所导致的缓冲区溢出、命令注入等安全漏洞，在实际生产部署环节有效避免由于权限设置不当导致的攻击，在操作运维环节可有效避免由于管理策略缺失导致的身份冒用、越权操作等漏洞，使得整个系统的安全防护能力有所提升，避免出现木桶理论中的短板效应。

4.6.2 MES 安全

制作企业生产过程执行系统（Manufacturing Execution System，MES），以控制系统的生产过程数据为基础，全面支撑企业的资产、经营等多项业务管理。控制系统网络不断开放的同时，带来的安全问题日益严峻，各种安全问题如攻击和病毒入侵等已经引起了高度重视。

MES 系统作为制作行业经营管理层与过程控制层之间的"桥梁"，在提供企业生产效率、改善产品质量、降低生产损耗等方面有重要作用。对于 MES 安全，应该注意以下几点。

1. 有效安装防火墙等防护软件

用户在使用计算机网络的过程中，必须重视防火墙的作用，对其进行有效的安装，这是互联网安全性能的重要保障。作为一种信息安全的防护系统，防火墙也称为防护墙，其主要作用是在特定的规则下，限制不安全的数据传输，以阻止黑客入侵，从而保护计算机内部的网络安全。

2. 网络监控入侵检测技术

对局域网内的计算机进行监视和控制就是网络监控，通过监控的手段保护计算机网络的安全。入侵检测作为一种新兴的防范技术，它综合了众多的技术，例如专家系统入侵检测方法、神经网络入侵检测方法等。其主要通过获取安全日志、行为等信息来监控计算机，从而推断出计算机网络是否遭受到入侵和攻击，以此达到保护计算机网络安全的目的。

3．及时安装漏洞和补丁程序

计算机软件在设计时，都会存在漏洞和缺陷，这些地方就是黑客攻击计算机网络的重要突破口，除了开发商需要编写有效的补丁程序外，计算机用户也要及时进行漏洞扫描和下载漏洞补丁。

4．安全域划分

通过合理地划分安全域可以保证安全需求的同时节省安全设备的投入，提高安全设备的效率。例如一个公用网络系统内有多个系统，它们有着相同或者近似的安全保护需求，并且它们在运行时或数据交换时彼此信任、互相关联并可用相同的安全防护策略，那么便可以将它们划分在一起统一进行安全部署。

5．系统安全通信及秘钥管理

面向 MES 系统的秘钥管理工具有一定的特殊性，这是由实际的运行需求限制决定的。协议需要至少满足 3 点：组播通信、协议的高效性和秘钥更新。可以参考使用 SCADA 中常出现的 KDC 和 ASKMA 协议来实现组群秘钥管理和安全组播。

4.6.3 工业应用开发安全

工业应用开发安全是指工业软件应用开发的安全。

1．应用系统架构安全设计要求

在应用系统设计阶段，应充分考虑该架构的安全性，主要体现在应用数据和用户会话的安全，还应考虑应用系统自身体系架构内部的安全，以及与外系统接口的安全。针对某些特殊应用，还须考虑恢复、抗攻击等安全机制。

2．应用系统自身架构安全

应用系统自身架构安全,是指自身结构中各组件之间通信过程的安全机制，其设计主要应考虑以下要素。

- ❑ 组件之间的通信包括命令级的和数据级的，应充分考虑传输命令和数据所采用的协议的安全性。应根据组件之间通信内容安全性要求程度的不同，选择不同安全性要求的协议；考虑程序的模块之间的安全通信机制；不应使用标准的服务端口或者常见病毒、蠕虫等使用的服务端口。
- ❏ 认证与访问控制机制，应考虑组件之间的信任机制；用户的身份认证机制；对于组件资源的访问控制机制。
- ❏ 存在于组件内部的重要数据资源应当考虑其相应的安全防护机制，这些重要的数据资源包括文件和数据存放是否加密及采用的加密方式。

3. 应用系统与外系统接口的安全

应用系统与外系统的接口安全设计，主要应考虑以下几个要素。

- ❏ 与外系统之间通信中的安全机制，应充分考虑传输命令和数据所采用的协议的安全性，应根据系统之间通信内容安全性要求程度的不同，选择不同安全性要求的协议；建议不使用默认的服务端口或者常见病毒、蠕虫等使用的服务端口。
- ❏ 与外系统的认证与访问控制机制，应考虑系统之间的信任机制；对于系统之间资源的访问控制机制。
- ❏ 对外系统安全机制的符合性，应考虑如果外系统采用的接口方式经评估认为是安全的，系统应当沿用其接口规范进行设计。

4.7 工业高级威胁检测

4.7.1 震网事件分析

震网病毒是世界上首个针对工业控制系统编写的病毒，其由代号为 Operation Olympic Games 的绝密项目研制，目的在于采用非军事打击而借助电脑病毒的力量来破坏伊朗核设施，拖延伊朗的核计划。

1. 震网事件过程

2006 年伊朗重启核计划，其对周边局势和利益构成了重大威胁。经多方权衡，既能破坏伊朗核设施，又不进行直接军事打击的 Operation Olympic Games 项目诞生。

某国情报人员了解到其生产的工业控制系统（WinCC 监控系统与 SCADA 数据采集系统）被广泛运用于伊朗核设施的工业控制系统之中，为此计算机专家采用了 Windows 系统的多个 0day 漏洞，并结合该工业控制系统的 7 个漏洞，在软件层面找到了突破口。

伊朗核设施的安全等级相当高，设施内部网络通过物理隔绝，不连外网，传统手段无法将计算机病毒植入伊朗核设施的控制系统中。目前公认的是，某国特工通过 U 盘，植入了病毒，病毒传播路径如图 4-16 所示。

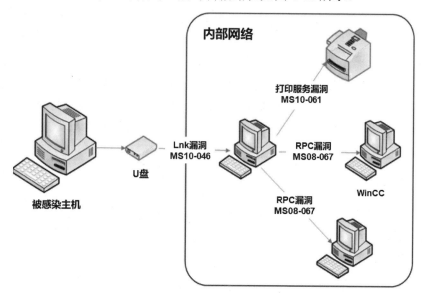

图 4-16　震网病毒传播示意图

　　震网的传播为借助 USB 摆渡+基于漏洞的横向移动，其预设的攻击场景是与互联网隔离的内部网络。主要包括两种方式：一种是移动设备感染，利用 LNK 漏洞或者通过 autorun.inf 文件进行传播；另一种是网络传播，涉及 WinCC 数据库感染、网络共享传播、打印机后台处理程序漏洞传播、Windows 服务器漏洞传播等多种方式。这两种传播方式虽然不同，但最终都会释放主 DLL 文件，进行后续的安装和执行操作。震网感染目标系统后，会启动 RPC 服务器监听网络，将网络上其他感染计算机都连接到 RPC 服务器，并查询远程计算机安装的震网版本，以执行对等通信和更新；如果远程计算机上的震网版本较新，则本地计算机就会请求新版本并自我更新；如果远程机器上的震网版本较旧，则本地计算机上的震网就将自身副本发送给远程机器。这样，震网就可以在任何感染的机器上更新并最终传播到所有机器。

　　震网病毒通过感染伊朗核设施中的工业控制程序，取得关键设备的控制权，并进行伪装，以达到破坏核工厂离心机的目的。震网病毒通过修改程序命令，让生产浓缩铀的离心机的异常加速，超越设计极限，致使离心机报废。同时，在取得伊朗核设施的系统主动权后，通过修改程序指令，阻止报错机制的正常运行，因此即便离心机发生损坏，报错指令也不会传达给工作人员。

　　直至伊朗核设施的离心机大面积损毁，整个核设施已经无法正常运转时，伊朗的核工业部门才不得不停止核工厂的运转，进行大规模的故障排查。某国未派遣一兵一卒，不战而屈人之兵，成功逼迫伊朗回到谈判桌前对话，并达成有关核问题的协议,取得了巨大的外交胜利。更令人惊讶的是,直到 2010 年 6 月,国际网络安全公司赛门铁克发布震网病毒的报告,伊朗才知晓核设施内工业控制系统出现的问题。

2. 震网事件启示

(1)工业系统安全将面临严峻挑战。震网病毒是有史以来第一个包含 PLC Rootkit 的计算机蠕虫,也是已知的第一个以关键工业基础设施,例如核电站、水坝、国家电网为目标的蠕虫病毒。它的打击对象是全球各地的重要工业基础目标,无须借助网络连接进行传播。这种病毒可以破坏世界各国的化工、发电和电力传输企业所使用的核心生产控制计算机软件,并且代替其对工厂其他计算机"发号施令"。震网病毒的破坏能力和震撼性远远超过了一般意义的计算机病毒,它的出现是工业系统安全领域的一个里程碑事件。

震网病毒将工业系统领域安全防护的严峻性展露无遗,在我国,工业控制网络,包括工业以太网,以及现场总线控制系统早已在工业企业中应用多年,目前在电力、钢铁、化工等大型工业企业中,工业以太网、DCS(集散控制系统)、现场总线等技术早已渗透到控制系统的方方面面。工业控制网络的核心现在都是工控 PC,大多数同样基于 Windows-Intel 平台,工业以太网与民用以太网在技术上并无本质差异,现场总线技术更是将单片机/嵌入式系统应用到了每一个控制仪表上。针对工业控制网络和现场总线的攻击,可能破坏企业重要装置和设备的正常测控,由此引起的后果可能是灾难性的。

截至目前,震网病毒已经感染了全球超过 45000 个网络,伊朗、印度尼西亚、美国、中国等多地均不能幸免,其中,以伊朗遭到的攻击最为严重,据统计 60%的个人计算机感染了这种病毒。传统工业企业一直依仗于物理隔离作为病毒防护的天然屏障,而对工控系统内部的检测和防护并不重视,存在大量未修补漏洞以及规章制度疏漏,一旦成为攻击目标,中招概率极大,潜在安全风险也极大。

(2)震网病毒是国家层面运作的高级威胁攻击。该蠕虫病毒的复杂性非常罕见,病毒编写者需要对工业生产过程和工业基础设施十分了解。震网病毒同时利用了 4 个 Winidows 的 0day 漏洞,因为 Windows 0day 漏洞的价值,一般黑客通常不会浪费到让一个蠕虫同时利用 4 个漏洞。震网病毒的体积较大,大约有 500KB,并使用了数种编程语言(包括 C 语言和 C++),通常恶意软件不会这样做。震网病毒还伪装成 Realtek 与 JMicron 两家公司的数字签名,以绕过安全产品的检测并在短期内不被发现,并有能力通过 P2P 传播,以及检查恶意软件不会使 PLC 崩溃。这些功能将需要一个团队经过数月或者数年的研发和测试来确保病毒程序的稳定性和有效性。

震网的里程碑意义并不是在于其相对其他简单的网络攻击的复杂性和高级

性，而在于其证实了通过网络空间手段进行攻击，可以达成与传统物理空间攻击（甚至是火力打击）的等效性。通过大量复杂的军事情报和成本投入才能达成的物理攻击效果仅通过网络空间作业就可以达成，而且成本也大大降低。网络武器可以有许多适应环境的属性，从生命周期的成本角度看，它们比其他的武器系统更为优越，具体对比如表4-2所示。

表4-2 传统军事打击与震网病毒对比

	某军事行动 （传统物理攻击A国）	震网行动 （网络空间攻击伊朗）
被攻击目标	A国核反应堆	伊朗纳坦兹铀离心设施
时间周期	1977-1981年	2006-2010年
人员投入	B国空军、特工人员、C国空军、D国空军和情报机构	某国情报和军情领域的软件和网络专家，工业控制和核武器的专家
作战准备	多轮前期侦查和空袭，核反应堆情报	战场预制、病毒的传播和相关核设施情报
各方装备投入	B国：2架F-4鬼怪式以12枚MK82减速炸弹-轰炸核反应堆假设工地；10架F-4袭击A国H-3空军基地。 C国：2架F-4E(S)-侦查任务；8架F-16A（D国提供）、4架F-15A、2架F-15B、16枚MK84炸弹-空袭反应堆；模拟搭建反应堆；特工人员暗杀A国关键人员 D国：战略卫星和情报、空中加油机	编制震网病毒、模拟搭建离心机和控制体系
前期成本	8个月模拟空袭训练，训练2架F-4鬼怪攻击坠毁，3名飞行员阵亡	经历了5年的持续开发和改进
毁伤效果	反应堆被炸毁，吓阻了其他国供应商继续提供服务，A国核武器计划永久迟滞	导致大量离心机瘫痪，铀无法满足武器要求，几乎永久性迟滞了伊朗核武器计划
效费比	打击快速，准备期长，耗资巨大，消耗大，行动复杂，风险高	周期长，耗资相对军事打击低，但更加精准、隐蔽，不确定性后果更低

（3）工控安全、关键基础设施安全和工业互联网安全是国家的安全命脉。震网系列攻击也全面昭示了工业基础设施可能被全面入侵渗透乃至完成战场预制的风险。震网病毒的目的很明确，并不同于窃取机密文件的计算机病毒，其就是为了寻找基础设施并破坏其关键部分。这是一种百分之百直接面向现实世界中工业程序的网络攻击，它绝非所谓的间谍病毒，而是纯粹的破坏病毒。

自2010年震网事件以来，工业控制系统网络安全研究进入了持续的高热度阶段，曝光的漏洞数量从2010年的55个发展到当前的1061个。伴随着政策、法规的逐步健全，国内各行业对工控系统安全的认识达到了一个新的高度，电力、石化、制造、烟草等多个行业，陆续制定了相应的指导性文件，来指导相应行业的安全检查与整改活动。

关键工业基础设施安全的问题也是国家安全的问题。工控系统是国家基础设施的重要组成部分，也是工业基础设施的核心，被广泛用于炼油、化工、电力、电网、水厂、交通、水利等领域，其可用性和实时性要求高，系统生命周期长，是信息战的重点攻击目标。目前，我国在工业控制系统网络安全技术研究以及产业发展等相关领域处于快速发展阶段，防护能力和应急处置能力相对较低，特别是关键部位工控系统大量使用国外产品，关键系统的安全性受制于人，重要基础设施的工控系统成为外界渗透攻击的目标。

随着工业技术和互联网技术的深度融合，工业互联网作为新一代信息技术与制造业深度融合的产物，已经逐步成为工业现代化和发展实体经济的关键支撑。工业互联网广泛涉及能源、智能制造、交通、电子与通信等众多重要行业或领域，其安全关乎国计民生、公共利益和国家安全。震网事件表明工业互联网已经成为国家间对抗的重要目标，工业互联网安全形势不容乐观。我国的工业技术和安全技术与国际最发达国家存在一定的差距，工业互联网设备及其安全产品的研发能力亟待提高。工业互联网建设与安全保障需要大量的工业互联网安全专业人才，目前缺口很大。工信部等十部门于2019年8月28日印发《加强工业互联网安全工作的指导意见》，为我国工业互联网安全指明了阶段目标和实施策略。

4.7.2 基于全流量的高级威胁检测

1. 基于全流量数据的必要性

震网事件将高级威胁攻击上升到国家战略层面的关键行业和敏感行业，已超出了一般黑客的手法范畴，其由国家层面主导研制并实施精确打击。从时间、技术、手段、目的、攻击行为等多方面来看，都是一次极不寻常的攻击。此类高级威胁的特殊性在于：① 传统的恶意代码追求影响范围的广泛性，而高级威胁攻击极富目的性；② 传统的攻击大都利用通用软件的漏洞，而高级威胁会针对行业专用软件，如工业控制系统漏洞；③ 高级威胁会采用全新的0day漏洞进行全方位攻击，而并非已知的漏洞，导致无法事先防御；④ 通过社会工程学或恰当的疏漏渗透到内部专用网络中，从而使物理隔离的专用网络失效。

进一步从高级威胁的大数据特征来看，其相对于传统攻击特征有着巨大的差异：① 数据的价值密度变得更小、更分散，很难聚焦高价值的信息；② 用于分析的数据类型和数据格式多种多样，日志信息的行为、内容和结构各异；③ 数据体量巨大，增长速度快，时间跨度长；④ 多点攻击事件协同分析、关联，分布式的检测体系。

面对此类复杂的、持续的、目标针对性很强的攻击，传统的基于规则和特征匹配的安全产品无法进行有效防护，其只能根据已知攻击或木马病毒的特征进行匹配，无法适应高级威胁大数据的特点；而高级威胁攻击中往往会使用0day或者Nday漏洞，此种未知的攻击方式无法被传统安全产品检测到。另一方面，传统安全流量检测产品，如防火墙、入侵检测设备、安全网关、WAF防火墙等部署在边界，存在对应的流量检测盲区，容易被社会工程学等手段绕过。

图4-17总结了传统安全产品要面对的高级威胁攻击。

图4-17 传统安全产品面对高级威胁攻击

近年来随着以云计算、大数据为代表的新技术的涌现，单位计算和存储的成本越来越低，这使得采用更大的样本空间、更智能的分析算法降低异常检测的误报率和漏报率成为可能，从而使得异常检测技术真正在安全产品中得到实际应用，并最终促成了全流量存储分析产品的产生。其技术原理和实现方式都与传统安全产品有显著的区别。

与传统的以特征匹配为基础的实时检测产品相比，全流量存储分析产品的最大特点是对原始流量的全量抓取、分析和存储，以及采用以异常检测为主的判断机制。有了原始流量的印证，就能够将当前检测到的攻击行为与历史流量进行关联，实现完整的攻击溯源和取证分析；有了异常检测方法，就能够通过对各类正常网络行为建模，实现对未知攻击行为的检测。全流量存储分析产品的出现，弥补了传统检测技术在应对高级威胁检测方面的不足。

2．基于全流量数据的检测方式

全流量存储分析产品是当前信息安全领域最为关注的两项前沿技术，即大数据分析技术和APT检测技术的融合。借助全流量存储分析，安全分析人员可以对已经发生的攻击行为进行多角度、全方位、可反复回溯的深度检测，从而更容易检测出潜在的入侵行为。

全流量数据并非全网、全数据量，而是对所需保护对象的全流量采集和长期数据存储，利用大数据技术从海量的网络流量中进行数据挖掘、恶意事件的关联分析和规则挖掘，根据已发现的特征或知识对未知的高级威胁攻击进行判定、预测和泛化，对高级威胁的动态性、大规模、复杂性进行自动管理和优化。

（1）流量存储及元数据提取。全流量数据检测设备一般通过旁路镜像采集并存储网络流量。全流量采集设备往往具备多个流量探针，分布在网络各处，采集多点的网络流量来进行分析取证，避免了边界防御设备只能采集边界流量的局限性，全面监测高级威胁每个攻击阶段。通过网络协议实时解码、元数据提取，建立完整的日志、协议、数据包全字段索引，以便于快速提取多维度的网络元数据进行异常行为建模，为后续异常数据挖掘、分析、取证建立扎实的基础。流量数据经过预处理和元数据提取，形成结构化的数据存放于数据库中。

（2）数据挖掘与异常行为检测。高级威胁相较于传统威胁，其数据价值密度更为分散，如何在海量数据中寻找高级威胁的蛛丝马迹，发现区别于正常行为的异常动作是全流量高级检测产品的价值所在。

数据挖掘的第一步在于数据预处理，包括对从网络中直接获取的实时网络流进行会话还原，消除因网络条件造成的乱序、重传、延迟等对后续分析的干扰，进行应用协议识别；从非结构化的数据流中抽取结构化的元数据信息，以便后续的各类统计和关联分析。第二步在于元数据的提取，包含原始报文的具体内容，如开始时间、结束时间、源地址、目的地址、源端口、目的端口、协议类型、应用类型、上行流量、下行流量、数据包分布状况等。第三步在于针对不同种类的高级威胁进行特征提取，抽取元数据，根据检测需求组合成相应的检测特征。

异常行为检测的方法是通过建立行为模型基线，可基于历史数据建立各类正常网络连接的行为模型，并通过偏离程度进行异常行为检测。

（3）异常行为的威胁甄别。针对异常行为的判定目前非常依赖于安全专家的人工分析，而威胁甄别的目的在于自动或者半自动的辅助判定异常行为的类别，其主要方式包括事件关联分析及威胁情报联动。

关联分析是基于一段时间内的多条事件，按照一定的规则进行综合分析，从整个网络的角度来识别出安全问题或潜在的威胁行为，并产生对应的异常或威胁事件。自动化的关联分析一般由预设的关联规则来进行自动关联，如异常行为与告警日志的关联；半自动化的关联分析，可将异常行为在时间维度和空间维度上相近或重合的关联行为进行整合，并进行可视化呈现，从海量的数据中将各类异常关联展示，辅助安全专家进行分析。

威胁情报联动可用于异常行为的朔源和甄别。威胁情报是一种基于证据的知识，包括情境、机制、指标、影响和操作建议。威胁情报描述了现存的、或者是即将出现针对资产的威胁或危险，并可以用于通知主体针对相关威胁或危险采取某种响应。作为大数据时代的安全技术，威胁情报提供了异常行为的朔源和历史信息，极大地改变了攻守双方的认知处境，使得异常行为可归类、可追踪、可朔源。

（4）攻击线索追踪与回溯。利用大数据技术作为基础，能实现对全流量采集数据的查看和回溯。可由元数据构建大数据存储及检索索引，后续安全分析提供底层技术支撑特征提取分析中，只需操作元数据表，在需要分析原始报文时，通过查询元数据表索引，即可快速定位到相关报文。同时可通过高效的数据检索，进行海量数据的快速回溯分析，分类查看及调用任意时间段的数据，并从不同维度、不同时间区间，提供 L2~L7 层网络协议统计、会话日志、元数据日志，从而进行数据逐层挖掘和关联检索。

通常一次完整的攻击链可以分为探测扫描、渗透攻击、攻陷入侵、安装工具和恶意行为 5 个阶段，如图 4-18 所示。① 探测扫描阶段，包括了攻击者在攻击前对目标的扫描，包括网络扫描、系统扫描、端口、漏洞扫描等，扫描行为是攻击入侵的前期准备阶段，通过信息收集，掌握目标机器的系统和漏洞信息，对进一步进行入侵攻击有事半功倍的效果。② 渗透攻击阶段，该阶段是已经对目标机器做了扫描，或是直接对目标机器进行攻击，包括利用栈堆方面的漏洞、Web 系统平台方面的漏洞、逻辑配置错误方面的漏洞以及内存破坏方面的漏洞等，对目标主机发起攻击。③ 攻陷入侵阶段，该阶段表示目标主机已经被黑客成功攻陷，接下来攻击者可以做他想做的事情，攻陷阶段的表现形式有 FTP 登录成功、Telnet 猜测成功等。④ 安装工具阶段，是指在攻击者成功进入目标主机后在目标主机中安装恶意软件、木马程序或是直接挂马等，通过这些恶意的工具实现与黑客的控制链接，下载其他恶意软件等。⑤ 恶意行为阶段，即攻击者在目标主机安装完恶意软件后，恶意软件在目标主机产生的恶意行为，包括控制链接、对主机进行恶意操作等。全流量数据使得安全设备有机会获取高级攻击在攻击链每个阶段的取证报文，作为分析的依据，同时能够完整地呈现攻击的整个过程。

（5）攻击防御联动。高级威胁由于其攻击的未知性和隐蔽性，其发现时间远远滞后于攻击时刻，导致其危害性巨大而很难防范。对此，Gartner 在 2015 年提出安全编排自动化与响应，即 SOAR（Security Orchestration, Automation and Response）。SOAR 是一系列技术的合集，它能够帮助企业和组织收集安全运维团队监控到的各种信息（包括各种安全系统产生的告警），并对这些信息进行事件分析和告警分诊，然后在标准工作流程的指引下，利用人机结合的方式帮助安全运维人员定义、排序和驱动标准化的事件响应活动。

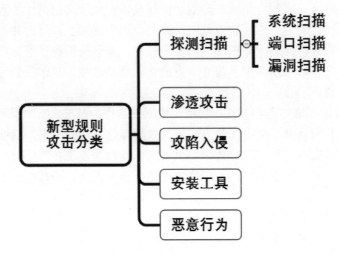

图 4-18　典型攻击链示意

SOAR 的三大核心技术能力分别是安全编排与自动化、安全事件响应平台和威胁情报平台。安全编排（Orchestration）是指将客户不同的系统或者一个系统内部不同组件的安全能力通过可编程接口（API）和人工检查点，按照一定的逻辑关系组合到一起，用以完成某个特定安全操作的过程。安全自动化（Automation）在这里特指自动化的编排过程，也就是一种特殊的编排。如果编排的过程完全都是依赖各个相关系统的 API 实现的，那么它就是可以自动化执行的。安全编排和自动化是 SOAR 的核心能力和基本能力。

安全事件响应包括告警管理、工单管理和案件管理等功能。告警管理的核心不仅是对告警安全事件的收集、展示和响应，更强调告警分诊和告警调查。只有通过告警分诊和告警调查才能提升告警的质量，减少告警的数量。工单管理适用于中大型的安全运维团队协同化、流程化地进行告警处置与响应，并且确保响应过程可记录、可度量、可考核。案件管理是现代安全事件响应管理的核心能力，它帮助用户对一组相关的告警进行流程化、持续化的调查分析与响应处置，并不断积累该案件相关的痕迹物证（IOC）和攻击者的战技过程指标信息（TTP）。多个案件并行执行，从而持续化地对一系列安全事件进行追踪处置。

威胁情报平台（TIP）是 Gartner 在 2014 年定义的一个细分市场，通多对多源威胁情报的收集、关联、分类、共享和集成，以及与其他系统的整合，协助用户实现攻击的阻断、检测和响应。通过威胁情报平台，高级威胁可以基于情报在全球范围内共享。

4.7.3 基于非结构化数据的高级威胁检测

1. 结构化数据与非结构化数据

结构化数据,简单来说就是数据库,也称作行数据,是由二维表结构来逻辑表达和实现的数据,严格地遵循数据格式与长度规范,主要通过关系型数据库进行存储和管理。

非结构化数据,是与结构化数据相对的,不适合用数据库二维表来表现,包括所有格式的办公文档、XML、HTML、各类报表、图片和音频、视频信息等。支持非结构化数据的数据库采用多值字段、子字段和变长字段机制进行数据项的创建和管理,广泛应用于全文检索和各种多媒体信息处理领域。非结构化数据的占比如图 4-19 所示。

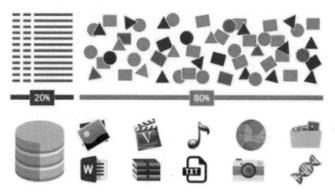

图 4-19 非结构化数据的占比图

针对传统威胁检测来说,其采用特征规则匹配的方式,基于流量进行特征提取,从结构化数据中获取威胁特征,并用于检测。而随着信息技术的发展,大量非结构化数据充斥在企业流量之中,如何基于非结构化数据进行威胁检测,成为当下新一代检测技术的研究热点。

2. 非结构化数据处理技术

传统威胁检测的思路在于威胁特征的提取,即通过人工分析或机器分析,得到病毒文件的共性特征。针对结构化数据来说,此类共性特征较为容易提取;而针对非结构化数据来说,本质上也是从更多种类的数据中,发现异常特征或行为,进而进行威胁检测。

相对于结构化数据,非结构化数据具有以下特点:数据存储占比高、数据格式多样、结构不标准且复杂、信息量丰富、处理门槛高。当前行业公认非结构化数据占数据总量的 80% 以上。结构化数据仅占到全部数据量的 20%,其余

80%都是以文件形式存在的非结构化和半结构化数据。非结构化数据包含各种办公文档、图片、视频、音频、设计文档、日志文件、机器数据等。

非结构化数据没有预定义的数据模型，因而不能用结构化的方式表达，对此，人们采用新技术，例如通过机器学习或深度学习的方式对非结构化数据进行特征提取和模型建立，进而获取非结构化数据中的丰富信息。

非结构化数据处理技术是大数据处理技术中的难点，其挑战性问题在于语言表达的灵活性和多样性，具体的非结构化数据处理技术因数据类型各异，这里简单列举几种：Web页面信息内容提取、结构化处理（含文本的词汇切分、词性分析、歧义处理等）、语义处理（含实体提取、词汇相关度、句子相关度、篇章相关度、句法分析等）、文本建模（含向量空间模型、主题模型等）、隐私保护（含社交网络的连接型数据处理、位置轨迹型数据处理等）。

非结构化数据的多样性导致不存在通用的非结构化数据处理技术。非结构化数据五花八门，有声音、图像、文本、网页、办公文档、设备日志等，每类数据都有各自的计算处理手段，如语音识别、图像比对、文本搜索、图结构计算等，但是并不存在一种适用于所有非结构化数据的通用计算技术。语音识别的方法不能用于图像比对，文本搜索也不能用于图结构计算。

例如主题模型是处理非结构化数据的一种常用方法，从名字中就可以看出，该模型的主要功能就是从文本数据中提取潜在的主题信息。主题模型不同于其他的基于规则或字典的搜索方法，它是一种无监督学习的方法。主题可以由语料库中的共现词项所定义，一个好的主题模型的拟合结果应该为 health、doctor、patient、hospital 构成医疗保健主题，而 farm、crops、wheat 构成农业主题。

主题模型的适用领域有文档聚类、信息提取和特征选择。例如，纽约时报利用主题模型的结果来提升文章推荐引擎的功能。许多专家将主题模型应用到招聘领域中，利用主题模型来提取工作要求中的潜在信息，并用模型的拟合结果来匹配候选人。此外，主题模型还被用于处理大规模的非结构化数据，如邮件、顾客评论和用户社交数据。

3. 非结构化数据的威胁检测方法

非结构化数据中包含的信息更为丰富，基于非结构化数据的威胁检测，其第一步就是进行非结构化数据的特征提取，需要根据检测威胁模型的特点，选取非结构化数据不同维度的信息并由特征工程提取出来，再采用机器学习或深度学习进行模型建立。机器学习是基于经验的学习，而非结构化数据中提取出的特征就是先验数据。常见的机器学习算法可分为监督学习和无监督学习两大类。

监督学习通过已有的训练样本（即已知数据以及其对应的输出）来训练，从而得到一个最优模型，再利用这个模型将所有新的数据样本映射为相应的输出结果，对输出结果进行简单的判断从而实现分类的目的，那么这个最优模型也就具有了对未知数据进行分类的能力，其代表就是分类和回归。监督学习的典型例子就是决策树和神经网络。

神经网络作为目前最火热的机器学习算法，在高级威胁检测的多个场景下取得了良好效果。神经网络是一种运算模型，由大量的节点（或称神经元）之间相互连接构成。每个节点代表一种特定的输出函数，称为激励函数。每两个节点间的连接都代表一个对于通过该连接信号的加权值，称为权重，相当于人工神经网络的记忆。网络的输出则依网络的连接方式、权重值和激励函数的不同而不同。而网络自身通常都是对自然界某种算法或者函数的逼近，也可能是对一种逻辑策略的表达。人工神经网络模型主要考虑网络连接的拓扑结构、神经元的特征和学习规则等。目前，已有近 40 种神经网络模型，其中有反传网络、感知器、自组织映射、Hopfield 网络、波耳兹曼机、适应谐振理论等。神经网络具有自学习、联想功能以及高速寻找最优解的优势，其将非结构化数据中提取的特征进一步高维化和归一化，而不再是简单的结构化数据，因此相较于传统的检测方式。其在容错性、预测性和进化性上取得了长足的进步，是非结构化数据特征提取和检测的合适方法。神经网络能在先验数据的基础上，进行学习和预测，进而在面对高级威胁检测时，取得良好的检测效果。

无监督学习事先没有任何训练数据样本，需要直接对数据进行建模，并通过循环和递减运算来减小误差，达到分类的目的。无监督学习的典型例子就是聚类。聚类是将物理或抽象对象的集合分成由类似的对象组成的多个类的过程。聚类分析算法主要有划分方法、层次方法、基于密度的方法、基于网格的方法和基于模型的方法。在高级威胁检测中，聚类法特别适合于未知威胁的检测，直接对非结构化数据的特征进行建模，在形成行为模型基线后，发现异常威胁行为。

4.8 工业大数据安全

4.8.1 工业大数据平台安全

工业大数据也是一个全新的概念，从字面上理解，工业大数据是指在工业领域信息化应用中所产生的大数据。随着信息化与工业化的深度融合，信息技术渗透到了工业企业产业链的各个环节，条形码、二维码、RFID、工业传感器、工业自动控制系统、工业物联网、ERP、CAD/CAM/CAE/CAI 等技术在工业企业中得到广泛应用，尤其是互联网、移动互联网、物联网等新一代信息技术在工业领域的应用，工业企业也进入了互联网工业的新的发展阶段，工业企业所拥有的数据也日益丰富。工业企业中生产线处于高速运转，由工业设备所产生、采集和处理的数据量远大于企业中计算机和人工产生的数据，从数据类型看也多是非结构化数据，生产线的高速运转则对数据的实时性要求也更高。因此，工业大数据应用所面临的问题和挑战并不比互联网行业的大数据应用少，某些情况下甚至更为复杂。所以，工业大数据平台将带来工业企业创新和变革的新时代。

大数据的迅速发展给工业带来了巨大价值，同时，安全问题已成为制约大数据平台建设部署及业务发展的重要阻碍。

1. 工业设备大数据传输交换风险

大数据传输交换是整个工业大数据平台的入口，其安全性直接影响到平台的整体安全。其存在的主要风险如下。

- 身份鉴权。
- 软件自身缺陷或者漏洞。
- 敏感数据泄露。
- 传输机制不健全。
- 缺乏对采集账号、人员、行为等一系列操作的审计手段，造成采集环节违规操作未及时发现并追责。

2. 工业大数据存储管理安全风险

采集到的大量工业设备信息数据在计算处理之前，需要通过工业大数据平台中的存储管理相关软件进行存储，数据存储安全是工业大数据平台安全的重要一环。存储管理存在的安全风险主要如下。

- 存储管理软件自身的安全配置不符合要求。
- HDFS、MPP 存储系统缺乏细粒度访问控制规范。
- 敏感数据未加密处理，容易引发数据泄露。
- 大量非结构化存储不统一，难以进行一致性安全管理。
- 在数据生命周期结束后，数据未被彻底删除。

3. 工业大数据计算框架安全风险

计算框架为一组抽象构件及构件实例间交互的方法，主要是通过计算得出结果并向上层递交服务。计算框架存在的安全风险如下。

- 各节点认证机制不完善。
- 各节点间传输不安全。
- 设计不全面引发漏洞和权限，造成绕过认证或者数据泄露业务不可用等安全问题。

4. 工业大数据协调管理安全风险

工业大数据协调管理存在的安全风险如下。

- 软件运维风险。
- 日志审计和评估手段欠缺。
- 安全策略配置不当。
- 敏感数据沉淀。
- 逆向还原破解。
- 缺乏数据追溯手段。

面对上面的风险,工业大数据平台应该具备如下安全措施。

(1)基础设施安全

对承载着大数据平台的云与虚拟化资源进行恶意软件防护,部署防火墙,进行入侵检测,完整性的监控和日志审计,实现跨(工业)物理、虚拟和云环境的一体化安全管理。

(2)工业大数据接口安全防护

具体安全防护措施如下。

- 认证鉴权。
- 核心数据区域监控。
- 日志与审计。

(3)工业大数据存储安全防护

具体安全防护措施如下。

- 数据访问控制。
- 数据加密存储。
- 数据完整性。
- 数据备份和恢复。
- 数据残留与销毁。

(4)工业大数据处理安全防护

具体安全防护措施如下。

- 认证授权。
- 数据脱敏。
- 数据封装。
- 数据关联性隔离。
- 数据转移控制。

(5)工业大数据平台管理安全防护

平台管理是对分布式存储、处理和应用提供协调服务,主流组件有Zookeeper、Ambari、Oozie等。具体安全防护措施如下。

- 补丁管理。
- 元数据管理。

- 日志管理。
- 配置管理。
- 数据分类分级支撑管理。

4.8.2 工业态势感知

1. 数据采集

我们对网络服务关键节点和网络检测设备的安全特征数据进行分析后发现，能不能采集到更多的数据，并从这些海量网络数据中抽取出影响安全态势的关键信息是基础。数据的采集处理对整个态势提取、分析和呈现有着重要的影响，如果不清、数据采集混乱，态势提取将无法实现。

工业态势感知就是数据驱动安全领域最好的应用，这也迫使我们（尤其是安全分析师）必须成为数据高手，不仅要知道如何分析数据，更应该清楚如何采集所需的数据。数据采集通过软硬件技术的结合来产生和收集工业网络安全数据，其目的是为态势提取提供素材，为态势理解和预测打下数据基础。巧妇难为无米之炊，我们必须对数据的采集做到心中有数，知道哪些数据是必要且可用的、通过什么方式获取以及如何采集的、它们来自于哪里，同时也应当在采集这些数据时尽量不影响工业设备（终端）和网络的可用性。

（1）制订数据采集计划

数据采集计划不能一蹴而就，它的制订也不是凭空想象出来的，而要遵循一定的方法和步骤，分阶段来实现。通常来说，至少涉及 4 个不同的阶段，即定义威胁、量化风险、识别源数据以及提炼有价值信息，如图 4-20 所示。

图 4-20　数据采集计划流程

- 定义威胁：这里的威胁并非来自竞争对手或行业竞争，而是导致组织或个人数据的保密性、完整性和可用性受到负面影响的因素。
- 量化风险：也被称为风险评估，即对组织信息资产所面临的威胁、存在的弱点、造成的影响，以及三者综合作用所带来风险的可能性进行量化。
- 识别源数据：在确定了威胁和风险的基础上，接下来就是识别现实网络运行中主要的数据来源，为后续的态势提取提供数据基础。

- 提炼有价值信息：在识别出众多源数据后，需要单独检查每个源数据和认真分析源数据，提炼出真正有价值的信息，因为并非每种源数据都有采集的必要和意义。

（2）主动式采集方式

主动式采集方式包括以下几种。

- 通过 SNMP 采集数据。
- 通过 Telnet 采集数据。
- 通过 SSH 采集数据。
- 通过 WMI 采集数据。
- 通过多种文件传输协议采集数据，如 FTP、SFTP、TFPT、HTTP 和 HTTPS。
- 利用 JDBC/ODBC 采集数据库信息。
- 通过代理和插件采集数据。
- 通过漏洞和端口扫描采集数据。
- 通过"蜜罐"和"蜜网"采集数据。

（3）被动式采集方式

被动式采集方式包括以下几种。

- 通过有线和无线采集数据。
- 通过交换机、工业传感器采集数据。
- 通过 Syslog 采集数据。
- 通过 SNMP Trap 采集数据。
- 通过 NetFlow/IPFIX/sFlow 采集流数据。
- 通过 Web Service/MQ 采集数据。
- 通过 DPI（深度包检测）/DFI（深度流检测）采集和检测数据。

（4）数据采集工具

数据采集工具包括广为人知的图形化的、用来抓取、过滤和分析数据包的 Wireshark，以及基于 UNIX 系统，较早出现的网络流量抓取、过滤和分析工具 TCPdump。

此外，还有 Flume 日志收集系统、Sqoop 数据抽取工具和 Kafka 分布式消息队列系统等，以及一些其他工具，如 Tcpxtract、NetworkMiner、Softflowd、BASH 工具、ELSA、Nagios、Logstash、Fluentd 等。

2．态势感知

态势感知以安全大数据为基础，因此在数据来源方面，态势感知应该具备主动采集有效数据的能力，避免过度依赖外部威胁情报或第三方设备的数据。

态势感知是一种基于环境的、动态、整体地洞悉安全风险的能力，是以安全大数据为基础,从全局视角提升对安全威胁的发现识别、理解分析、响应处置能力的一种方式,最终是为了决策与行动,是安全能力的落地。

态势感知是认知大量的时间和空间中的环境要素,理解它们的意义,并预测它们在不久的将来的状态,如图 4-21 所示。

图 4-21 态势感知流程

其中,态势感知包括以下几个方面。
- 攻击发现:如何从大量的日志、告警、事件、全量数据中发现攻击。
- 攻击确认:在确认攻击的来源、属性、目标等时发现证据数据不够。
- 质量评估:单体信息素材质量评估,包括完整性、真实性和时效性。
- 信息素材集合的质量评估:置信度(查全率、查准率、碎片率、错误关联率等)、纯度(不正确率、证据查全率)、费效比(优先级排序、攻击分值)、时效性(防护时间、检测时间、响应时间)、有效性(MoE)等。

态势理解包括以下几个方面。
- 损害评估:对攻击或者活动在当下的影响评估,是基于事实的评估。这不但需要了解当前已知的攻击和活动,还要弄清楚这些行为对"我方"的意义,即影响了哪些资产或能力,以及这些资产或能力对我方的重要性。简单地理解,损害评估就是对现实风险的理解和评估。
- 常用方法:"特征匹配"式假设推理(即所有条件都已知,且所得线索与过往经历的相似性程度较高),将资产、威胁、脆弱性做关联分析。
- 行为分析:机器学习+人工。
- 因果分析:溯源分析+取证分析。

态势预测是指根据当前状态对网络未来一段时间的发展趋势和历史信息进行预测,它是一个基本目标。由于随机性和不确定性,使得以此为基础的安全态势变化是一个复杂的非线性过程,采用传统预测模型方法已经逐渐不能满足需求,越来越多的研究正在朝智能预测方法发展,典型的如神经网络、支持向量机、遗传算法等智能预测方法。此类方法的优点是具有自学习能力,中短期预测精度较高,需要较少的人为参与。但是也存在一定的局限,具体如下。
- 神经网络存在泛化、能力弱以及易陷入局部极小值等问题。

- 支持向量机的算法性能易受惩罚参数、不敏感损失参数等关键参数的影响。
- 遗传算法的进化学习机制较为简单。

(1) 神经网络预测

神经网络预测是目前最常用的态势预测方法之一。神经网络全称为人工神经网络,它是一种模拟大脑神经突触联结的结构进行信息处理的数学模型,是对人脑的抽象和简化,进而反映人脑的基本特征。神经网络预测模型属于机器学习领域,它是一种工具,具有良好的拟合性、对目标样本的自学习和自记忆功能,还具有并行处理、高度容错和极强的逼近能力等特性,可以获取复杂非线性数据的特征模式。利用神经网络预测态势的原理为:首先以一些输入输出数据作为训练样本,通过网络的自学习能力调整权值,构建态势预测模型;然后运用模型,实现从输入状态到输出状态空间的非线性映射。神经网络具有非线性、很强的鲁棒性和容错性,善于联想、概括、类比和推广,而且局部的损伤不会影响整体结果。人工神经网络由大量神经元相互连接构成。一个典型的人工神经元模型由输入 $X(x_1, x_2, \cdots, x_n)$、网络权值 $W(W_{k1}, W_{k2}, \cdots, W_{kn})$、偏值 b_k、求和单元 $\sum$、激励函数 f 和输出 y_k 组成,如图 4-22 所示。

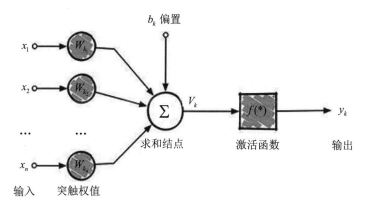

图 4-22 人工神经元模型

神经网络的学习规则,可以粗略分为以下 3 类。

- 相关学习规则:这种规则只根据连接间的激活水平来改变权系数,常用于自联想网络,如 Hopfield 网络。
- 纠错学习规则:这种规则根据输出节点的外部反馈来改变权系数。它与梯度下降法等效,按局部改善最大的方向一步步进行优化,从而最终找到全局优化值。感知器学习就采用这种纠错学习规则。
- 无教师学习规则:它是一种对输入检测进行自适应的学习规则。网络的自组织学习算法即属于这一类。

神经网络的预测模型分为以下几种。

- 线性神经网络：线性神经网络由一个或多个线性神经元组成，是一种层次性前向网络，其传递为线性，学习为"最小均方（LMS）"。LMS也就是最小二乘法算法，是通过调整线性神经网络的权重和阈值，使均方差最小。线性神经网络适用于对线性关系的数据进行预测。
- BP 神经网络：BP 神经网络全称为 Back-Propagation Neural Network，即反向传播网络，是指基于误差反向传播算法的多层前向神经网络，它是 D.E.Rumelhart 及其研究小组在 1986 年研究提出的，是目前应用最广泛的神经网络模型之一。典型的三层 BP 网络如图 4-23 所示。

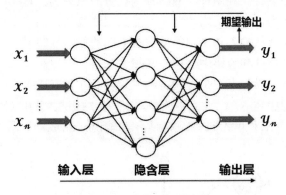

图 4-23　三层 BP 网络图

- Elaman 神经网络：是一种层次性反馈网络，一般分为 4 层：输入层、中间层（隐含层）、承接层和输出层，传递可以采用线性或非线性，各层连接类似于前向网络。
- Hopfield 神经网络：Hopfield 神经网络是由 J.Hopfield 于 1982 年提出的一种循环神经网络，它可用作连接存储器的互连网络。它从输出到输入是有反馈的连接，主要可分为离散型和连续型两种类型。
- Kohonen 神经网络：参照大脑对信号处理的特点，T.Kohonen 于 1981 年提出了一种神经网络模型，也就是自组织特征映射（SOM）模型。Kohonen 模型的思想在本质上是希望解决有关外界信息在人脑中自组织地形成概念的问题。对于一个系统来说，就是要解决一个系统在受外界信息作用时在内部自组织地形成对应表示形式的问题，这其中涉及神经网络的权系数调整。

（2）支持向量机预测

支持向量机预测是一种基于统计学习理论的模式识别方法，专门研究小样本情况下的规律，它由 Vapnik 于 1995 年首次提出。其基本原理是通过一个非线性映射将输入空间向量映射到一个高维特征空间，并在此空间上进行线性回归，从而将低维特征空间的非线性回归问题转换为高维特征空间的线性回归问题来解决。与其他方法相比，支持向量机预测绝对误差小，保证了预测的正确趋势率，能准确预测态势。

它的主要特点如下。

- 它是专门针对有限样本情况的，其目标是得到现有信息下的最优解，而不仅仅是样本数趋于无穷大时的最优值。
- 它是结构风险最小化原则的具体实现，因此具有良好的推广能力。
- 其算法最终将转化为一个二次优化问题。从理论上说，得到的将是全局最优解，从而解决了神经网络中无法避免的局部最小化问题。
- 其将实际问题通过非线性变换转换到高维的特征空间，在高维空间中构造核来实现原空间中的非线性判别，使得学习机器有较好的推广能力，同时它巧妙地解决了维数问题，其复杂度与样本维数无关。
- 支持向量机存在唯一极值点。

（3）人工免疫预测

人工免疫就是研究、借鉴和利用生物免疫学原理、机制而发展起来的各种信息处理技术、计算技术及其在工程和科学中应用而产生的各种智能系统的统称，其研究涉及医学免疫学、科学、系统工程、模式识别、控制工程等学科，是典型的交叉学科。目前，人工免疫系统已发展成为研究领域的重要分支。与上述智能方法相比，人工免疫系统具有全局优化、收敛速度快等优点。它继承了生物免疫系统的自学习、自适应、自组织和免疫记忆等优化学习机理，适合于解决态势预测问题，其拟合和预测结果都能较好地克服态势时间序列大幅度变化的影响。

（4）复合式攻击预测

复合式攻击行为已成为当下攻击的主流方式，且在未来相当长一段时期内有继续增长扩大的趋势，因此针对复合式攻击的识别与预测是领域研究面临的一个重要问题。相对于其他技术，复合式攻击预测方法的研究开展较晚，2005年以后一批国内外学者对复合式攻击预测开始展开大量研究。总结起来，当前主流的复合式攻击预测方法主要包括以下 4 类。

- 基于攻击行为因果关系的复合式攻击预测方法。
- 基于贝叶斯博弈理论的复合式攻击预测方法。
- 基于 CTPN 的复合式攻击预测方法。
- 基于意图的复合式攻击预测方法。

上面简单介绍了态势预测的 4 种方式，详细过程不过多阐述。

态势预测除了机器学习，还需要进行人工分析。

- ❑ 影响评估：影响评估与损害评估不同，它是一种情境推演，即当攻击或者活动继续开展，会造成怎样的影响，会不会和其他攻击活动关联，会不会影响到其他资产，以及如果我们采取了措施，会造成怎样的后果，等等。这是一种基于观点的评估。简单理解，影响评估就是对潜在风险的理解和评估。
- ❑ 常用方法：除了采用"特征匹配"外，还需要做"情境构建"，通过分析和推断对方意图、时机、能力等对手信息，以及漏洞能否组合利用，或者是否存在未知漏洞等其他己方信息，探索其他潜在的假设，并持续进行态势跟踪，验证和推演构建的多个情境到底哪个是准确的。
- ❑ 序列分析：态势理解和态势预测实际上都是与时间强相关的，所以分类和序列分析两种方法通常会一起采用。

分类需要用到的训练集：基于时间序列分成 N 份数据，每份数据一般都需要一个"属性 k"和"参数 a"，用于构造算法函数。而这个"属性"的选择与态势感知的内容是相关的，例如要能够预测未来 1 个小时的风险趋势，那么这个属性就应该选择"风险评估值"；如果要预测未来 1 个小时内是否会发生 DDoS 攻击，则这个属性可能选择"DDoS 攻击告警次数"或"DDoS 攻击特征综合值"；如果要预测未来 1 个小时内是否会发生特定的某种 DDoS 攻击，则这个属性可能会选择"特定 DDoS 攻击告警次数"或"特定 DDoS 攻击特征综合值"。

攻击特征应如何表达呢？攻击特征综合值可以是多元特征的线性（甚至非线性）组合，例如：

Synflood 攻击特征值=a1*攻击速率+a2*告警日志中出现 syn flood 关键字的频率+……

3．响应处置

协同响应处置是态势感知能力落地的关键，也是选择态势感知产品或方案的重要指标。

三级响应机制的具体含义如下。

- ❑ 一键阻断：自动阻断木马与黑客通信。
- ❑ 端点查杀：端点执行扫描、查杀等动作。
- ❑ 高级人工服务：安全应急响应，解析网络威胁现状和威胁，并给出安全建设建议。

应用态势感知，不管是为了提升检测发现威胁的能力，还是直观呈现安全现状及威胁，最终都是希望能够在安全事件过程中及时止损。而这就需要通过全局性的分析，发现威胁之后联调各安全设备进行协同响应处置。例如在攻击者发动攻击之前,协同防御设备进行策略调整,阻断其攻击;在已经潜入内部的攻击者造成破坏之前,立刻评估可能造成的损失范围和程度,并及时响应和处置。只有及时、高效地响应处置动作完成,才算真正解决了安全问题。然后根据态势感知、安全监测等模块获取的态势、趋势、攻击、威胁、风险、隐患、问题等情况,利用通告预警模块汇总、分析、研判,并及时将情况上报、通告、下达,进行预警及快速处置。可采用特定对象安全评估通告、定期综合通告、突发事件通告、专项通告等方式进行通告。该模块还应包括通告机制成员单位、专家组、技术支持单位、信息支撑单位管理,信息通告刊物管理,网安部门通告机构、人员管理,通告规范、标准管理等内容。支持对通告机构、单位、人员等进行管理,支持通告预警策略的设置,包括通告预警生成策略、下发策略、考核策略等。通过关联和融合分析,计算网络整体安全值及风险值,依据态势监控指标体系,生成系统可直接展示的态势信息,然后建立数学模型进行预警分析,挖掘潜在安全威胁,根据预警指标生成预警信息。预警信息通常包括预警名称、预警等级、发布时间、预警内容、防范措施等。图 4-24 为云智应用场景。

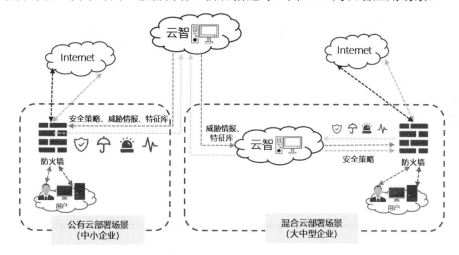

图 4-24 云智应用场景

4.9 5G 安全

4.9.1 5G 基础知识

1. 移动通信技术发展概述

移动通信设备的发展史如图 4-25 所示。

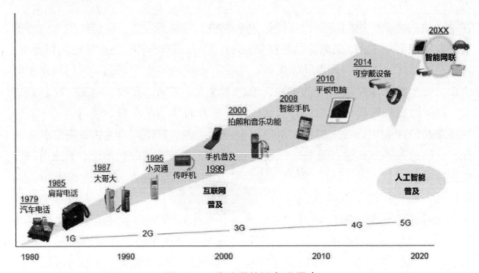

图 4-25 移动通信设备发展史

移动通信技术的发展史如图 4-26 所示。

图 4-26 移动通信技术的发展史

中、美、日、德通信技术的战略对比如表 4-3 所示。

表 4-3 中、美、日、德通信技术战略对比

	年 代	特 征	服务模式	时 延	标 准
1G	1980—1990	语音通信			通信标准中国未有参与（1G 空白）
2G	1990—2000	文本时代	语音通信即服务	300ms～1000ms	中国几乎一无所有（2G 跟随）
3G	2000—2010	图片时代	数据即服务	100ms～500ms	中国跟跑，实现零突破（3G 突破）

续表

	年 代	特 征	服务模式	时 延	标 准
4G	2010—2020	移动互联网	移动宽带即服务	50ms~100ms	中国标准首次成为主流之一,华为第一,中兴第四,大唐跟进(4G并跑)
5G	2020之后	万物互联	网络即服务	<1ms	全球第一次统一标准——IMT-2020,中国由主流到主导(5G领先)

5G 的各项能力远超 4G 及 4.5G,如图 4-27 所示。

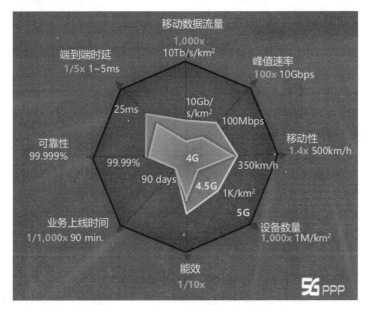

图 4-27 5G 与 4G/4.5G 能力对比

2．5G 的三大应用场景

5G 具有高速率、低时延和大连接三大特性（见图 4-28），对应着增强移动宽带（eMBB）、低时延高可靠（uRLLC）和低功耗大连接（mMTC）三大典型应用场景（见图 4-29）。

- ❑ 大带宽：带宽超过 20GB/s（4G 是 1GB/s），例如在线 4K 视频,采用 eMBB（Enhanced Mobile Broadband，增强移动宽带）。
- ❑ 大规模连接：超过 100 万/km^2（4G 是 10 万/km^2），例如工业互联网，采用 mMTC（Massive Machine Type Communication，海量机器通信）。
- ❑ 超低时延且高可靠：时延要求低于 1ms（4G 是 10ms），例如智能医疗，采用 uRLLC（Ultra Reliable and Low Latency，高可靠低时延通信）。

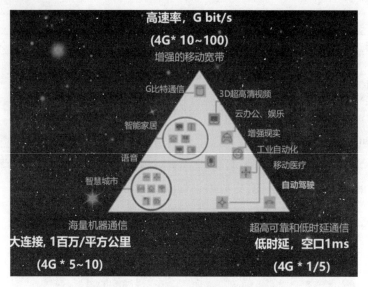

图 4-28 5G 的三大特性及应用场景

图 4-29 5G 的三大典型应用场景

不同的业务对网络的要求差异巨大,如图 4-30 所示。

3. 5G 的产业链

5G 的产业链包括上游(基础设施建设)、中游(运营商服务)和下游(终端及行业应用),如图 4-31 所示。

中国电信运营商的 5G 频段如下。

- ❑ 中国移动:2515MHz~2675MHz。
- ❑ 中国电信:3400MHz~3500MHz。
- ❑ 中国联通:3500MHz~3600MHz。

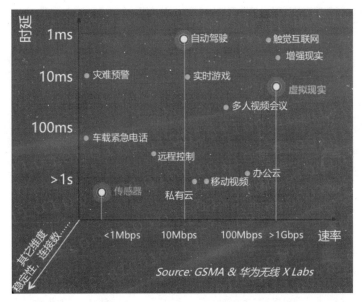

图 4-30　不同业务对网络要求对比

图 4-31　5G 产业链

4．5G 三大特色技术

5G 三大特色技术是毫米波、微基站和多天线。

- 毫米波：3GPP 规定 24.25GHz～52.64GHz 是 5G 主要使用频段。
- 微基站：5G 处于高频段，覆盖范围小，需要超密集组网。常用技术有 D-MIMO（提高吞吐量）、Virtual Cell（一致性用户体验，无边界覆盖）和 Smart Cell（智能适应业务需求），如图 4-32 所示。

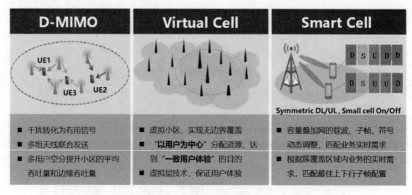

图 4-32　微基站常用技术

❑ 多天线：Massive MIMO，由 4G 的 4 天线阵列到 5G 的 4×8～6×16 阵列，如图 4-33 所示。

5．5G 的核心技术

5G 核心技术包括 5G NR、CUPS、网络切片、SBA 开放柔性网络、移动边缘计算和 AI 深度融合等，如图 4-34 所示。

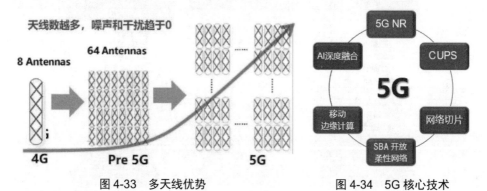

图 4-33　多天线优势　　　　　　　图 4-34　5G 核心技术

1）5G NR

3GPP Rel-15 为 5G 新空口奠定了坚实基础。

5G 理论基础是香农公式：

$$C=B\log_2(1+S/N)$$

其中，C 为最大传输速率；B 为频谱带宽；S 为信号功率；N 为噪声功率。

为了提高传输速率，有三类方法。

其一，提高频谱范围。由 $c=\lambda V$ 可知，为了提高频率，那么所需波长越小越好，这也就诞生了 5G 的关键技术之一：毫米波（mmWave）。

其二，提高频谱利用率，这就涉及大幅提高频谱效率的 Massive MIMO，以及（调制技术）正交频分复用技术 OFDM（以及 F-OFDM 等）和可以实现频谱效率 3 倍提升的空分多址技术 SCMA。

其三，为了提高在传输过程中的效率、空间利用率和抗干扰性、减低能耗，便有了 CCFD（同时同频全双工）、3D 波束赋形（对射频信号相位的控制，使得电磁波精准地指向所需服务的移动终端）和 D2D（同基站下终端与终端可直接通信，无须经过基站）。

5G 网络将以 5G NR 统一空中接口为基础，为满足未来十年及以后不断扩展的全球连接需求而设计。5G NR 技术旨在支持各种设备类型、服务和部署，并将充分利用各种可用频段和各类频谱。所谓空口，指的是移动终端到基站之间的连接协议，是移动通信标准中一个至关重要的标准。

5G 时代的应用将空前繁荣，不同应用对空口技术的要求也是复杂多样的，因此最重要的当然是灵活性和应变能力，一个统一的空口必须能解决所有问题，灵活适配各种业务，F-OFDM 与 SCMA 正是构建 5G 自适应新空口的基础，不断提升频域、时域、空域、码域的资源复用效率。

提高频域的资源利用率就是采用高频段，提高空域的资源利用率就是使站点更密。具体关系如图 4-35 所示。

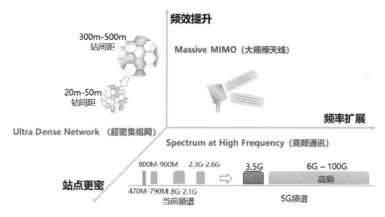

图 4-35　站点/频率/频效关系图

3GPP Rel-15 中最重要的几项物理层技术，即基于 OFDM 的可拓展空口、基于时隙的灵活框架、包括 LDPC 和 CRC 辅助极化码的信道编码、以及大规模天线应用和移动毫米波等，如图 4-36 所示。

（1）可拓展 OFDM 空口

5G NR 设计过程中最重要的一项决定，就是采用基于 OFDM（Orthogonal Frequency Division Multiplexing，正交频分复用）优化的波形和多址接入技术，因为 OFDM 技术被当今的 4G LTE 和 Wi-Fi 系统广泛采用，因其可扩展至大带宽应用，并且具有高频谱效率和较低的数据复杂性，因此能够很好地满足 5G 要求。

图 4-36　3GPP Rel-15 物理层技术

简单归纳起来，OFDM 有以下优势。

- 复杂低（Low Complexity）：可以兼容低复杂度的信号接收器，例如移动设备。
- 频谱效率高（High Spectral Efficiency）：可以高效使用 MIMO，提高数据传输效率。
- 能耗少（Low Power Consumption）：可以通过单载波波形，实现高能效上行链路传输。
- 频率局域化（Frequency Localization）：可以通过加窗和滤波，提升频率局域化，最大限度地减少信号干扰。
- 不过 OFDM 体系也需要创新改造，才能满足 5G 的需求。
- 通过子载波间隔扩展实现可扩展的 OFDM 参数配置。
- 通过 OFDM 加窗提高多路传输效率。

（2）灵活的时隙框架

设计 5G NR 的同时，还需设计一种灵活的 5G 网络架构，以进一步提高 5G 服务多路传输的效率。这种灵活性即体现在频域，更体现在时域上，5G NR 的框架能充分满足 5G 的不同的服务和应用场景。

- 可扩展的时间间隔。
- 自包含集成子帧。

（3）先进信道编码

信道编码是通信技术"皇冠上的明珠"，在通信发展过程中，出现很多优秀的信道编码技术，如著名的 Turbo 码、截断 Turbo 码、LDPC 码、极化 Polar 码等。

5G 编码方案如图 4-37 所示。

- 5G 编码方案分为信令通道和数据通道。
- 5G 编码方案分为 eMBB、mMTC、uRLLC 这 3 个场景下的信令通道和数据通道编码。

图 4-37　5G 编码方案

- eMBB 场景下的信令通道编码采用华为主导的 Polar 方案，数据通道编码采用 LDPC（4G 也是这个编码方案）。

（4）大规模 MIMO

大规模天线阵列（Massive MIMO）利用基站侧配置的上百根天线实现更高的空间分辨率，提升接收信噪比、提高复用用户数数目以及降低用户间的干扰，从而提升小区的整体频谱效率，其设计准则如图 4-38 所示。

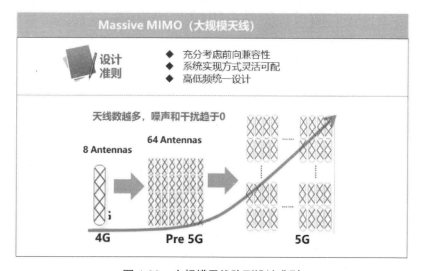

图 4-38　大规模天线陈列设计准则

大规模 MIMO 是频谱效率提升的重要手段之一。

（5）移动毫米波

全新 5G 技术正首次将频率大于 24GHz 以上频段（通常称为毫米波）应用于移动宽带通信，如图 4-39 所示。大量可用的高频段频谱可提供极致数据传输速度和容量，这将重塑移动体验。

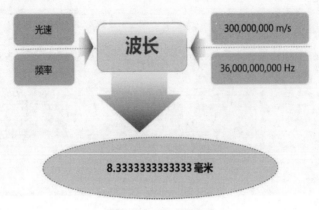

图 4-39 移动毫米波

2）CUPS

控制面与用户面分离（Control and User Plane Separation，CUPS），目的是让网络用户面功能摆脱"中心化"的囚禁，使其既可灵活部署于核心网（中心数据中心），也可部署于接入网（边缘数据中心），最终实现可分布式部署。

事实上，核心网一直沿着控制面和用户面分离的方向演进。例如，从 R7 开始，通过 Direct Tunnel 技术将控制面和用户面分离，在 3G RNC 和 GGSN 之间建立了直连用户面隧道，用户面数据流量直接绕过 SGSN 在 RNC 和 GGSN 之间传输。到了 R8，出现了 MME 这样的纯信令节点，如图 4-40 所示。

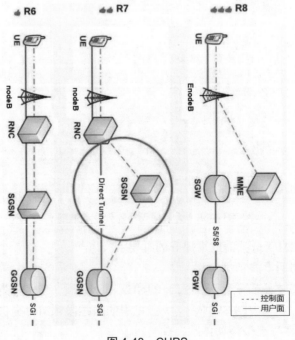

图 4-40 CUPS

3）网络切片

5G 网络切片提供了端到端、"逻辑+物理"的 QoS 保障能力，灵活的形式满足了垂直行业应用差异化服务的需求。

面向 IT 基础设施的网络切片实现框架如图 4-41 所示。

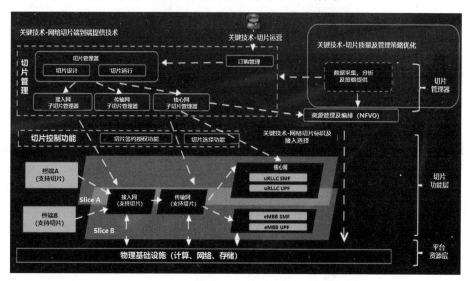

图 4-41 面向 IT 基础设施的网络切片实现框架

面向应用定义网络切片，其实现机理如图 4-42 所示。

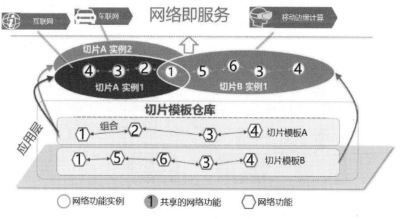

图 4-42 面向应用定义网络切片的实现机理

4）基于服务的网络架构

基于服务的架构（Service Based Architecture，SBA）基于云原生构架设计，借鉴了 IT 领域的"微服务"理念。

传统网元是一种紧耦合的黑盒设计，NFV（网络功能虚拟化）从黑盒设备中解耦出网络功能软件，但解耦后的软件依然是"大块头"的单体式构架，需进一步分解为细粒度化的模块化组件，并通过开放 API 接口来实现集成，以提升应用开发的整体敏捷性和弹性，如图 4-43 所示。

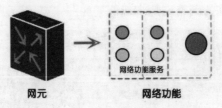

图 4-43　SBA 基于服务的网络架构

SBA=网络功能服务+基于服务的接口。网络功能可由多个模块化的"网络功能服务"组成，并通过"基于服务的接口"来展现其功能，因此"网络功能服务"可以被授权的 NF 灵活使用。

其中，NRF（NF Repository Function，NF 存储功能）支持网络功能服务注册登记、状态监测等，实现网络功能服务自动化管理、选择和可扩展，如图 4-44 所示。

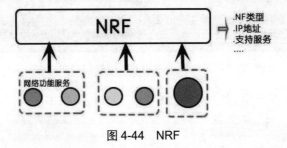

图 4-44　NRF

5G 网络架构如图 4-45 所示。

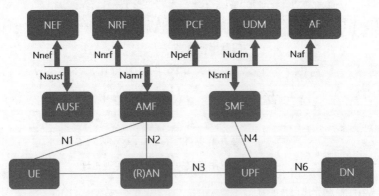

图 4-45　5G 网络架构

❑ Authentication Server Function（AUSF）：认证服务器功能，用于归属网络的 5G 安全过程。

- Core Access and Mobility Management Function（AMF）：接入及移动性管理功能。
- Data Network（DN）：数据网络，例如运营商服务、互联网接入和三方服务。
- Structured Data Storage Network Function（SDSF）：结构化数据存储功能。
- Unstructured Data Storage Network Function（UDSF）：非结构化数据存储功能。
- Network Exposure Function（NEF）：网络开放功能。
- NF Repository Function（NRF）：网络存储功能。
- Policy Control function（PCF）：策略控制功能。
- Session Management Function（SMF）：会话管理功能。
- Unified Data Management（UDM）：统一数据管理。
- User Plane Function（UPF）：用户面功能。
- Application Function（AF）：应用功能。
- User Equipment（UE）：用户设备，由 ME 和 USIM 组成，提供对用户服务的访问。
- （Radio）Access Network（RAN）：无线电接入网。

5）移动边缘计算

光纤传播速度为 200km/ms，数据要在相距几百千米以上的终端和核心网之间来回传送，显然是无法满足 5G 毫秒级时延的。物理距离受限，这是硬伤。因此，须将内容下沉和分布式的部署于接入网侧（边缘数据中心），使之更接近用户，降低时延和网络回传负荷。LTE 和 5G 的时延如图 4-46 所示。

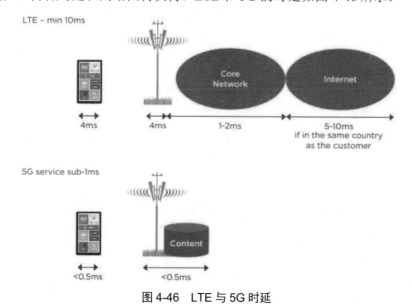

图 4-46　LTE 与 5G 时延

图 4-47 为典型的 5G 架构拓扑图；图 4-48 为国家电网"三型两网"发展战略提出的多站融合方案，利用变电站空间、电力、通信等富余资源，建设 5G 基站、数据中心站、充电站、北斗基站等设施，通过向社会释放优质资源，助推边缘计算和 5G 产业研究发展。

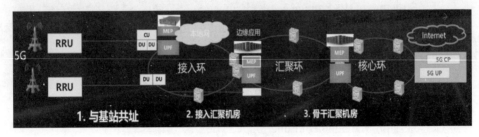

图 4-47　5G 拓扑图

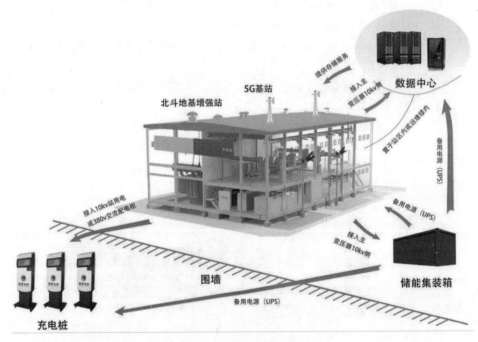

图 4-48　多站融合方案

6）AI 深度融合

5G 网络与 AI 的深度融合如图 4-49 所示。

- 分布式智能：体现为智能网元，以网络切片、SBA、边缘计算等技术，实现自环感知分析决策。
- 集中式智能：体现为智能网管，以云化大数据平台、云化应用平台等方式，实现统一数据，集中管控。

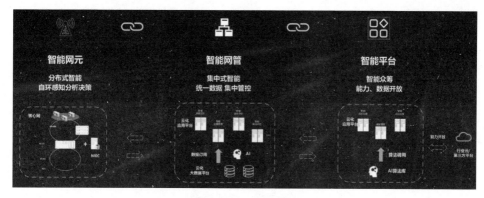

图 4-49　AI 深度融合

- 智能能力：体现为智能平台，以 AI 算法库、云化应用平台等方式，实现应用与业务的智能，并能够对外开放其能力。

6．5G 终端（接收机）

先进接收机是使能更广泛应用场景的关键技术。

接收机的设计是推动无线通信发展的关键，涌现出线性接收机（ZF、MMSE、IRC 等）、非线性接收机（SIC、PIC 等）。其中，非线性接收机使能更广泛的业务场景及需求，如非正交多址接入（Grant-free）、远程干扰消除等。

免调度上行传输 Grant-free Uplink：降低小包上行数据传输时延、大连接的关键，如图 4-50 所示。

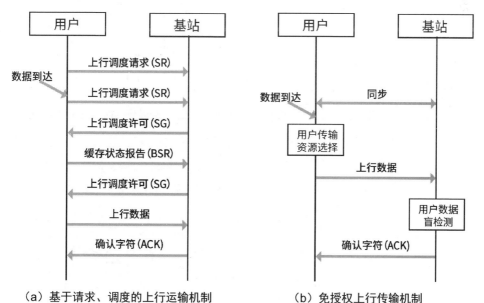

（a）基于请求、调度的上行运输机制　　（b）免授权上行传输机制

图 4-50　先进接收机

远程干扰：由于大气波导的镜面反射，导致两个距离很远的、通信方向相反的基站之间产生较强的干扰，如图4-51所示。

图4-51 远程干扰

7．5G空口协议栈

5G与4G空口协议栈是一样的：PHY→MAC→RLC（Radio Link Control）→PDCP（Packet Data Convergence Protocol）→SDAP（Service Data Adaptation Protocol），如图4-52所示。

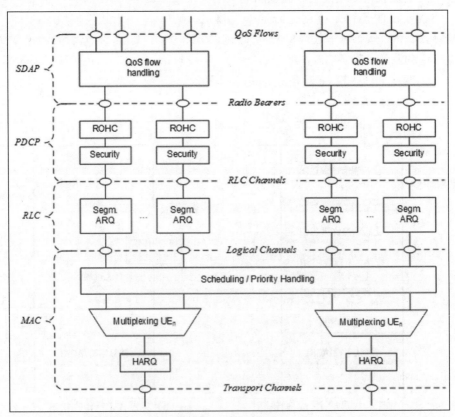

图4-52 空口协议栈

4G 和 5G 通信采用控制（信令）和数据分离模式，分别如图 4-53 和图 4-54 所示。

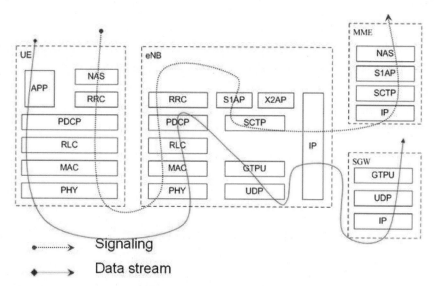

图 4-53　控制（信令）模式

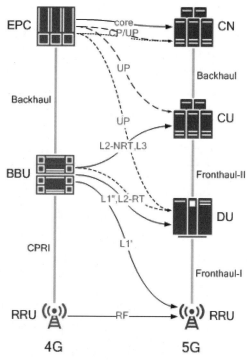

图 4-54　数据分离模式

8. 5G 网络结构

移动通信网络结构：终端→无线网→传输网→核心网。

（1）2G 移动通信网络结构

GSM 以 TDMA 为接入网多址技术，是欧洲诞生和主推的标准，使用地区为欧洲和中国移动，后续演进过程中引入 GPRS，数据服务峰值速率可达到 115Kbps，如图 4-55 所示。

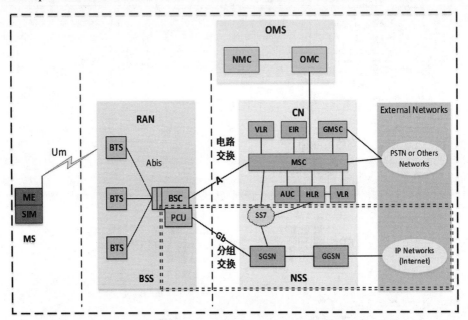

图 4-55　2G 移动通信网络架构

图 4-55 中双层虚线框内的 PCU、SS7、SGSN、IP Networks（Internet）部分是 GPRS 新增的网元。

（2）2.5G 移动通信网络结构

CDMA（IS-95）使用 CDMA 技术，是美国主推的技术，使用方主要为美国、日本、韩国、加拿大等国以及中国台湾地区；CDMA1x 是 CDMA 标准的演进，数据服务峰值速率可达到 153Kbps，如图 4-56 所示。

（3）3G 移动通信网络结构

用户设备 UE（USIM+ME）→通用陆地无线接入网 UTRAN（多个无线网络子系统 RNS，RNS 由 Node 和 RNC 组成）+核心网 CN（电路交换域 CS+分组交换域 RS（SGSN+GGSN））+外部网络 EN（PLMN、PSTN、ISDN、Internet），如图 4-57 所示。

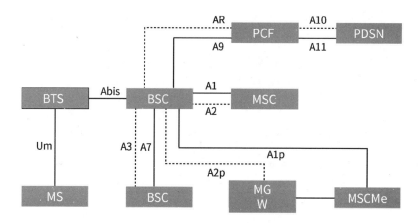

图 4-56 2.5G 移动通信网络架构

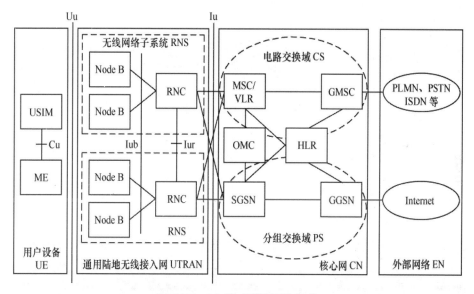

图 4-57 3G 移动通信网络架构

3G 网络标准均基于 CDMA 多址技术，WCDMA 占据全球 80%以上市场份额，整体时延为 100ms～500ms。

❑ WCDMA 由欧洲 3GPP 组织制定，是世界上采用的国家及地区最广泛的、终端种类最丰富的一种 3G 标准，信号带宽为 5MHz，传输速率为 2Mbps。

❑ CDMA2000 由美国等国组成的 3GPP2 制定，只有日本、韩国、北美和中国电信使用，信号带宽为 5MHz，下行速率为 3.1Mbps，上行为 1.8Mbps。

❑ TD-SCDMA 由中国制定，中国移动使用，信号带宽为 1.6MHz，HSUPA

支持下行 2.8Mbps，上行 1.6Mbps。

（4）4G 移动通信网络结构

E-UTRAN（演进的通用陆地无线接入网，UE+eNB）→核心网 EPC（MME+SGW+PGW），如图 4-58 所示。

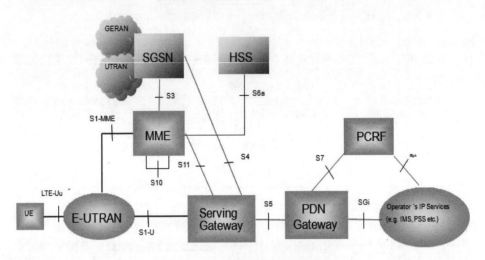

图 4-58　4G 移动通信网络架构

4G 以 OFDMA 为多址技术，相比 3G 网络，去除了基站控制器（RNC）这一网元，网络结构由 3 级变为 2 级，核心网架构扁平化、全 IP 化，整体时延为 50ms～100ms。

（5）5G 网络结构

5G 网络架构如图 4-59 所示。

图 4-59　5G 移动通信网络架构

9. 5G 关乎国家战略

5G 将成为未来国家竞争力的关键决定因素，全球主要国家都积极推进 5G 布局，抢占制高点。

（1）美国

2019 年 4 月 12 日，美国总统特朗普宣布："5G 竞赛已经开始，美国必须赢得胜利！"

美国特朗普政府将 5G 定性为"新军备竞赛"，认为这是一场涉及技术，而非常规武器的竞赛，在这场竞赛中，赢家只有一个。

- 代表高科技通信网络制造商和供应商利益的顶级协会——美国电信行业协会（TIA）发布官方声明，指出现在正是"美国参与竞争 5G 竞赛以保持'全球领先地位'，以及正式推出 5G 新产品和服务"的关键时刻。
- 班农曾在日本东京演讲，把我国的 2025、一带一路、5G 作为最大威胁。
- 2018 年 3 月，美国总统特朗普签署总统令否决新加坡的博通对美国高通的千亿美元收购要约，因为担心博通收购高通可能导致美国丧失对 5G 核心技术的把控。
- 2018 年 11 月 25 日，特朗普签署总统备忘录，命令美国商务部与其下属的国家电信和信息管理局制定美国长期频谱战略，确保美国必须首先使用 5G 无线技术。
- 2019 年 1 月 20 日，特朗普政府专题讨论为期 13 年的美国基础设施建设计划，预计 5G 网络建设投资总额将达到 1.88 万亿美元。美国四大运营商（AT&T、Sprint、T-Mobile、Verizon）还将陆续加大投入。美国政府第一次为运营商的网络建设提供补贴。
- 2019 年 2 月，特朗普政府签署"维护美国人工智能领导地位"的行政命令，公开宣示要确保领先。
- 特朗普政府 2019 年秘密向各国盟友施压，联手阻止中国制造商参与 5G 网络建设。制裁中兴、围堵华为，不择手段抢夺 5G 话语权，争夺 5G 霸主地位。
- 2019 年 2 月 15 日，第 55 届慕尼黑安全会议上，彭斯和杨洁篪因华为开展激烈交锋。美国呼吁，所有的安全伙伴要保持警惕，拒绝任何有损于通信技术安全或国家安全系统的公司；中国呼吁，欧洲国家不要理会美方要求，继续维持与华为的"紧密合作"。

（2）欧洲

专门成立 5G 制造联盟，制订 5G 行动计划。

- 发布 5G 宣言并启动了 5G Action Plan（第五代移动通信行动计划），

目标是 2018 年开始预商用测试，2020 年各个成员国至少选择一个城市提供 5G 服务，2025 年各个成员国在城区和主要公路、铁路沿线提供 5G 服务。
- 2018 年 12 月，欧洲多个大城市开展代号为"烈焰"的 5G 应用场景实测，主要聚焦垂直应用的媒体服务上。创意产业、通信产业以及智慧城市产业的公司通过该项目测试 5G 技术如何提升用户体验、降低媒体服务开发复杂性以及减少提供实时点播内容的成本。
- 2019 年 2 月 8 日，瑞士联邦通信委员会完成 5G 频谱拍卖，瑞士正式发放 5G 牌照，并于 4 月 11 日正式商用。

（3）韩国

5G 正式商用，政府发布"5G+战略"计划。
- 韩国科技信息通信部指出，5G 是第四次工业革命的核心基础设施。韩国政府计划 6 年内向研发、标准化、基础构建等领域集中投资 1.6 万亿韩元（约合人民币 90.7 亿元），还组建产学研 5G 论坛直属推进小组，推进 5G 与其他产业的融合。
- 2019 年 4 月 3 日，韩国三大运营商发布全球首个面向商用的 5G 移动通信网络，并推出 5G 套餐。截至 4 月 4 日，运营商 KT 建成 3 万个 5G 基站，LG 建成 2 万个 5G 基站，SK 建成 3.4 万个 5G 基站。三星、LG 的首款 5G 手机也陆续上市销售。
- 2019 年 4 月 9 日，韩国总统文在寅公布了"5G+战略"计划，到 2022 年建成全国性的 5G 网络。韩国政府和民间将共同投资 30 万亿韩元（约合人民币 1800 亿元）。5G 网络投资给予 2%~3%的税收减免；重点扶持 10 个行业应用，重点发展 5 项关键技术；创建 15 万亿韩元基金。

（4）日本

组建 5G 特设工作组，推动 5G 技术研究和标准化。
- 日本成立"2020andBeyondAdHoc"特设工作组，积极推动 5G 技术研究和标准化，运营商 NTT、Docomo 计划从 2019 年起面向企业提供 5G 服务，2020 年年初，面向一般用户提供 5G 服务。
- 日本总务部表示，将在 2020 年以后，集中火力研发传送量比 5G 大 10 倍以上的"后 5G"技术。
- 2023 年计划把 5G 的商用范围扩大至全国。

（5）中国

高度重视，把 5G 作为国家网络强国战略的重要组成部分，加快 5G 商用步伐。在国家政策的引导与支持下，我国在 5G、AI 等关键领域有较充分的战略布局,有望成为第四次工业革命的重要引领者之一。
- 十九大报告指出,5G要为科技强国、网络强国、数字中国、智慧社会提供有力支撑。
- 2018年12月政治局会议上,习近平总书记提出了加快5G商用这个明确的方向。
- 2019年中央经济工作会议上指出,要发挥投资关键作用,加大制造业技术改造和设备更新,加快5G商用步伐,加强人工智能、工业互联网、物联网等新型基础设施建设。2019年政府工作报告中指出,坚持创新引领发展,培育壮大新动能;深化大数据、人工智能等研发应用,培育新一代信息技术等新兴产业集群,壮大数字经济;加快在各行业和各领域推进"互联网+"。
- 国家发改委等十部门联合印发《进一步优化供给推动消费平稳增长促进形成强大国内市场的实施方案(2019年)》文件,要求在5G产业方面,加快信息通信基础设施建设,加快推出5G商用牌照,对AR/VR产品推广予以补贴,提速5G商用步伐。2019年6月6日,工信部向中国移动、中国电信、中国联通、中国广电发放5G商用牌照。
- 全国26个省将5G纳入2019年重点工作。北京、广东、深圳等省市纷纷出台鼓励政策,助力5G建设加速。

10. 5G行业应用

(1) 智慧教育:5G+教育

5G可以实现场景教学、沉浸式学习、智慧课堂、远程教育等应用,为教育的发展提供了更多可能,如图4-60所示。

图4-60 5G+教育

(2) 智慧医疗:5G+医疗

5G可以实现远程诊断、远程手术、远程医疗监控,还可以改善医疗急救,可有效解决医疗资源分配不均衡等问题，如图4-61所示。

图4-61 5G+医疗

（3）智慧农业：5G+农业

5G与农业结合可实现旱情自动预报、灌溉设备智能决策和调控等智慧种植，以及无人养猪等智慧养殖，如图4-62所示。

图4-62 5G+农业

（4）智慧交通：5G+交通

5G网络低时延的特性能够实现无人驾驶、车路协同等，如图4-63和图4-64所示。

（5）智慧工厂：5G+工厂

5G与尖端智慧制造相结合，可实现工业自动化控制、设备互联、物流追踪等，促进制造业的转型升级，如图4-65所示。

第4章 工业互联网安全体系

图 4-63 5G+交通

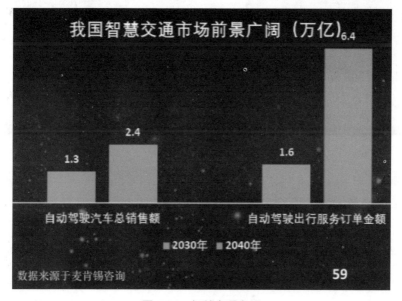

图 4-64 智慧交通市场

图 4-65 5G+工厂

（6）云 AR/VR：5G+AR/VR

5G 可助力 VR/AR 内容处理走向云端，将大大降低设备价格，推动 VR/AR 成为 5G 时代最有潜力的大流量业务之一，如图 4-66 所示。

图 4-66 5G+AR/VR

根据 ABI Research 估计，到 2025 年 AR 和 VR 市场总额将达到 2920 亿美元（AR 为 1510 亿美元，VR 为 1410 亿美元）。

（7）媒体融合

5G 时代"万物皆媒体，一切皆平台"，5G 将推动媒体行业提升生产效率、创新商业模式，如图 4-67 所示。

（8）网联无人机

5G 网络的到来，将赋能无人机行业，解锁一系列无人机行业的新应用，如应急指挥、线路巡检、森林防火、环保监控等，如图 4-68 所示。

图 4-67　媒体融合

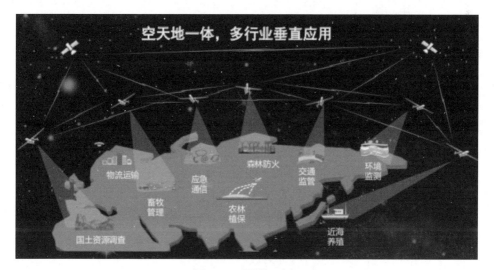

图 4-68　网联无人机

（9）V2X 应用

V2X（Vehicle-To-Everything）包括车辆与外界进行的各种互联，这也是未来智能汽车、自动驾驶、智能交通运输系统的基础和关键技术。我们大致可以将 V2X 应用在 4 个方面：V2N、V2V、V2I 和 V2P。

V2X（Vehicle to Everything）车联网是对 D2D（Device to Device）技术的深入研究过程。它指的是车辆之间，或者汽车与行人、骑行者以及基础设施之间的通信系统。利用装载在车辆上的无线射频识别 RFID 技术、传感器、摄像头获取车辆行驶情况、系统运行状态及周边道路环境信息，同时借助 GPS 定位获得车辆位置信息，并通过 D2D 技术将这些信息进行端对端的传输，继而实现在整个车联网系统中信息的共享。通过对这些信息的分析处理，及时对驾驶员进行路况汇报与警告，有效避开拥堵路段选择最佳行驶线路。

车联网是指通过汽车上集成的 GPS 定位，RFID 识别，传感器、摄像头和图像处理等电子组件，按照约定的通信协议和数据交互标准，在 V2V、V2R、V2I 之间，进行无线通信和信息交换的大系统网络。

中国汽车工业协会对搭载 V2X 功能汽车的定义来看，它是搭载先进的车载传感器、控制器、执行器等装置，并融合现代通信与网络技术，实现车与 X（人、车、路、后台等）智能信息的交换共享，具备复杂的环境感知、智能决策、协同控制和执行等功能，可实现安全、舒适、节能、高效行驶，并最终可替代人来操作的新一代汽车。

- V2N（Vehicle-to-Network，车与网络），就是车联网。能够让车辆通过移动网络与云端的服务器相连，进而能够实现导航、娱乐、防盗等应用功能。
- V2V（Vehicle-to-Vehicle，车与车）能够让车辆之间实现信息的交流，最典型的应用就是防止车辆的各种剐蹭、碰撞和追尾。
- V2I（Vehicle-to-Infrastructure，车与路面基础设施）能够让车辆与道路以及路边的基础设施进行数据的交换，例如可以获取红绿灯、各种道路指示牌信息等。就好比为盲人配上一根导盲杖，导盲杖接触到地方就可以看作是车辆与基础设施之间的信息交互，它可以避免盲人碰到墙，同样的道理，车辆可以以此收集周围环境的信息。
- V2P（Vehicle-to-Pedestrian，车与行人）主要实现保障行人以及非机动车安全的功能。车辆感知行人方法很多，除了比较直观的摄像机和各种传感器外，信息互联也是一种最有效的办法。

V2X 现有的两大通信标准是 DSRC 和 LTE V2X。

- DSRC：这是一种高效的无线通信技术，基于 802.11P 标准，可以实现在特定小区域内（通常为数十米）对高速运动的移动目标的识别和双向通信，实时传输图像、语音和数据信息，将车辆和道路有机连接。从全球来看，DSRC 是智能交通系统（ITS）研究中的一个重要课题，广泛地应用在不停车收费、出入控制、车队管理、信息服务等领域，我们熟知的 ETC 系统便是基于该技术。全球最大的汽车半导体厂商——恩智浦是 DSRC 技术的坚决支持者，其开发的、获得 "CITE 2017 创新金奖" 的 V2X RoadLINK 便是一个完整的汽车安全 V2X 系统解决方案。
- LTE V2X：它是基于移动蜂窝网络的 V2X 通信技术，就像是手机连入 3G/4G 一样。LTE V2X 针对车辆应用定义了两种通信方式，即集中式（LTE-V-Cell）和分布式（LTE-V-Direct）。集中式也称为蜂窝式，需要基站作为控制中心；分布式也称为直通式，无须基站作为支撑。

4.9.2　3GPP 5G 安全标准解读

下面以 3GPP TS 33.501 V15.2.0（2018-9）为例，解读 5G 安全标准。

1. 5G 安全体系结构

（1）5GC 与 5G RAN

5GC 即 5G Core Network。5GC 与 5G RAN 的架构如图 4-69 所示。

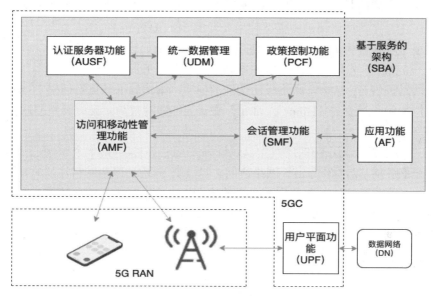

图 4-69　5G 与 5G RAN

（2）5G 安全核心框架

5G 安全实现基于分层的密钥派生、分发和管理框架。密钥存储在很多网络实体之中。长期密钥 K 由 UDM 层的 ARPF①负责存储，USIM 保留该对称密钥在用户那里的副本。其他的所有密钥都是从该密钥派生而来的。

（3）用户 ID 隐私保护

4G 之前的国际移动用户标识符（IMSI）容易被捕获，以致泄露用户隐私信息。因此，5G 协议引入了用户永久标识符（Subscriber Permanent Identifier，SUPI）和用户隐藏标识符（Subscriber Concealed Identifier，SUCI）的概念。更重要的是，5G 规范中引入了基于公钥基础设施（PKI）的安全体系结构，允许验证和鉴别源自 5GC 的控制面消息（Control Plane Messages）。

SUCI 是 5G 永久用户标识 SUPI 的隐藏版本，从而防止暴露 SUPI。SUCI

---

① ARPF：认证凭据存储和处理功能（Authentication Credential Repository and Processing Function），将长期安全证书和密钥存储在 5GC 中。

使用运营商的公钥,由 SUPI 生成。零保护方案适用于 3 种情况:未认证的紧急会话、归属网络进行了相应配置和尚未提供运营商公钥。

5G 规范还定义了临时标识符 5G-GUTI,从而尽最大程度防止 SUPI 或 SUCI 的泄露。5G-GUTI 将由 UE 触发重新分配,而重分配的时间间隔是在具体实现中确定的。

（4）5G 认证和归属控制

3GPP 建立了 EAP-AKA 和 5G AKA 的认证方法,并要求 5G UE 和 5GC 必须支持这两种认证方法。这些安全模式用于相互身份验证和后续服务安全性保证。5G UE 在其注册请求中需要使用安全的 5G-GUTI 或 SUCI,并从中选择一种认证方法来启动认证过程。当使用 EAP-AKA 时,UE 作为对等体,而 5GC SEAF 和 AUSF 分别作为传递服务器和后端认证服务器。5G AKA 则是通过向归属网络提供 UE 从访客网络成功认证的证明,来增强 EPS AKA 的安全性。

增加的归属控制（Home Control）被认为能够有效防止某些类型的欺骗。

（5）安全上下文

5G 安全规范为不同的场景定义了许多安全上下文,包括单个 5G 服务网络、跨多个服务网络、5G 和 EPS 网络之间。当 UE 向两个服务网络注册时,这两个网络必须独立地维护和使用其自身的安全上下文。当 UE 注册到同一个公共陆地移动网 PLMN（Public Land Mobile Network）中的两个服务网络时（3GPP 和非 3GPP）,UE 会与这些网络建立两个独立的 NAS 平面连接,但会使用由一组密钥和安全算法组成的公共 NAS 安全上下文。

（6）状态转换和网络切换

定义了在状态转换和网络切换的过程中,维持或忽略安全上下文的实现方式。规范中提出,如何配置切换过程中的安全性,取决于运营商的策略。这一部分实际上要在运营商的安全需求中体现,因此在切换期间的安全性是一个可选项,没有通过标准来强制执行,这可能导致许多运营商实施不安全的切换过程。

（7）非接入层（NAS）

在公共 NAS 安全上下文中,具有其中每个 NAS 连接的参数,支持对两个活动 NAS 连接的加密分离和重放保护。NAS 使用 128 位加密算法来保证完整性和机密性,但是需要注意的是,这里也支持零加密和零完整性保护。如果 UE 不存在 NAS 安全上下文,那么初始的 NAS 消息将会以明文发送,其中包含用户标识符（例如 SUCI 或 GUTI）和 UE 安全特性等内容。

（8）无线资源控制（RRC）

RRC 的完整性和机密性保护由 UE 和 nGB 之间的分组数据汇聚协议（Packet Data Convergence Protocol,PDCP）层提供,并且 PDCP 下面的层不会受到完整性保护。当完整性保护启用时,除非所选的完整性保护算法是 NIA0（零完整性保护）,否则应该同时启用重放保护。RRC 完整性检查会同时在 ME 和

gNB 中执行。如果在完整性保护启动后，发现有消息没有通过完整性检查，那么相关消息会被丢弃。

（9）用户层

在 PDU 会话建立过程中，SMF 应为 gNB 的协议数据单元（PDU）会话提供用户面（UP）安全策略。如果没有为数据无线承载（DRB）激活用户面完整性保护，那么 gNB 和 UE 就不会为 DRB 实现完整性保护。如果没有为 DRB 激活用户面加密，那么 gNB 和 UE 就不会加密 DRB 业务的流量。本地 SMF 能够覆盖从归属 SMF 接收的用户面安全策略中的机密性选项。

2．5G RAN 安全需求

5G RAN 安全需求如表 4-4 所示。

表 4-4　5G RAN 安全需求

范　围	安　全　需　求	实　现
通用	<ul><li>缓解 Bidding Down 攻击</li><li>相互进行认证</li><li>用户设备、访问和服务网络授权</li><li>允许未经认证的紧急服务</li></ul>	在身份验证过程中，使用 EAP-AKA 和 5G AKA 方法
用户设备与 5G 基站（I）	<ul><li>通过加密，保护用户和信令数据。一旦连接到 5G 基站，就考虑启用用户设备安全功能和服务网络的安全功能。支持零加密（Null Encryption）。保密性保护可以选择是否启用</li><li>用户和信令数据完整性保护和重放保护。一旦连接到 5G 基站，就考虑启用用户设备安全功能和服务网络的安全功能。支持零完整性保护（Null Integrity Protection）。用户数据的完整性保护可以选择是否启用。RRC 和 NAS 信令保护强制启用，但存在例外，例如未经认证的紧急会话</li></ul>	从密钥体系中导出、分发和协商密钥，支持 128 位和 256 位密钥加密。对于网络实体中的每一个密钥，用户设备负责存储相应的密钥，根密钥存储在 USIM 中
用户设备（II）	<ul><li>通过使用防篡改的安全硬件组件，实现对用户凭据的安全存储和安全处理</li><li>通过使用临时或隐藏的用户标识符（5G-GUTI 和 SUPI）获取用户隐私。支持零计划（Null-scheme）方案，在归属网络未提供公钥时使用，该归属网络控制用户隐私及密钥的提供和更新</li></ul>	如果由归属运营商提供，USIM 将存储用于隐藏 SUPI 的归属网络公钥
5G 基站（I）（II）	<ul><li>通过证书授权设置和配置，属于可选项</li><li>密钥管理，可选用基于 5G PKI 的架构</li><li>密钥的安全环境，UP 和 CP 数据存储及处理</li></ul>	认证和密钥导出可以由网络发起，因为操作方决定什么时间存在活动的 NAS 连接

3. 面临的安全挑战

3GPP 5G R15 规范定义的安全性和实施挑战描述如表 4-5 所示。

表 4-5 3GPP 5G R15 的安全性和实施挑战概述

安全/实施挑战	根 本 原 因	影 响
PKI 基础设施	考虑超出 3GPP 规范的范围	实施细则，未实施的可能性
密钥管理（轮换、过度配置等）	考虑超出 3GPP 规范的范围	实施细则，未实施的可能性
全球合作	仅当 USIM 包含全球每个运营商的公钥时，才能保证对预认证消息利用的安全性	由于只有一个运营商或国家不符合规定，系统安全性和用户隐私可能会通过恶意基站和欺骗性的预认证消息而受到影响
支持 NULL 加密和 NULL 完整性	标准利益相关者和合法拦截工作组的要求	竞标攻击和恶意基站的可能性，特别是如果没有运营商提供公钥

为了避免使用 5G 当前的 PKI 基本提议进行预身份验证消息利用，全球合规性将是必要的。也就是说，为了在所有连接场景中（包括漫游）验证所有预身份验证消息的有效性，每个 UE 对于其可能连接的任何网络都需要一个加密的信任根。之所以如此，是因为漫游时，与 HN 相对的网络发起消息（例如，以其 LTE 协议漏洞闻名的 AttachReject 和 TAUReject）可能起源于访问网络而不是 HN。

针对预认证消息证书的潜在解决方案还要求运营商毫无例外地加载到所有 USIM 中，并为每个国家/地区的每个运营商正确管理公钥。预计某些国家会禁止某些其他国家或运营商使用公钥，这一点以前已经发现过。

LTE 协议漏洞的存在已有一段时间了，尽管直到最近才公开讨论这些漏洞。该标准的开放性，研究人员的广泛社区以及 eNodeB 和 UE 协议栈的 SDR，软件库和开源实现的广泛可用性已实现了许多出色的 LTE 安全性分析。尽管有更强大的加密算法和相互身份验证，但 UE 和基站交换了大量的预身份验证消息，这些消息可被利用来发起拒绝服务（DoS）攻击以捕获 IMSI 或将连接降级为不安全的 GSM 链路。研究人员还发现 LTE 中出现了新的隐私和位置泄漏，如表 4-6 所示。

表 4-6 主要的 LTE 协议漏洞及其对 5G 的影响

LTE 协议漏洞	威 胁	对 5G 的影响
IMSI 捕获	隐私威胁，位置泄露，SS7 泄露等	IMSI/SUPI 可能会捕获一些协议边缘情况，例如当运营商未实施可选安全功能或未经认证的紧急呼叫被恶意触发时

续表

LTE 协议漏洞	威 胁	对 5G 的影响
附加/跟踪区域更新（TAU）请求	DoS	5G 移动设备的 DoS 利用预先认证消息与恶意基站广播有效的移动国家和网络代码（MCC-MNC）组合，而在 USIM 中没有提供公钥的网络
无声降级到 GSM	中间人攻击，电话和短信窥探	无声地降级到 GSM 利用预先认证消息与恶意基站广播网络的 MCCMNC，而在 USIM 中没有提供公钥
使用 RNTI 进行位置跟踪	位置泄露，交通估计，服务估算	潜在的设备位置流量和流量配置
在 L2 层没有足够的 DNS 流量保护	DNS 劫持	中间人攻击，凭证窃取，远程恶意软件部署

4.9.3　5G 安全需求分析

如图 4-70 所示，5G 提出的安全新需求来自 3 个方面。

- ❑ 万物互联的应用场景，其安全风险可能影响国家和多个社会领域。
- ❑ 多样化的终端形态与接入技术，对安全提出了轻量化、低时延、高性能等全新的防护要求。
- ❑ 大量新 IT 技术的引入，对 CT 网络带来了新的安全威胁。

图 4-70　5G 安全新需求

如图 4-71 所示，5G 移动通信体系面临的安全风险主要存在于以下方面。

- ❑ 用户侧/设备侧的安全风险：非法远程访问、恶意篡改、隐私泄露、DDoS 攻击利用。
- ❑ 用户侧/设备侧与基站之间的无线网络安全风险：无线漏洞、信令风暴、恶意流量。

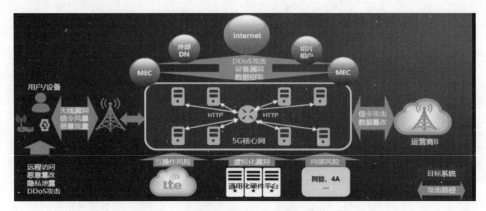

图 4-71　5G 移动通信体系面临的安全风险

- 来自互联网、外部 DN、切片租户、MEC 针对 5G 核心网的安全风险：DDoS 攻击、设备漏洞、数据窃取。
- 5G 核心网与 3G/4G 核心网络安全风险：互操作风险。
- 不同运营商 5G 核心网络间安全风险：信令攻击、数据篡改。
- 5G MEC 本身安全风险：虚拟化漏洞、内部风险（网管、4A 等）。
- 5G 核心网本身安全风险：虚拟化漏洞、内部风险（网管、4A 等）。

1．5G 移动通信安全

从整体上来讲，5G 移动通信安全包括两个层面的安全：一个是无线网络通信安全；另一个是业务安全，如图 4-72 所示。

图 4-72　5G 移动通信安全

网络安全随着移动通信的发展逐渐增强，如图 4-73 所示。

- 1G 时代，基本无安全策略。

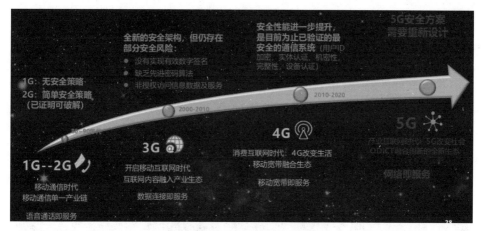

图 4-73　移动通信安全发展

- 2G 时代，采用简单的安全策略（已证明可破解）。
- 3G 时代，采用全新安全架构，但仍然存在部分风险，如没有实现有效数字签名、缺乏先进密码算法以及非授权访问数据即服务等。
- 4G 时代，安全性进一步提升，是目前为止已验证的最安全的通信系统。具体安全措施有用户 ID 加密、设备认证、实体认证、机密性、完整性等。
- 5G 时代，安全架构被重新设计。

安全是对 5G 时代智能互联网的首位要求。3GPP R15&R16 对 5G 安全进行了全新设计，相比于 4G 网络而言，5G 组网模式具有更好的机密性与完整性、接入认证、隐私保护、伪基站防护、网间安全和更好的用户安全隔离等特点。

（1）5G 通信加密算法

5G 提供了更好的机密性与完整性保护，主要体现在加密强度与加密算法方面。

- GSM：采用 A5 加密算法，1987 年发明，密钥长度为 64 位，1989 年启动研究，1991 年首次部署，1992 年我国建设组网；1999 年算法泄露，2016 年 3 块 GPU，9 秒破解了 A5 算法。
- 3G：采用 KASUMI 算法，1995 年发明，密钥长度为 128 位，1998 年启动研究，2001 年首次部署，2009 年我国颁发牌照；2005 年，算法理论被破解，2010 年破解效率进一步提升；后期引入 SNOW 3G 算法。
- 4G：采用 AES、SNOW 3G、ZUC 等加密算法；刚开始采用 AES 算法，密钥长度为 128 位；2011 年 ZUC 成为标准算法；2011 年专用领域的商用量子计算机出现。
- 5G：需要更长的密钥和更先进的加密算法，保障数据与信令传输安全；需要根据不同场景提供不同的加密方式，适应不同的通信需求；对称密钥长度到 256 位的必要性，轻量级加密算法。

（2）5G 隐私保护

如图 4-74 所示，5G 网络通过用户身份 SUPI 加密 IMSI 技术，改变 2/3/4G 网络中终端 UE 明文传输 IMSI 带来的安全威胁，防止伪基站获取用户的隐私数据（用户位置、会话监听等）。

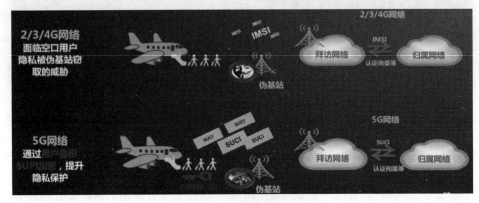

图 4-74　5G 隐私保护方案

注意，国际移动用户识别码（International Mobile Subscriber Identity，IMSI）是用于区分蜂窝网络中不同的用户，在所有蜂窝网络中不重复的识别码。手机将 IMSI 存储于一个 64 位的字段发送给网络。IMSI 可以用来在归属位置寄存器（Home Location Register，HLR）或拜访位置寄存器（Visitor Location Register，VLR）中查询用户的信息。为了避免被监听者识别并追踪特定的用户，大部分情形下手机和网络之间的通信会使用随机产生的临时移动用户识别码（Temporary Mobile Subscriber Identity，TMSI）代替 IMSI。

另外，终端用户永久标识符（Subscription Permanent Identifier，SUPI）可确定用户的真实身份，并保护该用户在网络上传输的数据。

（3）5G 伪基站防护

5G 提供了更好的伪基站防护。处于空闲状态的 UE 很容易被伪基站通过虚假广播信息唤醒到连接态，从而连接到伪基站进行数据通信；5G 网络对空闲状态的 UE 设置了事前防御和事后防护两类防御机制，以保护空闲态 UE 的安全数据接入与唤醒。

- 事前防御：基站对广播信息签名，终端验证签名，从而可以判断出基站真伪。
- 事后防护：当终端恢复到连接状态后，上传空间态下终端接入的基站信息，核心网判断接入基站的真伪。

（4）5G 网络间通信防护

如图 4-75 所示，5G 为保护互联互通信息的机密性和完整性，在网络中新增了安全边界保护代理设备 SEPP，通过在运营商之间建立 TLS 安全传输通道，对传输的信息进行机密性和完整性保护，有效防止数据在传输过程中被篡改和窃听。

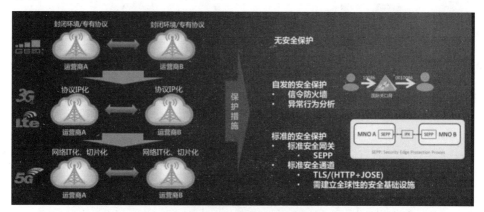

图 4-75　5G 网络间通信防护

（5）5G 任性模型

5G 提供更细粒度的信任模型，如图 4-76 所示。在非漫游场景，相比于 4G 网络，基于 SBA 的核心网服务化架构以及 CU-DU 分离架构，为终端接入网络提供更细粒度的安全管控策略；同时在跨网络切换或者漫游过程中，提供基于 SEPP 的传输技术，使能更强的网络边界保护。

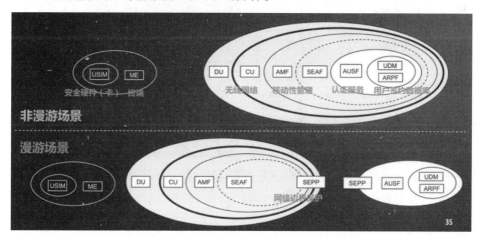

图 4-76　5G 任性模型

2．5G 垂直行业安全

从整个物联网的角度来看垂直行业，其典型架构如图 4-77 所示。
5G+智慧医疗的大致架构如图 4-78 所示。

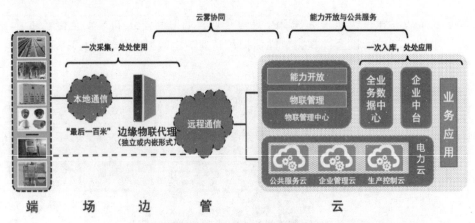

图 4-77　垂直行业典型架构

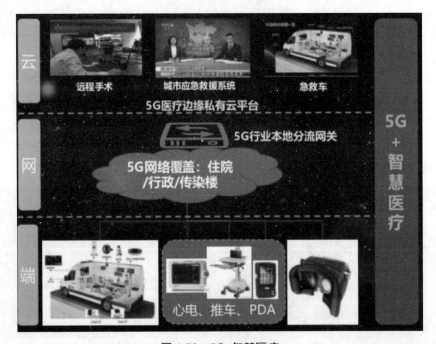

图 4-78　5G+智慧医疗

5G+智慧教育的大致架构如图 4-79 所示。

物联网垂直行业安全需求如图 4-80 所示。

- 感知层和网络层：可信互联=终端安全管控和安全身份认证。其中终端安全管控包括安全策略管控和物联代理安全；安全身份认证包括基础密码服务和身份标识认证。

- 平台层：智能防御=全景监测和智能处置。其中全景监测包括动态感知和主动预警；智能处置包括智能分析和联动处置。

图 4-79 5G+智慧教育

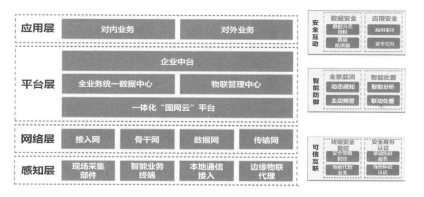

图 4-80 物联网垂直行业安全需求

❑ 应用层：安全互动=应用安全和数据安全。其中数据安全包括数据分类授权和数据防泄露；应用安全包括应用审计和安全交互。

5G 垂直行业安全更多关注在端、场、边 3 个部分，如图 4-81 所示。

终端安全，主要体现在以下几个方面。

❑ 仅有指定的用户可以访问本地业务平台。
❑ 防止用户终端设备被随意冒用。
❑ 数据本地加密存储保护，确保不被窃取或破坏。

场安全即行业数据传输安全，主要体现在以下几个方面。

❑ 行业数据不出企业控制区域，保障用户隐私安全。
❑ 行业数据与普通用户数据隔离，保障行业数据安全。
❑ 端到端数据加密技术，保障数据在全流程传输过程中保密。
❑ 重放攻击、频道抢占。

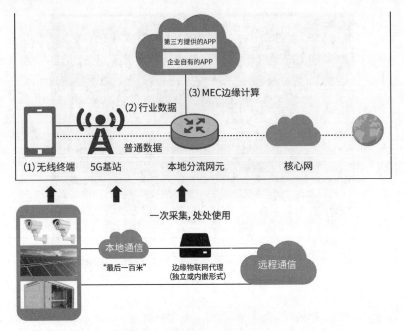

图 4-81　端、场、边安全需求

边安全即 MEC 边缘计算安全，主要体现在以下几个方面。

❑ 防止非法应用通过 MEC 直接控制 UE 的行为。
❑ 防止外部网络通过 MEC 中间件攻击整个移动网络。
❑ 防止非法应用和外部网络通过 MEC 推送不良信息。
❑ 有效隔离 APP，保障不同 APP 的安全防护隔离需求。

下面来重点讲解 5G 终端安全。

5G 终端安全主要涉及两个方面：安全的终端安全架构和多次认证接入技术。要实现安全的终端，解决方案当前主要有黑名单查杀、白名单模式、加固系统和隔离运行模式。

（1）黑名单查杀

基于恶意名单匹配（Santa 的 MONITOR 模式），如图 4-82 所示。

图 4-82　黑名单查杀

基于恶意特征匹配，如图 4-83 所示。

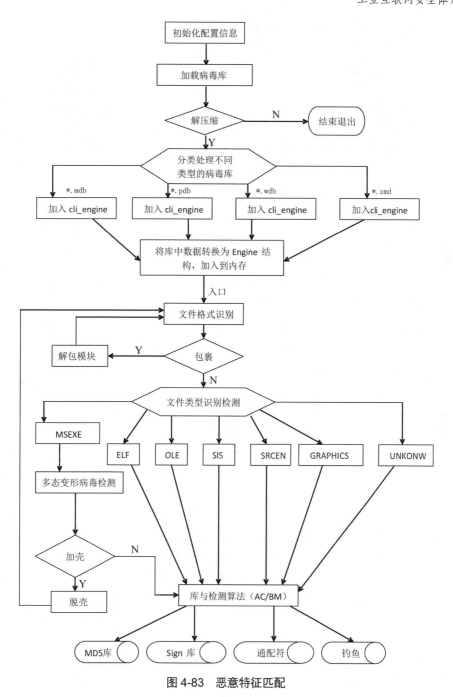

图 4-83 恶意特征匹配

（2）白名单模式

基于信任名单匹配（Santa 的 LOCKDOWN 模式），如图 4-84 所示。
下面介绍白环境（可信环境）的构建。

图 4-84　白名单模式

- 可信供应链。确保系统的全部构成部件的供应链是可信的,可按照 ISO 28000 系列①国际标准的要求建立相应的可信安全供应链。

作为新的管理体系规范,它首次为操作或依赖供应链中某一环节的组织提供了框架。它能帮助行业各部门审核安全风险并实施控制和减轻风险的安排来管理供应链潜在的安全威胁和影响。它的管理方式与其他基本业务原则如质量、安全和客户满意度的管理方式相同。

ISO 28000:2007 与 ISO 9001:2008(质量体系)及 ISO 14001:2004(环境体系)是兼容的,其设计是为了帮助在一个组织内把质量体系、环境体系和供应链安全管理体系整合起来。

该规范是以策划—实施—检查—行动(改进)为基础的管理体系,模仿了公认的 ISO 14001 的标准。这意味着已经熟悉基于风险的方法的组织在分析供应链安全风险和威胁时可以运用相似的方法。

ISO/PAS 28001《供应链安全管理体系—供应链安全的最佳实践规范—评估和计划》提供了实用的指导,以补充 ISO 28000 的规定要求,促使组织机构做出更好的风险管理决策。

ISO/PAS 28004《供应链安全管理体系—ISO/PAS 28000 实施指南》,旨在协助标准使用者理解和实施 ISO 28000,从而获取更大的利益。

- 可信根。可信根是本质上可信的功能集,这些功能可以是硬件功能也可以是软件功能,主要用于执行鉴别、保护加密密钥、软件的测量或验证、探测及报告对程序或系统的未授权变更等。ISO/IEC 11889 系列国际标准对可信平台模块(TPM)的架构、结构、命令、算法和方法等进行了规定②。
- 可信操作系统。可信操作系统可提供安全的引导和操作环境,具有主体行为的可信性,客体内容的保密性、完整性和可信性,自身的完整

---

① ISO 28000 是应运输和物流行业对共同安全管理标准的需求而发展并提出的,其最终目标是改进供应链的全面安全。
② 可信计算涉及可信网络通信 TNC、可信平台模块 TPM、可信软件堆栈 TSS。

性等特点。可信操作系统具备提供存储器和文件保护、I/O 设备访问控制、用户鉴别、访问控制以及能探测某些攻击等功能。不可信的操作系统极易导致恶意代码等攻击。ISO/IEC 15408 国际标准规定了安全操作环境的相关要求。

❑ 安全数据存储。除应对系统软件进行保护外,还需要对应用软件和存储在设备上的数据进行保护。安全数据存储的目的就是确保存储在设备上的数据只能由授权用户和进程进行访问,并提供相应机制以确保数据不能被感染、篡改或损坏。

❑ 安全通信。安全通信应提供安全的网络服务,便于设备或进程之间的安全通信。安全通信通过采用恰当的加密、身份识别、校验等措施,确保信息不被伪造、重放或损坏(如报文重复、丢失、插入、乱序、损坏、延迟等)。国际上主要的通信组织都制定有相应的安全通信规约标准,如 CIP Safety Specification(CIP 安全通信规范)、IEC 61784-3 等。

❑ 软件完整性。除采用可信操作系统外,也必须保护在设备上运行的应用软件免受篡改或感染。

❑ 安全设备管理。保护设备的组件也必须被安全管理。此外,也必须管理设备的安全生命周期,确保其身份识别、证书等在全部生命周期内的安全。同理,也需对保护设备的软件和配置进行安全管理。

其中,可信软件基(TSB)的动能架构如图 4-85 所示。

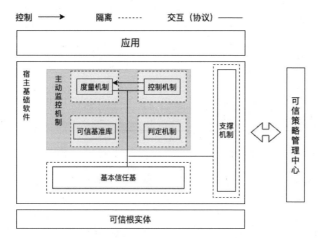

图 4-85 可信软件基(TSB)的动能架构

(3)加固系统

❑ 加强系统登录账户和密码的安全。
❑ 取消远程协助和远程桌面连接。
❑ 禁用危险的系统服务。

- ❑ 关闭不常用的服务端口，如 137、138、139 和 445 端口。
- ❑ 启动系统审核策略。
- ❑ 用户权利指派。
- ❑ 禁用系统默认共享。

（4）隔离运行模式

隔离运行模式需要综合运用沙箱、虚拟机及容器等技术。

- ❑ 沙箱。如图 4-86 所示，将待分析的文件放入沙箱中，文件会模拟运行，并监控运行的所有行为，以达到动态分析的目的。

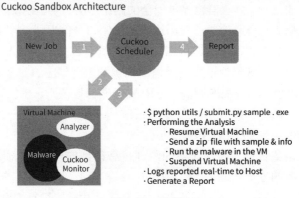

图 4-86　沙箱

- ❑ 虚拟机。如图 4-87 所示，每一个 Android 应用都运行在一个 Dalvik 虚拟机实例里，而每一个虚拟机实例都是一个独立的 Linux 进程空间。

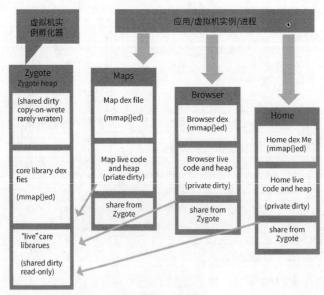

图 4-87　虚拟机

❑ 容器。如图 4-88 所示，容器为应用程序提供一个运行环境，外部的变化不影响容器内部。

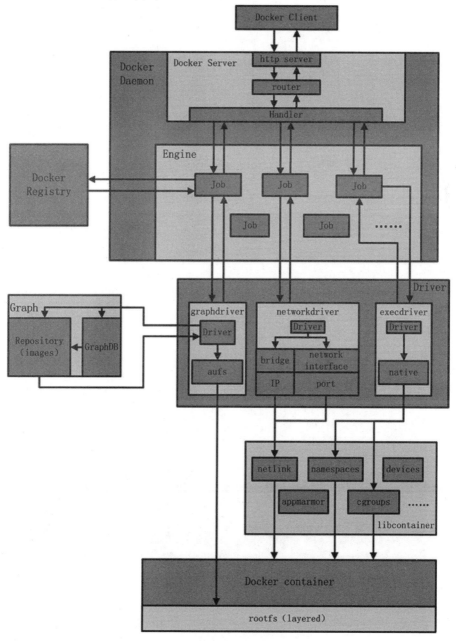

图 4-88 容器

综合运用沙箱、虚拟机、容器技术，可构建基于安全域的终端安全架构，如图 4-89 所示。

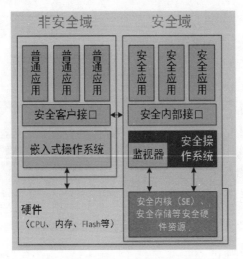

图 4-89 安全域终端安全架构

(5) 5G 无线接入认证

如图 4-90 所示,5G 无线接入安全主要是接入认证安全,提供多次认证接入技术。在 5G 为垂直行业提供基于 AKA (Authentication and Key Agreement) 的普适性安全机制以及切片内的认证与授权服务功能的基础上,提供额外的认证机制以保证用户接入的相对安全,具体流程如图 4-91 所示。

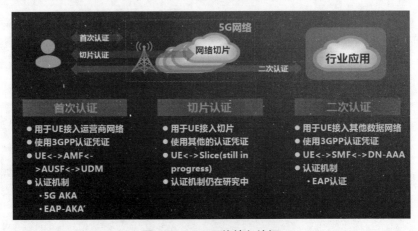

图 4-90 5G 无线接入认证

(6) 5G 网络切换三层隔离

借助 5G MEC 边缘技术使能行业数据不出企业区域,保障企业数据的传输安全与用户的隐私安全;同时结合 5G 网络切片的三级隔离机制,为客户提供定制化的、满足需求的安全方案(逻辑或物理隔离等),如图 4-92 所示。

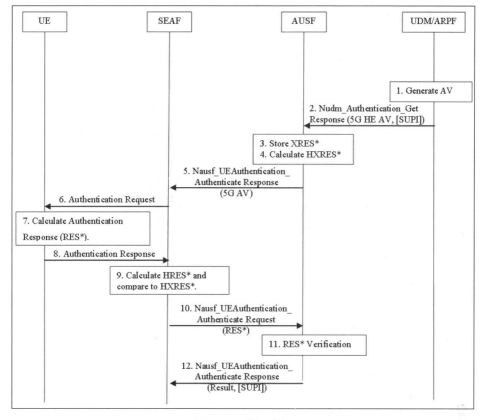

图 4-91　认证流程

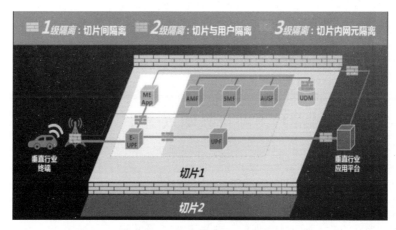

图 4-92　5G 网络切换三层隔离

1 级隔离和 3 级隔离可以借助云网络微隔离零信任技术，例如六方云的云盾产品；2 级隔离可采用传统安全网关类产品，如防火墙等。

（7）5G 垂直行业等解决方案

以 5G 的安全技术为基础，联合行业终端安全/网络传输安全技术，以及基于 5G MEC 构建的安全态势感知/不良信息监测与管理等技术使能：

- 更灵活的业务接入。
- 更可控的数据与业务管理。
- 更安全的数据连接与传输。

构建面向行业的、满足国家等级保护要求的全流程安全防护方案，如图 4-93 所示。

图 4-93　安全防护方案

终端与网络安全技术包括 5G 协议原生安全技术、行业终端安全防护技术和网络传输安全防护技术。

行业边缘计算安全态势感知技术包括以下方面。

- 行业数据不出企业。
- 提供全方位 MEC 安全防护技术，确保 MEC 与终端、MEC 与核心网之间的通信安全，如 APP 严选、研判、漏洞监测、二次加密、安全沙箱、脆弱性分析、通道加密等。

行业不良信息监测与管理技术包括以下方面。

- 短信、网站、E-mail 等垃圾信息的监测、处置和上报等。
- 黑白名单库、数据关联分析。
- 异常访问分析与溯源。
- 异常流量分析与研判。

4.9.4　5G 有效提升工业互联网效率

1. 5G 应用场景

根据 5G 高速、超低延迟和超大型连接的特点，存在 3 种应用场景。

- 增强型移动宽带 eMBB（Enhanced Mobile Broadband）：在现有移动宽带业务场景的基础上，增强了高流量的移动宽带服务，重点关注对宽带有高需求的服务，例如高清视频、虚拟现实 VR/增强现实 AR 等，以满足人们对数字生活的需求。
- 超高可靠和低延迟通信 uRLLC Ultra（Ultra Reliable and Low-Latency

Communications）：专注于对延迟极为敏感的服务，例如自动驾驶/辅助驾驶、远程控制等，以满足数字行业的需求。
- 大规模机器类型通信 mMTC（Massive Machine Type Communications）：针对大型 IoT 服务，例如智慧城市、环境监控和智慧农业，以满足人们对数字社会的需求。

2．5G 智能制造使能技术

5G 技术促进了无线网络从消费领域向工业领域的扩展，让该行业真正进入无线时代，实现了"工业 4.0"所需的物理连接和灵活生产，从而为人工智能提供了更清晰的显示神经网络，如图 4-94 所示。

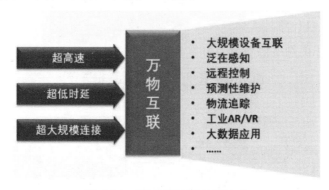

图 4-94　5G 智能制造使能技术

5G 使得智能工厂向无线方向发展。

具体工业应用场景如下。
- 视频监控和操作维护等大量数据的传输，实时性、可靠性要求不高。
- 控制信息等少量数据传输，对数据传输的实时性、可靠性、安全性要求很高。

无线连接具有以下优点。
- 无须布线，使工厂和生产线的建设更加方便，减少了很多维护工作并降低了成本。
- 机器和设备的活动区域不受限制，这有助于在各种情况下顺利切换工作内容。

实现了互连互通，具体如下。
- 5G D2D 通信可实现智能工厂中大型制造设备的互连。
- 制造设备通过 5G 与基于云的工业软件互连，从而促进工厂结构的扁平化发展，并实现物流跟踪、远程运维、分布式设计和协作生产。

（1）工厂物联网络

5G 网络下的工厂物联网络如图 4-95 所示。

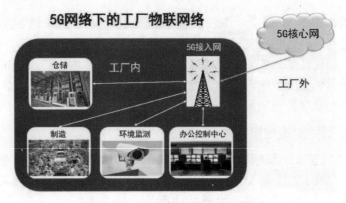

图 4-95　5G 网络下的工厂物联网络

（2）网络协同制造

5G 网络下的网络协同制造如图 4-96 所示。

图 4-96　5G 网络下的网络协同制造

（3）物联网与实时控制

5G 可以满足大规模低功耗嵌入式传感器的网络连接和数据传输，以及机器、设备和人员之间前所未有的交互和协调，并为工业自动化闭环控制应用（时间敏感的通信）提供了可能。通过 5G 网络连接。

（4）可视化生产

可以通过基于 5G 的机器视觉分析来满足现代制造企业日益普及的需求，例如质量检查、操作和维护以及基于安全管理行为的监视，从而满足大量数据传输需求。

（5）人机协作

在智能制造过程中，可以通过诸如 AR 技术来实现如人机协作、生产过程监控和生产任务划分指导之类的技术，如工业装配过程的指导以及业务由远程专家支持，以提高生产活动的效率。此外，结合使用 5G 和工业 AR，可以培训员工提高技能。

（6）云化机器人

无线网络摆脱了电缆束缚，使机器人的移动应用成为可能，使工厂能够快速、经济、高效地在不同类型的产品生产线之间切换生产；基于云的机器人通过 5G 连接到基于云的控制中心，通过大数据和人工智能对制造过程进行实时操作控制，并具有自组织和协作机器人来满足灵活的生产需求。

（7）车联网

通过 5G 等通信技术实现"人—车—路—云"一体化协同，促进与低延迟和高可靠性紧密相关的远程控制驾驶、编队驾驶和自动驾驶的应用，如图 4-97 所示。

图 4-97　5G 车联网

（8）能源领域

5G 技术可以深度整合能源生产、传输、存储、消费和互联网，加速能源互联网的实现，并间接形成对各种能源设备的新要求。

- ❏ 发电领域：5G 可以满足实时数据收集和传输、远程调度和协调控制以及多个系统高速互连的功能。
- ❏ 输变电领域：5G 功率切片可满足智能电网的高可靠性和安全性要求，并提供智能服务，如传输和转换环境的实时监控和故障定位。
- ❏ 配电领域：基于 5G 网络，可以支持智能分布式配电自动化的实现，并实现全自动的故障处理过程。

5G 能源互联网如图 4-98 所示。

（9）电子装备领域

随着 5G 布局的发展和替换的出现，对芯片、射频设备、终端天线、光学组件、传感器和面板灯的需求猛增，电子制造设备、测试设备、激光加工设备和模块设备已升级转型需求。

图 4-98　5G 能源互联网

可以预见，5G 技术场景下，装备制造业向智能制造转型升级步伐将加快。

3．5G 应用案例

（1）青岛港智慧港口建设

青岛港是世界上第一个在实际生产环境中基于 5G 连接的自动桥式起重机操作，这是第一个通过无线网络控制设备实现集装箱抓取和运输的设备。

5G 网络将具有 ms 级延迟的工业控制信号与来自 30 多个高清摄像机的视频数据混合在一起，以支持实际生产中自动岸桥起重机的无线控制和视频返回。

（2）诺基亚奥卢（Oulu）智能工厂

诺基亚提出了基于 5G 和物联网、机器人、AR/VR 技术的智能工厂 Box2.0 的概念，并在诺基亚奥卢智能工厂完成了首个 5G 的实际工业应用测试，如图 4-99 所示。

图 4-99　诺基亚奥卢智能工厂

通过 5G 连接更多资产并获得新的灵活性以及机器学习、人工智能和广泛使用的自动化等更多功能，从而有效地提高了运营能力。

（3）爱立信爱沙尼亚工厂

爱立信与瑞典工业巨头 ABB 签署了基于 5G 技术的工厂自动化合作协议。两家公司在爱沙尼亚塔林的爱立信工厂进行了工程合作。ABB 为爱立信 5G 射频设备的组装提供了一套全自动机器人解决方案，实现了 5G 平台的工厂自动化，并为生产线提供了人工智能和机器学习功能。图 4-100 为爱立信爱沙尼亚工厂实景。

图 4-100　爱立信爱沙尼亚工厂

4.9.5　5G 安全风险与影响及对策

5G 提供了前所未有的用户体验以及连接物联网的能力。它将成为构建万物互连的基础设施。5G 的广泛应用将加速数字经济的转型，促进新兴产业的发展，并给人类的生产和生活带来深刻的变化。还将对国家和社会公共安全、网络和信息安全、安全监管等方面产生重大影响。本文分析了其对安全性和现有安全威胁的影响，并从网络安全系统建设、安全立法和监督等方面提出了对策。

1. 对国家与社会公共安全带来的安全风险及影响

5G 开启的万物互连时代将使 5G 网络成为社会和经济基础设施，并创造前所未有的规模的产业，承载与社会、经济和公众相关的重要信息，这可能对国家和地区的社会公共安全产生影响。

（1）攻击破坏关键基础设施，导致运行停滞或瘫痪。

在万物互连时代，网络和信息系统已成为整个经济和社会的关键基础设施和神经中枢。5G 网络和能源系统、工业互联网以及其他重要的经济生产和社会管理系统受到攻击和破坏,导致服务中断或瘫痪可能造成重大的经济损失和社会影响。

(2) 入侵重要控制系统,侵扰社会秩序。

通过入侵连接的设施和控制系统来扰乱公共秩序,例如,入侵车辆和管理设备及系统、智能交通管理系统、无人驾驶汽车、无人机、监控摄像头等,可能会扰乱交通秩序,甚至造成交通事故,威胁社会秩序和公共安全。

(3) 大规模监控、窃取关乎国计民生的重要基础信息,危及产业、人员甚至国家安全。

5G渗透到社会各个领域,将承载越来越重要的社会、经济和公共信息,例如有关水和电资源的使用、交通、农业、地理、气象、卫生和其他经济与社会运营的数据、国家基本数据以及管理信息,例如执法和灾难应急响应,这些信息的泄漏以及基于大数据的分析和利用可能严重威胁中国的相关行业、人员和国家安全。

(4) 篡改监测数据,引发公共安全事件。

基于无处不在的5G网络功能,它使用各种传感器、摄像头和其他设备,可以实施大规模和大规模监控、收集环境条件、能源使用、交通动态、农业生产、医疗卫生、人员活动和其他信息,及时发现环境污染、森林火灾警报、自然灾害爆发、嫌疑犯等。但是,如果上述监视数据被恶意篡改,将使收集的基本数据失真,无法及时反映状态变化。导致监测和应急机制不及时跟进可能会导致大规模的安全事故,如水污染、自然灾害爆发等。

(5) 散播恶意信息,扰乱社会秩序。

利用5G网络在各个领域的渗透,大规模散布虚假和反动的信息,威胁到国家政治安全和社会稳定。

2. 对网络与信息安全带来的安全风险及影响

5G具有大带宽、海量连接和超低延迟等功能。基础架构使用软件定义的网络(SDN)/网络功能虚拟化(NFV)、面向服务的体系结构以及其他基于云和基于IT的技术,并引入或增强了网络切片、移动边缘计算(MEC)、小型基站、设备到设备(D2D)通信、服务功能开放以及其他技术和业务模型,这些新技术和新业务模型对网络和信息安全带来风险及影响。

(1) 超大流量提升基于流量检测、内容识别、加解密等技术的安全防护难度。

5G核心汇聚层200G/400G * N的超高带宽和传输低延迟的要求,对网络安全态势感知、恶意流量攻击防御、恶意程序监控、不良信息监测的能力,以及对传输数据加密和解密传输的能力都提出了很高的要求,这增加了安全保护的难度。

(2) 弱终端易成为受攻击对象。

5G 万物互连，终端能力差异很大，弱终端由于资源、能力受限，难以采用全球用户身份模块（USIM）等强身份认证机制，终端自身安全防护能力也较弱，容易成为受攻击、受控对象。

(3) 超大连接易引发全网或局部规模攻击。

5G 支持 100 万个连接/千米。由于业务原因，网络抖动或黑客控制、突然的大规模访问或重新连接，可能会触发信令风暴或分布式拒绝服务（DDoS）攻击；大型终端同时发起流量攻击更有可能超过甚至击败网络防御功能。

(4) 基础设施云化、IT 化进一步打破网络封闭状态。

与传统网络不同，5G 全面引入了 SDN/NFV、MEC、网络切片等技术，并采用了面向服务的新架构来提出服务能力的开放，进一步打破了网络的封闭状态，模糊了安全边界，威胁和传播速度更快。轻松的攻击和预防、全面的云化以及基础网络的 IT 带来了网络和信息安全保护方面的新挑战。

(5) 边缘云、D2D 通信模式的引入绕过现有中心化的监测体系。

5G 引入的边缘云和 D2D 通信改变了原始的网络架构和通信模式。其中，边缘云的分布式部署、计算能力和信息内容比集中管理面临更严重的内容安全风险。边缘云业务流量在本地分流，D2D 通信流量没有通过核心网络，从而绕过了现有的集中式信息安全监控系统，因此很难对其进行有效的监控和管理。

(6) 伪基站、身份泄漏问题得以解决，小基站安全性易受威胁。

在 5G 时代，缓解了 2G 时代的伪基站问题以及延续到 3G 和 4G 的用户标识码（IMSI）身份泄漏，但是，为弥补宏基站高频覆盖问题，具有室内覆盖问题的各种类型的小型基站难以放置在专用计算机室中，物理安全性难以得到保证，并且它们需要通过公共网络传输回去。它们很容易受到攻击，并且会发起攻击来威胁网络和信息安全。具体而言，5G 各层面的安全威胁主要包括终端侧、空口、gNB 基站、传输、MEC、核心网、虚拟网络平台、管理运营支撑系统（MBOSS）及其管理、能力开放等安全域的多种安全威胁。

3．5G 的行业融合增加安全监管的难度

5G 与信息技术和各个行业的深度融合、数据量的爆炸性增长以及海量终端的连接，也将大大增加安全监管的难度。

(1) 海量数据与舆情监测。5G 网络功能的显着改善将促进海量数据的生成和视频内容的发展。不良视频内容的识别和海量数据的舆论分析将对安全监管构成挑战。

(2) 海量终端的溯源与取证。5G 支持大量的终端连接。海量终端的身份管理和认证过程不同于传统终端，其需要新的身份验证方法，例如分布式身份验证、分层身份验证、（行业）用户身份验证或组身份验证，因此，海量源终端的可追溯性、证据收集、在线日志保留等都变得难以监控。

4．5G 安全对策建议

对于各种 5G 安全问题，需要采取必要的措施进行处理，建议从以下几个方面入手。

（1）5G 面临的安全形势

① 加强保护水平，加强影响国民经济和民生的关键基础设施的安全水平保护要求。

② 增强整个网络的安全状况意识和协同保护功能。5G 网络将承载许多垂直行业应用，建议增强整个网络的安全意识和协作保护功能，包括各种垂直行业中的应用程序。

③ 加强打击网络犯罪的斗争。在 5G 时代，对网络安全的危害程度正在增加，建议加强对网络犯罪的证据收集和打击。

④ 自主研发和控制核心技术。5G 网络虚拟化和 IT，使用了大量的云技术，需要加强对云技术、通用服务器、基本软件和芯片等核心技术和产品的开发与控制。

⑤ 建立以自动监测为重点，结合传统方法的应急机制。在将基于 5G 的公共安全监控、应急通信等服务应用于相关领域的同时，加强监控设备和系统的安全检测和安全防护能力，并有效地将自动化监控机制与传统的监控方法相结合，容量不足时提供应急机制。

（2）5G 承载不同业务时的安全需求及安全风险

① 用"三个同步原则"加强网络和信息的安全性。在建设阶段，同时规划、设计和建设 5G 网络和信息安全保障机制，以确保在线运营网络和服务的安全性；在运营阶段，同时实施操作防御、监视、响应和预防的综合预防和控制系统，以满足安全保护和控制要求。

② 构建具有统一管理、智能防御和灵活性的 5G 安全系统，满足多路访问和不同场景的安全需求，并通过统一的安全管理、态势感知和协同防御能力建设，提供差异化的安全保护机制，实现安全威胁的智能协同防御；通过基于网络切片、安全功能的模块化组合，根据需要灵活部署和协调安全功能，实现差异化的安全保护机制，以满足大带宽、大连接等不同场景的安全需求；通过轻量认证、分布式认证等，建立统一的、可扩展的身份管理机制，满足物联网等各种终端安全需求的技术，实现用户身份的统一管理、标识和可追溯性；基于统一的中央平台和边缘计算功能，部署近源安全防御功能以形成分布式安全防御功能，以应对 5G 超大带宽、超大连接和 MEC 内容下沉带来的安全威胁。

③ 为安全防御、监视、响应和预防实施集成的自适应预防和控制系统，同时改善 5G 安全监控设备的建设，并支持恶意代码和内容安全等相关管理流程，以增强监控和发现能力；增强取证举报能力，启动联合防控机制，建立一键关闭功能，提高网络信息纠正能力。建立信息安全态势感知能力，建立信息安全

监控预警系统，持续对安全威胁进行实时动态分析，自动适应网络和威胁环境的变化，不断优化安全防御机制。

④ 建立协调一致的国防安全生态系统。通过安全能力和服务开放性的形式，通过跨网络和跨行业的合作，通过安全态势感知和安全协调能力的建设，为网络和垂直行业建立协作防御能力，共同提高对网络的响应能力。

（3）5G 安全监管问题

有必要使用基于大数据的舆论监测分析技术，增强舆论监测能力。加强物联网行业用户的监管，保留物联网终端身份记录，提供终端安全事件监控，可追溯性和证据收集功能。同时，应对信息安全形势的变化，加强与信息安全相关的立法和监督。

① 有条件地使用电子记录，例如网络日志和网络记录作为法律证据。在5G 时代，个人活动记录在大量的网络记录中。对于大多数网络应用程序的实名背景，电子记录，尤其是不同应用程序之间的关联，具有很强的信誉。建议基于的实名认证，使用由电子记录（如在线日志、满足特定条件的应用程序记录）形成的证据链作为法律证据。

② 自动控制/远程控制设备的安全与责任立法。无人机、无人驾驶等自动控制，远程控制设备，可能发生干扰损失的安全事故，需要明确设备使用的安全规格以及发生事故时的责任界定。

③ 识别由网络攻击行为的取证、入侵或不正确的网络服务造成的人身伤害和虚拟经济损失。网络服务提供商进行的网络攻击或不当服务不仅可能造成个人/客户虚拟网络收益的损失，而且还会涉及现实损失甚至人身伤害，网络攻击的取证、入侵以及由此产生的虚拟经济损失、实际伤害和损失需要根据相关法律进行定义。

④ 数据隐私问题。在不同系统中保留个人信息和网络活动记录可能成为大数据分析的个人隐私的重要信息。尽管获取孤立信息可能不会直接造成损失，但是在进行诸如关联分析之类的处理后，它可能会泄漏重要的个人隐私并成为网络欺诈甚至是有关实际犯罪的重要信息。建议加强对泄露私人信息的各个方面的打击，包括在线记录、网络活动记录等，以保护网络空间的安全。

4.10 工业信息安全服务

4.10.1 工业信息安全服务特殊性

伴随着工业化和信息化的深度融合，注重可用性和可靠性的工业网络将同时面临传统信息安全风险和工业信息安全风险。工业网络安全已经上升到了国家的高度，如何有效地进行工业网络安全防护，降低工业网络安全风险是目前国家监管机构、工业企业、工业网络安全企业等面临的最迫切的问题。根据工业网络安全合规标准和国内外的最佳实践，通过常态化的工业网络安全评估，分析安全状况和防护水平，定位工业网络安全风险，找到与合规基准的差距，有针对性地采取安全防护措施，是提升工业网络安全防护能力，切实保障工业网络安全的有效途径。

随着工业信息化进程的快速推进以及工业互联网、工业云等新兴技术的兴起，信息、网络以及物联网技术在智能电网、智能交通、工业生产系统等工业控制领域得到了广泛的应用，极大地提高了企业的综合效益。为实现系统间的协同和信息分享，工业控制系统也逐渐打破了以往采用专用系统、封闭运行的模式，开始在系统中采用一些标准的、通用的通信协议及硬软件系统，甚至有些工业控制系统也能以某些方式连接到互联网中。这使得工业控制系统必将面临病毒、木马、黑客入侵、拒绝服务等传统的信息安全威胁，由于工业控制系统多被应用在电力、交通、石油化工、核工业等国家重要的行业中，攻击行为所导致的安全事故造成的社会影响和经济损失会更为严重。出于政治、军事、经济、信仰等目的，敌对的组织、国家以及恐怖犯罪分子都可能把工业控制系统作为达成其目的的攻击目标。

近年来，以伊朗布什尔核电站遭到"震网"病毒攻击为代表的一系列针对工业控制系统的信息安全事件表明，攻击者正普遍采用被称为高级持续性威胁（Advanced Persistent Threat，APT）的新型攻击手段。攻击者不仅具有明确的攻击目标，而且在攻击时也多采用有组织的多攻击协同模式。显然，这种新型的攻击手段更难防御，对工业企业、安全厂商及相关研究机构的安全检测和服务能力提出了更高的挑战。

1. 国家政策法规标准

工业网络脆弱的安全状况以及所面临的日益严重的攻击威胁，已经引起了国家的高度重视，被提升到"国家安全战略"的高度，在政策、标准、技术、方案等方面展开了积极应对，以下对已经发布的法规和标准进行简要的分析。

《网络安全法》第三十八条规定：关键基础设施的运营者应当自行或者委托网络安全服务机构对其网络的安全性和可能存在的风险每年至少进行一次检测评估，并将检测评估情况和改进措施报送相关负责关键信息基础设施安全保护工作的部门；第三十九条规定，国家网信部门应当统筹协调有关部门对关键信息基础设施的安全保护采取措施：包括对关键信息基础实施的安全风险进行抽查检测，提出改进措施，必要时可以委托网络安全服务机构对网络存在的安全风险进行检测评估；《网络安全法》对工业网络安全监管机构以及工业企业定期开展安全风险评估都提出了相应的要求。

《GB/T 30976.1—2014 工业控制系统信息安全第 1 部分：评估规范》是由中国机械工业联合会提出，由全国工业过程测量和控制标准化技术委员会（SAC/TC 124）和全国信息安全标准化技术委员会（SAC/TC 260）归口，该标准规定了工业控制系统（SCADA、DCS、PLC、PCS 等）信息安全评估的目标、评估的内容、实施过程等。评估内容主要包括组织机构管理评估和系统能力评估两个方面；同时还强调了工业控制系统全生命周期各阶段的风险评估，风险评估应该贯穿于工业工控系统生命周期的各个阶段，包括规划、设计、实施、运行维护和废弃阶段，并对各个阶段风险评估的对象、目的和要求进行了详细阐述。

2017 年 7 月 31 日工信部印发《工业控制系统信息安全防护能力评估工作管理办法》，主要为工业企业按照《工业控制系统信息安全防护指南》建立的安全防护能力开展综合评估。该办法也强调了针对工业企业工业控制系统规划、设计、建设、运行、维护等全生命周期各阶段开展安全防护能力综合评价；同时，对评估管理组织、评估机构和人员要求、评估工具要求、评估工作程序和监督管理进行了详细描述。该方法的评价模型采用定量分析，根据《工业控制系统信息安全防护指南》的 11 个方面设置了 30 个大项，61 个小项，129 个评分细项，对每个细项都赋予了相应的分值和评分细则。

《GB/T 36047—2018 电力信息系统安全检查规范》是由国家电力监管委员会提出，由电力监管标准化技术委员会（SAC/TC 296）归口。该标准主要规定了电力信息安全检查工作的流程、方法和内容，对检查工作流程、检查内容和检查方法进行了详细阐述，检查内容包括组织体系、规章制度、安全分区防御体系、网络安全防护、主机和设备安全防护等 15 个方面；同时还根据检查对象的不同，检查内容进一步细分为通用检查项、仅适用于管理信息类系统的检查项和仅适用于生产控制类系统的检查项；最后，该标准还提出了定性分析和定量分析两种方法，为最终的风险评估提供依据和指导。

2．全生命周期评估

工业控制系统全生命周期包括规划、设计、实施、运行、维护和废弃阶段，每个阶段关注的工控系统信息安全的角色在变化，关注的评估对象、目标和具体指标也有所差异，每个阶段都存在信息安全威胁，因此，关注每个阶段的安全风险评估，并进行有效的管理和防护，可以很大程度上降低工业网络的信息安全风险。

在《GB/T 30976.1—2014 工业控制系统信息安全第 1 部分：评估规范》和工信部印发的《工业控制系统信息安全防护能力评估工作管理办法》中都提到了工业控制系统全生命周期的安全风险评估。《GB/T 30976.1—2014 工业控制系统信息安全第 1 部分：评估规范》中生命周期概述为：

- 在规划设计阶段，通过风险评估以确定系统的安全目标。
- 在建设验收阶段，通过风险评估确定系统的安全目标达成与否。
- 在运行维护阶段，要不断地实施风险评估以识别系统面临的不断变化的风险和脆弱性，从而确定安全措施的有效性，确保安全目标得以实现。

因此每个阶段风险评估的具体实施应根据该阶段的特点有所侧重地进行。

3. 自动化的安全评估实践

无论是监管机构的安全检查还是工业企业自查，复杂多样的工业环境和数量巨大的评估对象都对评估人员的技术水平和工作量提出了很大考验。因此，借助评估工具，集成权威的检查模板，配以专业的检查知识指导和自动化的检查工具，可以大大减轻现场评估工作量，方便评估人员现场评估。根据大量的现场评估实践，总结了工业网络安全评估工具应具备以下典型功能。

- 权威的检查模板：评估工具应该集成权威的标准、指南或最佳实践，须拆解成适用于现场的、易懂的、易评估的指标项；同时，可以支持现场评估人员自定义或根据需要自主导入检查模板，作为现场评估的基准。
- 成熟的检查指导：所有检查指标项都应该有汇集了众多专家知识和现场实践经验的检查知识库，可以指导评估人员对评估对象进行现场评估；同时，应该提供统一的评判标准以判断某一指标项是否合规。
- 完整的评价模型：评估工具应该针对不同的检查模板提供相应的定量或定性合规评价模型，根据现场评估过程输入的数据和信息，自动进行分析并展示评价结果，以定位工业网络的合规现状以及与基准之间的差距。
- 多样的检查工具：评估工具应该集成多样的辅助检查工具，常见的工具包括资产识别、漏洞扫描、配置核查、网络数据采集、入侵检测、异常行为审计、病毒和恶意代码检测、无线 Wi-Fi 扫描和弱口令检查等工具，辅助完成合规指标项的检查和评判。
- 无损的检查功能：考虑到工业现场业务的可用性和可靠性要求，评估工具接入扫描的工具应采用轻量化扫描技术和无损扫描技术，以减少评估工作对业务正常运行的影响，避免次生风险。

4.10.2 工业信息安全风险评估

随着云计算、大数据、工业互联网等新兴技术在工业领域的广泛应用，信息安全威胁逐渐向工业领域蔓延，工业控制系统信息安全形势日益严峻。信息安全风险评估作为一种了解工业控制系统安全威胁的重要手段，受到越来越多人的关注。

工业控制系统信息安全风险评估方法主要有三类，即经验分析法、定性分析法和定量分析法。经验分析法适用于评估经验不足的评估者，由经验丰富的专家制定安全基线，供评估者借鉴使用；定量分析法是在度量风险时，对风险要素进行赋值，进而量化评估结果；定性分析法是对风险要素进行分级，一般可分为"高""中""低"三级，最终以级别表示评估结果。本文以层次分析法为基础，结合定量分析与定性分析进行工业控制系统信息安全风险评估。

1. 工业控制系统信息安全风险评估模型

参考《信息安全技术工业控制系统风险评估实施指南》和《信息安全技术工业控制系统安全控制应用指南》，应从资产、脆弱性、威胁和安全措施4个方面对工业控制系统开展信息安全风险评估。

评估模型如图4-101所示，由上至下依次为目标层、准则层和因素层。目标层为工业控制系统主体，准则层包括资产、脆弱性、威胁和安全措施，因素层包括硬件资产、软件资产、人员资产、其他资产、管理脆弱性、技术脆弱性、自然环境、内部无意风险、内部有意风险、外部威胁、事前防范、事中响应和事后取证。

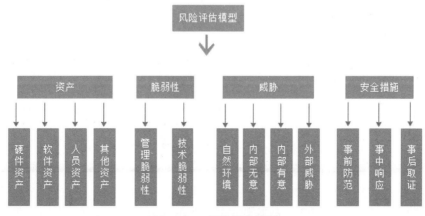

图4-101 风险评估模型

硬件资产包括IED、PLC、DCS等工业现场控制层设备；路由器、网关、交换机等网络设备，工业防火墙、入侵检测系统、网闸等安全设备，服务器、工作站、HMI等计算机设备，磁盘阵列、移动硬盘等存储设备；软件资产包括数据库系统、操作系统等系统软件，组态软件、远程控制软件、数据库软件、工业控制系统工具软件、OPC等应用软件，工业控制代码、现场设备固件等源程序，工业生产数据、工业控制实时数据、运行管理数据；人员资产包括操作人员、运维人员、工业控制系统设计人员和信息安全人员；其他资产包括除了硬件、软件和人员之外的资产。

管理脆弱性包括工业生产环境脆弱性和生产设备脆弱性；技术脆弱性包括工业控制网络边界脆弱性、工业控制系统网络设备脆弱性、工业控制系统网络通信脆弱性、工业无线网络脆弱性、工业控制系统硬件脆弱性、软件脆弱性、配置脆弱性。

自然环境包括静电、灰尘、潮湿、电磁干扰、意外事故等环境危害或自然灾害；内部无意风险包括内部员工未遵循规章制度和操作流程，导致的工业控制系统故障或被攻击；内部有意风险包括内部员工对工业控制系统进行的破坏或窃取系统信息；外部威胁包括外部人员对工业控制系统进行的攻击。

2．工业控制系统信息安全风险评估

（1）评估范围

工控系统风险评估的范围概括讲包含3个大方面：物理安全、技术安全和管理安全，其中每个方面又可以划分为许多小的方面。

- 物理安全包含防雷、防火、防盗及温湿度控制等方面。
- 技术安全包括工控网络安全、工控设备安全、工控主机的安全等，在具体的评估过程中，还要再具体细分，如边界防护安全、工控协议安全及工控数据安全等不同的内容。
- 管理安全通常涉及机构、制度、流程和安全意识等。

（2）评估方法

具体评估方法包括以下几种。

- 经验分析：又称为基于知识的分析方法，可以采用该方法找出当前工控系统的安全现状和安全基线之间的差距。
- 定性分析法：定性分析法主要是根据操作者的经验知识、业界的一些标准和惯例等非量化方式对风险状况做出判断的过程。定性分析法操作起来相对简单，为风险管理诸要素（资产价值、威胁出现的概率、弱点被利用的容易度、现有控制措施的效力等）的大小或高低程度定性分级，该方法具有很强的主观性，同时也会因为操作者的经验和直觉偏差导致分析结果发生偏差，从而出现多次评估结果不一致的情况。
- 定量分析：是对构成风险的各个要素和潜在损失的水平赋予数值，当度量风险的所有要素（资产价值、威胁频率、弱点利用程度、安全措施的效率和成本等）都被赋值，风险评估的整个过程和结果就都可以被量化了。简单地说，定量分析就是试图从数字上对安全风险进行分析评估的一种方法。定量分析的优点是评估结果用直观的数据来表示，看起来一目了然。但是也存在为了量化而把复杂事物简单化的问题，甚至有些风险要素因量化而被曲解。

不管是采用上述一种还是多种方法,其核心就是根据威胁出现的频率、脆弱性严重程度来确认安全事件发生的可能性,同时利用资产的价值和脆弱性严重程度来评估安全事件造成的损失,最后通过安全事件的可能性和损失来计算风险值,原理如图 4-102 所示。

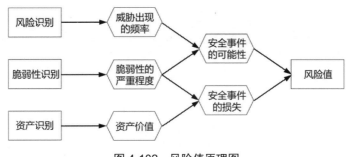

图 4-102　风险值原理图

（3）评估工具

风险评估过程中,可以利用一些辅助性的工具和方法来采集数据。

- 问卷调查表：该表可以对资产、业务、历史安全事件、管理制度等各方面的信息进行收集和统计。
- 检查列表：是对某一评估对象进行评估的具体条目。
- 人员访谈：通过访谈掌握安全制度、安全意识、安全流程等信息,也可以了解一些没有记录在案的历史信息。
- 漏洞扫描：通常是指用于工控系统的专业漏洞扫描工具,其内置的漏洞库既包含传统 IT 系统的漏洞,更重要的是需要包含工控系统相关的漏洞。
- 漏洞挖掘：通常是指用于工控设备的专业漏洞挖掘工具,该类工具是基于模糊测试的理论,发现设备的未知漏洞。
- 工控审计：该工具主要用于收集工控系统的数据流量、网络会话、操作变更等信息,发现一些潜在的安全威胁。
- 渗透测试：这不单指一种工具,而是评估人员利用工具和技术方法的行为集合,这是一种模拟黑客行为的漏洞探测活动,既要发现漏洞,也要利用漏洞来展现一些攻击的场景。

其他的一些工具包括无线评估工具、数据库评估工具以及中间件评估工具等。

第 5 章 等级保护 2.0

5.1 等级保护 2.0 框架

《信息安全技术 信息系统安全等级保护基本要求》(GB/T 22239—2008) 曾在我国推行信息安全等级保护制度的过程中起到重要作用,被广泛用于各大行业和领域,以指导用户开展信息系统安全等级保护的建设整改和等级测评等工作。

随着信息技术的发展,已有 10 余年历史的 GB/T 22239—2008 在时效性、易用性和可操作性上都亟须进一步完善。2019 年 5 月 13 日,国家市场监督管理总局、国家标准化管理委员会召开新闻发布会,正式发布了等级保护 2.0 相关的《信息安全技术 网络安全等级保护基本要求》《信息安全技术 网络安全等级保护测评要求》《信息安全技术 网络安全等级保护安全设计技术要求》等国家标准。2019 年 12 月 1 日,《信息安全技术 网络安全等级保护基本要求》(GB/T 22239—2019)正式实施。

GB/T 22239—2019 规定了第一级到第四级等级保护对象的安全要求,每个级别的安全要求均由安全通用要求和安全扩展要求构成。安全通用要求细分为技术要求和管理要求,其中技术要求包括安全物理环境、安全通信网络、安全区域边界、安全计算环境和安全管理中心;管理要求包括安全管理制度、安全管理机构、安全管理人员、安全建设管理和安全运维管理。两者合计共 10 类,如图 5-1 所示。

安全扩展要求是采用特定技术或特定应用场景下的等级保护对象需要增加实现的安全要求。GB/T 22239—2019 提出的安全扩展要求包括云计算安全扩展要求、移动互联安全扩展要求、物联网安全扩展要求和工业控制系统安全扩展要求。

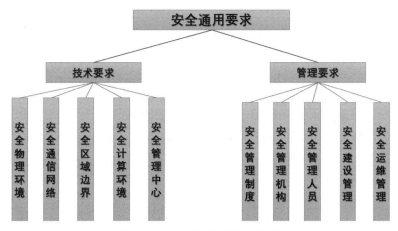

图 5-1 安全通用要求基本分类

5.2 工控安全扩展要求

5.2.1 为什么将工控系统加入等级保护

超过 80% 涉及国计民生的关键基础设施依靠工业控制系统来实现自动化作业，工控网络安全涉及基础设施、智能制造、智慧城市、军工生产，以及事关国计民生的各个领域。但全球工控网络安全事件在近几年呈现稳步增长的趋势，工控网络安全领域的每次事件都会造成巨大的损失，工控系统的等级保护刻不容缓。

5.2.2 工控等级保护 2.0 的约束条件

工业控制系统通常对可靠性、可用性要求非常高，所以工业控制系统依照等级保护进行防护时，要满足以下约束条件，即原则上安全措施不应对高可用性的工业控制系统基本功能产生不利影响。

例如，用于基本功能的账户不应被锁定，甚至短暂的也不行；安全措施的部署不应显著增加延迟而影响系统响应时间；对于高可用性的控制系统，安全措施失效不应中断基本功能等。

经评估，对可用性有较大影响而无法实施和落实安全等级保护要求的相关条款时，应进行安全声明，分析和说明此条款实施可能产生的影响和后果，以及使用的补偿措施。

5.2.3　工业控制系统安全扩展要求

工业控制系统安全扩展要求包括以下几个方面。

- ❑ 物理和环境安全：增加了对室外控制设备的安全防护要求，如放置控制设备的箱体或装置以及控制设备周围的环境。
- ❑ 网络和通信安全：增加了适配于工业控制系统网络环境的网络架构安全防护要求、通信传输要求以及访问控制要求，增加了拨号使用控制和无线使用控制的要求。
- ❑ 设备和计算安全：增加了对控制设备的安全要求，控制设备主要是应用到工业控制系统中执行控制逻辑和数据采集功能的实时控制器设备，如 PLC、DCS 控制器等。
- ❑ 安全建设管理：增加了产品采购和使用以及软件外包方面的要求，主要针对工控设备和工控专用信息安全产品的要求，以及工业控制系统软件外包时有关保密和专业性的要求。
- ❑ 安全运维管理：调整了漏洞和风险管理、恶意代码防范管理和安全事件处置方面的需求，更加适配工业场景应用和工业控制系统。

5.2.4　工业控制安全缩略语

总共 22 个缩略语，有 17 个与工控安全相关。

- ❑ AP：无线访问接入点（Wireless Access Point）。
- ❑ DCS：集散控制系统（Distributed Control System）。
- ❑ DDoS：拒绝服务（Distributed Denial of Service）。
- ❑ ERP：企业资源计划（Enterprise Resource Planning）。
- ❑ FTP：文件传输协议（File Transfer Protocol）。
- ❑ HMI：人机界面（Human Machine Interface）。
- ❑ ICS：工业控制系统（Industrial Control System）。
- ❑ IP：互联网协议（Internet Protocol）。
- ❑ IT：信息技术（Information Technology）。
- ❑ MES：制造执行系统（Manufacturing Execution System）。
- ❑ PLC：可编程逻辑控制器（Programmable Logic Controller）。
- ❑ SCADA：数据采集与监视控制系统（Supervisory Control and Data Acquisition System）。
- ❑ SSID：服务集标识（Service Set Identifier）。
- ❑ TCB：可信计算基（Trusted Computing Base）。

- USB：通用串行总线（Universal Serial Bus）。
- WEP：有线等效加密（Wired Equivalent Privacy）。
- WPS：WiFi 保护设置（WiFi Protected Setup）。

5.2.5 工业控制系统概述

工业控制系统（ICS）是几种类型控制系统的总称，包括数据采集与监视控制系统（SCADA）、集散控制系统（DCS）和其他控制系统，如在工业部门和关键基础设施中经常使用的可编程逻辑控制器（PLC）。

工业控制系统通常用于如电力、水和污水处理、石油和天然气、化工、交通运输、制药、纸浆和造纸、食品和饮料以及离散制造（如汽车、航空航天和耐用品）等行业。工业控制系统主要由过程级、操作级以及各级之间和内部的通信网络构成，对于大规模的控制系统，也包括管理级。过程级包括被控对象、现场控制设备和测量仪表等，操作级包括工程师和操作员站、人机界面和组态软件、控制服务器等，管理级包括生产管理系统和企业资源系统等，通信网络包括商用以太网、工业以太网、现场总线等。

5.2.6 工业控制系统层次模型

参考 IEC 62264-1 的层次结构模型，同时将 SCADA 系统、DCS 系统和 PLC 系统等模型的共性进行抽象，可形成如图 5-2 所示的分层架构模型。该模型从上到下共分为 5 个层级，依次为企业资源层、生产管理层、过程监控层、现场控制层和现场设备层，不同层级的实时性要求不同。

- 企业资源层主要包括 ERP 系统功能单元，用于为企业决策层员工提供决策运行手段。
- 生产管理层主要包括 MES 系统功能单元，用于对生产过程进行管理，如制造数据管理、生产调度管理等。
- 过程监控层主要包括监控服务器与 HMI 系统功能单元，用于对生产过程数据进行采集与监控，并利用 HMI 系统实现人机交互。
- 现场控制层主要包括各类控制器单元，如 PLC、DCS 控制单元等，用于对各执行设备进行控制。
- 现场设备层主要包括各类过程传感设备与执行设备单元，用于对生产过程进行感知与操作。
- 根据工业控制系统架构模型不同层次的业务应用、实时性要求以及不同层次之间的通信协议不同，需要部署的工控安全产品或解决方案有所差异，尤其是涉及工控协议通信的边界需要部署工控安全产品进行防护,不仅支持对工控协议细粒度的访问控制,同时满足各层次对实时性的要求。

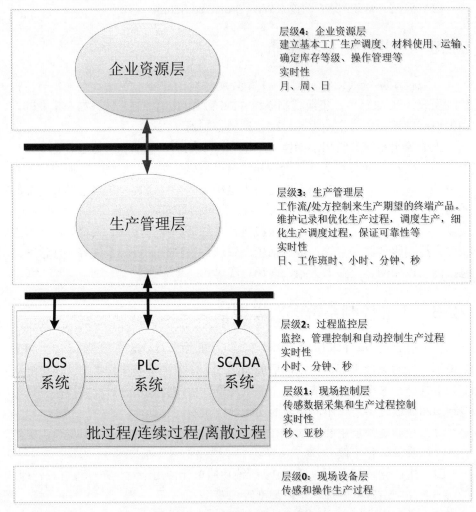

图 5-2　工业控制系统架构模型[①]

5.2.7　各层次与等级保护基本要求的映射关系

考虑到工业控制系统构成的复杂性、组网的多样性,以及等级保护对象划分的灵活性,给安全等级保护基本要求的使用带来了选择的需求。如表 5-1 所

---

① 图 5-2 为工业控制系统经典层次模型(参考 IEC 62264-1),随着工业 4.0、信息物理系统的发展,已不能完全适用,因此对于不同行业企业的实际发展情况,允许部分层级合并。

示,该标准给出了各个层次使用本标准相关内容的映射关系,可以在实际应用中参考。

表 5-1 各层次与等级保护基本要求的映射关系

功 能 层 次	技 术 要 求
企业资源层	安全通用要求(安全物理环境)
	安全通用要求(安全通信网络)
	安全通用要求(安全区域边界)
	安全通用要求(安全计算环境)
	安全通用要求(安全管理中心)
生产管理层	安全通用要求(安全物理环境)
	安全通用要求(安全通信网络)+安全扩展要求(安全通信网络)
	安全通用要求(安全区域边界)+安全扩展要求(安全区域边界)
	安全通用要求(安全计算环境)
	安全通用要求(安全管理中心)
过程监控层	安全通用要求(安全物理环境)
	安全通用要求(安全通信网络)+安全扩展要求(安全通信网络)
	安全通用要求(安全区域边界)+安全扩展要求(安全区域边界)
	安全通用要求(安全计算环境)
	安全通用要求(安全管理中心)
现场控制层	安全通用要求(安全物理环境)+安全扩展要求(安全物理环境)
	安全通用要求(安全通信网络)+安全扩展要求(安全通信网络)
	安全通用要求(安全区域边界)+安全扩展要求(安全区域边界)
	安全通用要求(安全计算环境)+安全扩展要求(安全计算环境)
现场设备层	安全通用要求(安全物理环境)+安全扩展要求(安全物理环境)
	安全通用要求(安全通信网络)+安全扩展要求(安全通信网络)
	安全通用要求(安全区域边界)+安全扩展要求(安全区域边界)
	安全通用要求(安全计算环境)+安全扩展要求(安全计算环境)

5.3 云计算安全扩展要求

采用了云计算技术的信息系统通常称为云计算平台。云计算平台由设施、硬件、资源抽象控制层、虚拟化计算资源、软件平台和应用平台等组成。云计算平台中通常有云服务商和云服务客户/云租户两种角色。根据云服务商所提供服务的类型,云计算平台有软件即服务(SaaS)、平台即服务(PaaS)、基础设施即服务(IaaS)3 种基本的云计算服务模式。在不同的服务模式中,云服务商和云服务客户对资源拥有不同的控制范围,控制范围决定了安全责任的边界,如图 5-3 所示。

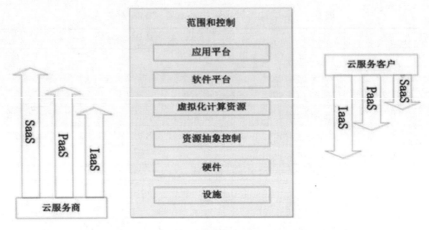

图 5-3 云计算服务模式与控制范围的关系图

云计算安全扩展要求是针对云计算平台提出的安全通用要求之外额外需要实现的安全要求。云计算安全扩展要求涉及的控制点包括基础设施位置、网络架构、网络边界的访问控制、网络边界的入侵防范、网络边界的安全审计、集中管控、计算环境的身份鉴别、计算环境的访问控制、计算环境的入侵防范、镜像和快照保护、数据安全性、数据备份恢复、剩余信息保护、云服务商选择、供应链管理和云计算环境管理。表 5-2 为信息安全三级云计算安全相关扩展要求。

表 5-2 信息安全三级云计算安全扩展要求

层面	控制点	要求项
安全物理环境	基础设施位置	应保证云计算基础设施位于中国境内
安全通信环境	网络架构	应保证云计算平台不承载高于其安全保护等级的业务应用系统; 应实现不同云服务客户虚拟网络之间的隔离; 应具有根据云服务客户业务需求提供通信传输、边界防护和入侵防范等安全机制的能力; 应具有根据云服务客户业务需求自主设置安全策略的能力,包括定义访问路径、选择安全组件、配置安全策略; 应提供开放接口或开放性安全服务,允许云服务客户接入第三方安全产品或在云计算平台选择第三方安全服务

续表

层　面	控制点	要　求　项
安全区域边界	访问控制	应在虚拟化网络边界部署访问控制机制，并设置访问控制规则； 应在不同等级的网络区域边界部署访问控制机制，设置访问控制规则
	入侵防范	应能检测到云服务客户发起的网络攻击行为，并能记录攻击类型、攻击时间、攻击流量等； 应能检测到对虚拟网络节点的网络攻击行为，并能记录攻击类型、攻击时间、攻击流量等； 应能检测到虚拟机与宿主机、虚拟机与虚拟机之间的异常流量； 应在检测到网络攻击行为、异常流量情况时实时进行告警
安全计算环境	访问控制	应保证当虚拟机迁移时，访问控制策略随其迁移； 应允许云服务客户设置不同虚拟机之间的访问控制策略
	入侵防范	应能够检测恶意代码感染及在虚拟机间蔓延的情况，并进行告警
安全管理中心	集中管控	应能对物理资源和虚拟资源按照策略做统一管理调度与分配； 应保证云计算平台管理流量与云服务客户业务流量分离； 应根据云服务商和云服务客户的职责划分，收集各自控制部分的审计数据并实现各自的集中审计； 应根据云服务商和云服务客户的职责划分，实现各自控制部分，包括虚拟化网络、虚拟机、虚拟化安全设备等的允许情况集中检测

5.4　物联网安全扩展要求

5.4.1　什么是物联网

根据《信息安全技术　网络安全等级保护基本要求》（GB/T 22239—2019）给出的定义，物联网（Internet of Things，IoT）就是将感知节点设备通过互联网等网络连接起来构成的系统。

根据 NIST 给出的定义，物联网是指基于创建使用网络实体（如传感器、致动器、信息资源、人）与物理世界交互的系统的概念，如图 5-4 是智能家居 IoT 照明系统示例[①]。

[①] 摘自 NIST.IR.8200 Interagency Report on the Status of InternationalCybersecurity Standardization for the Internet of Things（IoT）

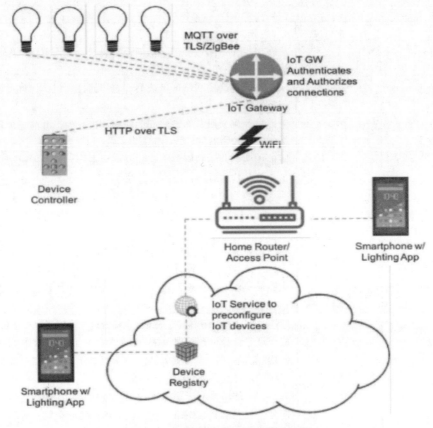

图 5-4　智能家居 IoT 照明系统示例

根据《信息安全技术 网络安全等级保护基本要求附录 F》（GB/T 22239—2019）给出的定义，物联网从架构上通常可分为 3 个逻辑层，即感知层、网络传输层和处理应用层[①]，如图 5-5 所示。

感知层包括传感器节点和传感网网关节点，或 RFID 标签和 RFID 读写器，也包括这些感知设备及传感网网关、RFID 标签与阅读器之间的短距离通信（通常为无线）部分。

网络传输层包括将这些感知数据远距离传输到处理中心的网络，包括互联网、移动网等，以及几种不同网络的融合。

处理应用层包括对感知数据进行存储与智能处理的平台，并对业务应用终端提供服务。对大型物联网来说，处理应用层一般是云计算平台和业务应用终端设备。

---

① 源自《GB/T 22239—2019 信息安全技术网络安全等级保护基本要求附录》

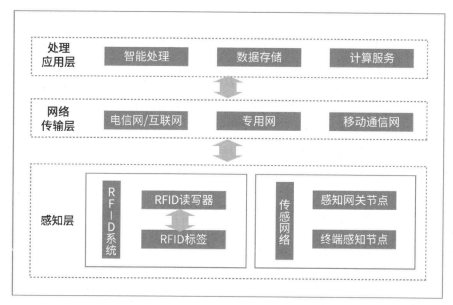

图 5-5　物联网构成

5.4.2　物联网的安全问题

物联网（IoT）为个人消费者和行业提供了便利服务，并且有望提供更具革命性的能力，变得无处不在。然而，物联网的广泛应用也带来了不可避免的网络安全风险。保护物联网设备是一项重大挑战，因为制造商往往更倾向于关注功能、兼容性要求、客户便利性以及上市时间，而非安全性。如果消费者的物联网设备受到攻击，它可以成为进入更广泛网络的一个入口。通过感染一台 IoT 设备并渗透一个网络，安全威胁可以直接进入另一个物联网设备的无线范围内，最终扩散至整个链接网络。

以智能照明系统为例，消费者可能没有意识到将智能 LED 灯泡连接到家庭网络带来的安全风险。智能 LED 灯泡允许房主通过智能手机或遥控设备打开或关闭灯泡，并控制灯泡的激活和停用。房主可以访问 Web 服务对自己偏好的灯光颜色、照明强度、激活/停用计划进行配置，这些网络存储配置可用于在断电后无缝恢复操作。对于智能 LED 灯泡，处于 Wi-Fi 中的黑客可以获取并破译以纯文本形式发送的 Wi-Fi 凭证，从而访问本地网络的其他系统和设备，实施诸如欺骗连接、通过植入后门来创建和启动 IoT 分布式拒绝服务（DDoS）攻击，或者实现对物联网设备的恶意命令和控制。

保护物联网设备以确保消费者安全和隐私受到保护是一项持续的挑战。安永 2018 年度网络安全调研（EY Global Information Security Survey）结果显示，物联网安全成为科技与通信公司关注度排名第一的领域。

同时，OWASP 2018 也列出了 10 类常见的 IoT 安全问题。

（1）弱密码、可猜测的密码或硬编码密码

使用可遭暴力破解的、可公开获取的或无法更改的密码，包括固件或客户端软件中带有允许对已部署系统进行未经授权访问的后门。

（2）不安全的网络服务

设备运行了一些不需要或不安全的网络服务，尤其是那些暴露在互联网上的服务。它们会损害信息的保密性、完整性、真实性和可用性，或允许未经授权的远程控制。

（3）不安全的生态系统接口

设备外生态系统中不安全的 Web、API、云或移动接口，导致设备或相关组件遭攻陷。常见的问题包括缺乏认证或授权、缺乏加密或弱加密以及缺乏输入和输出过滤。

（4）缺乏安全的更新机制

缺乏安全更新设备的能力，包括缺乏对设备固件的验证、缺乏安全交付（未加密的传输）、缺乏防回滚机制以及缺乏对更新的安全变更的通知。

（5）使用不安全或已过时的组件

使用已遭弃用的或不安全的软件组件/库，将导致设备遭攻陷。组件包括操作系统平台的不安全定制以及使用来自受损供应链的第三方软件或硬件组件。

（6）不充分的隐私保护

存储在设备或生态系统中的用户个人信息被不安全的、不当的或未经授权的使用。

（7）不安全的数据传输和存储

缺乏对生态系统中任何位置的敏感数据进行加密或访问控制，包括未使用时、传输过程中或处理过程中的敏感数据。

（8）缺乏设备管理

对已部署在生产过程中的设备，缺乏安全支持，包括资产管理、更新管理、安全解除、系统监控和响应能力。

（9）不安全的默认设置

设备或系统的默认设置不安全，或缺乏限制操作者修改配置的方式让系统更加安全的能力。

（10）缺乏物理加固

缺乏物理加固措施，导致潜在攻击者能够获取敏感信息以便后续进行远程攻击或对设备进行本地控制。

5.4.3 等级保护 2.0 基本要求之物联网安全要求

1. 安全通用要求

等级保护 2.0 的安全通用要求细分为技术要求（安全物理环境、安全通信网络、安全区域边界、安全计算环境、安全管理中心）和管理要求（安全管理制度、安全管理机构、安全管理人员、安全建设管理、安全运维管理），共计 10 大类。

安全通用要求针对共性化保护需求提出，等级保护对象无论以何种形式出现，必须根据安全保护等级实现相应级别的安全通用要求。

物联网的安全防护包括感知层、网络传输层和处理应用层，其中网络传输层和处理应用层这两部分已按照安全通用要求提出的控制点进行保护，等级保护 2.0 中的物联网安全扩展要求则主要针对感知层提出了具体的安全要求，与安全通用要求一起构成对物联网的完整安全要求。

2. 安全扩展要求

针对物联网的特点，物联网安全扩展要求包括感知节点设备物理防护、接入控制、入侵防范、感知节点设备安全、网关节点设备安全、抗数据重放、数据融合处理、感知节点管理 8 个方面的扩展要求，根据不同的等级，具体要求的条款数量递增，如表 5-3 所示。

表 5-3 物联网安全扩展要求：各等级要求数量

控 制 域	控 制 点	要求条款数	一级	二级	三级	四级
安全物理环境	感知节点设备物理防护	4	2	2	4	4
安全区域边界	接入控制	1	1	1	1	1
	入侵防范	2	0	2	2	2
安全计算环境	感知节点设备安全	3	0	0	3	3
	网关节点设备安全	4	0	0	4	4
	抗数据重放	2	0	0	2	2
	数据融合处理	2	0	0	1	2
安全运维管理	感知节点管理	3	1	2	3	3

3. 物联网安全控制解析

由于物联网软硬件的高速发展和形态多样性，国内外的安全专家对各领域的物联网安全漏洞和安全防护研究都在进行之中，如智能家居、医疗 IoT、车联网等。

下面选取等级保护 2.0 物联网安全扩展要求的部分具体条款,进行应对策略探讨。

(1) 感知节点设备物理防护

本要求是感知节点设备所处的物理环境的要求。

解读:诸如医疗物联网之类的涉及广泛市民福利或者市政基础设施的物联网,对于设备的可靠运行有着很高的要求。因此应根据业务目标、使用对象、影响范围,在物联网设计之初,就进行业务影响分析和可靠性分析并配备相应的物理防护措施,例如考虑地震和水淹造成的共模失效(异地备份数据和业务连续性计划)、高温高湿度环境对传感器的影响(如温湿度传感器不能安装在阳光直射区域)、抗电磁干扰能力(线缆的合理布置走线、机房的合理布局)等。

(2) 接入控制

应保证只有授权的感知节点可以接入。

解读:边缘组件很可能落入攻击者手中。假设攻击者可以对边缘组件进行物理访问,并可以操纵它们,将它们移动到恶意网络,并控制 DNS、DHCP 和 Internet 路由等资源。因此需要加强对物联网设备的安全认证。企业应与第三方机构合作,开展对物联网产品的测评及可信认证工作,从硬件和软件安全方面提高物联网产品的安全性能和可信度。

(3) 入侵防范

应能够限制与感知节点通信的目标地址,以避免对陌生地址的攻击行为。应能够限制与网关节点通信的目标地址,以避免对陌生地址的攻击行为。

解读:由于 IoT 通常是具有特定用途的,因此尽可能根据使用必要性建立限制访问。建立访问白名单是可取的。

(4) 感知节点设备安全

应保证只有授权的用户可以对感知节点设备上的软件应用进行配置或变更。应具有对其连接的网关节点设备(包括读卡器)进行身份标识和鉴别的能力。应具有对其连接的其他感知节点设备(包括路由节点)进行身份标识和鉴别的能力。

解读:除了常规的用户授权管理,还应意识到 IoT 不遵循传统的用户与应用程序之间的一对一模型。每个组件可以具有多于一个用户,并且一个用户可以与多个组件交互。确保物联网系统可以处理这些复杂的信任和身份验证方案。

(5) 网关节点设备安全

应具备对合法连接设备(包括终端节点、路由节点、数据处理中心)进行标识和鉴别的能力。应具备过滤非法节点和伪造节点所发送的数据的能力。授权用户应能够在设备使用过程中对关键密钥进行在线更新。

解读:终端设备很可能以令人信任的格式提交实际上错误的信息。物联网系统应始终验证边缘终端的数据，以防止自动错误信息污染系统。物联网设备的设计和安全也必须考虑到规模。

（6）抗数据重放

应能够鉴别数据的新鲜性，避免历史数据的重放攻击。应能够鉴别历史数据的非法修改，避免数据的修改重放攻击。

解读：我们建议必须仔细考虑完整的数据生命周期，以确保统一且适当地加解密以保证数据完整性，例如确保安全证书有效、使用强密钥加密流量、避免使用重复的伪随机种子或暴露私钥信息。

（7）数据融合处理

应对来自传感网的数据进行数据融合处理，使不同种类的数据可以在同一个平台被使用。应对不同数据之间的依赖关系和制约关系等进行智能处理，如一类数据达到某个门限时可以影响对另一类数据采集终端的管理指令。

解读：IoT 感知节点通常能源有限、多数据流同步采集、数据对时间敏感、通信带宽有限制，因此需要有效的数据融合处理方案，通过对多个感知节点信息的协调优化，减少不必要的能源消耗和通信带宽消耗，同时也保障数据采集的准确度和时效性，同时对于突发的异常数据流，需要有异常处理机制，防止数据采集终端被异常阻塞，丧失正常功能。

（8）感知节点管理

应保证只有授权的感知节点可以接入。应指定人员定期巡视感知节点设备、网关节点设备的部署环境，对可能影响感知节点设备、网关节点设备正常工作的环境异常进行记录和维护。应对感知节点设备、网关节点设备入库、存储、部署、携带、维修、丢失和报废等过程做出明确规定，并进行全程管理。应加强对感知节点设备、网关节点设备部署环境的保密性管理，包括负责检查和维护的人员调离工作岗位应立即交还相关检查工具和检查维护记录等。

解读：本条款是运维管理要求，应当对 IoT 设备和网络进行全生命周期管理。IoT 设备的安全管理，还应扩展到设备组件离线的情况，在没有连接网络的情况下，IoT 设备的安全策略也绝不能降低。

第 6 章 工业互联网安全实践

6.1 工业互联网安全框架

工业互联网是工业技术变革发展的必然趋势,在新一轮科技革命和产业变革浪潮下,工业产业发展必然呈现出智能化、网络化和服务化的大趋势。

工业互联网是物联网技术在工业领域深化发展的必然趋势,物联网技术广泛应用于工业、交通、物流、安防等领域,提供更准确、更智能、更高效以及兼容性更强的基线服务。

工业互联网平台是工业全要素链接的枢纽与工业资源配置的核心,工业互联网平台作为工业全要素链接的枢纽与工业资源配置的核心,在工业互联网体系架构中具有至关重要的地位。目前工业互联网平台发展正处于规模化扩展期,以美国、德国为代表的世界主要国家纷纷将工业互联网平台作为战略重点,各国领军企业通过发展工业互联网平台,不断巩固和强化他们在制造业的地位。

工业互联网平台遭受了前所未有的安全风险和安全威胁,2015 年 12 月,黑客利用 SCADA 系统的漏洞非法入侵了乌克兰一家电力公司,远程控制了配电管理系统,导致 7 台 110kV 与 23 台 35kV 变电站中断了 3 个小时,导致 22.5 万用户停电。2016 年 12 月,同一个黑客组织再次对乌克兰另外一家电力企业实施了攻击,这次是通过入侵数据网络,间接影响了电厂的控制系统,造成变电站停止运行。2016 年 4 月,德国核电站负责燃料装卸系统的 Block B IT 网络遭到攻击,安全人员在这套系统的安全检测中发现了远程控制木马,虽然还没有执行非法操作,但操作员为防不测,临时关闭了发电厂。

工业互联网平台的高复杂性、碎片性和异构性加剧了安全风险,工业互联网安全是工业信息安全的核心,直接决定了工业生产安全,更关乎经济发展、社会稳定乃至国家安全。工业互联网平台安全呈现新特点,增加了安全防护难度:互联互通导致路径增多;开放化导致易攻难守;安全产品和技术匮乏,产业支撑能力不足。

2017 年 11 月 27 日,国务院印发了《关于深化"互联网+先进制造业"发展工业互联网的指导意见》。以党的十九大精神为指引，深入贯彻落实习近平总书记新时代中国特色社会主义思想，以供给侧结构性改革为主线，以全面支撑制造强国和网络强国建设为目标，明确了我国工业互联网发展的指导思想、基本原则、发展目标、主要任务以及保障支撑。要求深入实施创新驱动发展战略，构建网络、平台、安全三大功能体系，增强工业互联网产业供给能力。这是我国推进工业互联网的纲领性文件，将为当前和今后一个时期国内工业互联网发展提供指导和规范。图 6-1 是一些政府网站的截图，读者可以自行去相关网站查阅。

图 6-1　相关政府网站截图

工业互联网平台是工业要素互联的枢纽，目标是向用户交付服务价值。

工业互联网平台的定义是，平台面向制造业数字化、网络化、智能化需求，通过企业主导、市场选择、动态调整的方式，形成的跨行业、跨领域的云服务平台。平台承担资源采集、数据汇聚、智能分析、开发共享、标准测试和技术验证等功能，开展工业数据流转、业务资源管理和产业运行监测等服务，支撑制造资源泛在连接、弹性供给、高效配置。

工业互联网平台作为工业全要素链接的枢纽，建立工业互联网平台安全参考模型，对保障平台的信息安全至关重要。同时也对建立涵盖整个工业系统的安全管理体系，提供了基础支撑和重要保障。工业互联网平台安全架构如图 6-2 所示。

图 6-3 为工业互联网平台安全防护的三维度定位。

- ❑ 三维度定位-参考安全区：工业互联网平台参考安全区是在工业互联网平台参考体系结构的基础上，对不同域及其子域的安全需求进行分析，并结合后得出的结果，是指导设计工业互联网平台安全参考模型的一个重要逻辑空间维度。

- ❑ 三维度定位-系统生命周期：工业互联网平台系统生存周期是在参考了《系统工程-系统生存周期过程》（GB/T 22032—2008）后，结合工业互联网平台系统一般特性，归纳总结出的工业互联网平台应用系统需要考虑信息安全防护的 4 个生存阶段，是指导设计工业互联网平台安全参考模型的时间维度。

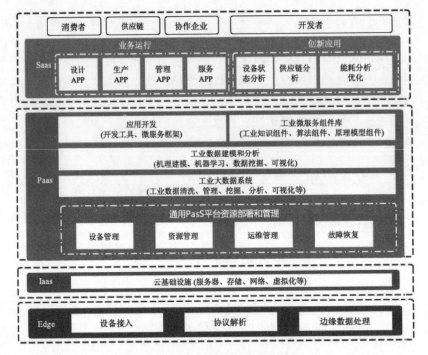

图 6-2 工业互联网平台安全框架

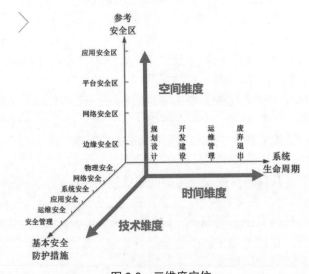

图 6-3 三维度定位

- 三维度定位-基本安全防护措施：工业互联网平台基本安全防护措施是以传统互联网信息安全防护为基础，综合考虑工业互联网平台的特殊安全风险与威胁，推导总结出的针对工业互联网平台的相应安全防护措施，适用于对工业互联网平台参考安全分区的具体安全加固实现。

第 6 章
工业互联网安全实践

如图 6-4 所示，应用安全区面临失控风险，需要应对应用多样性、异构需求；落实到应用、端口和协议要求；平台安全区和网络安全区需要根据等级保护 2.0 涉及的通用安全要求、云计算安全扩展性要求、工业控制扩展性要求、物联网安全扩展性要求、移动互联安全扩展性要求、大数据安全参考规范进行设计，体现出整体性和系统性的要求；边缘安全区面临极高的风险、边缘节点计算能力、防护措施的限制。

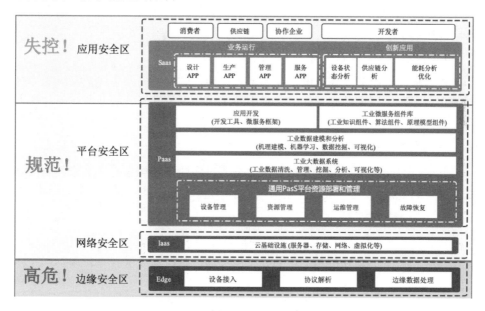

图 6-4　各安全区面临的安全风险

基本防护措施如下。

- ❏ 设备安全主要指接入工业互联网的终端设备的安全，重点是加强设备自身安全、完善终端接入安全认证。
- ❏ 控制安全主要指 PLC、SCADA、DCS 等工业控制系统安全，一方面要提升自主可控工控系统比例；另一方面要解决控制系统在生产设计时缺少安全考虑这一"先天"问题。
- ❏ 平台安全主要指工业 IaaS、PaaS、SaaS 的安全，重点是加强工业云服务网络安全管理，明确平台管理和运行主体责任。
- ❏ 数据安全主要指工业生产业务活动中产生、采集、处理、存储、传输和使用的数据安全，要建立工业数据分级分类管理制度，形成工业互联网数据流动管理机制，解决工业数据流动方向和路径复杂导致的数据安全防护难度增大等问题。
- ❏ 网络安全主要指工业企业管理网、控制网和外网的安全，要做好网络安全态势感知，确保传输安全和运行安全。

6.2 工控安全产品

对于工控系统信息安全建设，应当以适度安全为核心，以重点保护为原则，从业务的角度出发，重点保护重要的业务系统，原则是针对工业控制系统整体提出的安全域保护，优先满足工业控制系统对可用性的高要求，在方案设计中应当遵循以下原则。

1. 重点保护原则

根据信息系统的重要程度、业务特点，通过划分不同安全保护等级的信息系统，实现不同强度的安全保护，集中资源优先保护涉及核心业务或关键信息资产的信息系统。

2. 适度安全原则

任何信息系统都不能做到绝对的安全，过多的安全要求必将造成易用性降低和运行的复杂性，因此要在安全需求、安全风险和易用性之间进行平衡和折中。

3. 风险管理原则

进行安全风险管理，确认可能影响信息系统的安全风险，正确地识别风险，合理地管理风险，并让信息系统的安全风险降到可以接受的水平以内。

4. 分权制衡原则

在信息系统中，对所有权限应该进行适当地划分，使每个授权主体只能拥有其中的一部分权限，使它们之间相互制约、相互监督，共同保证信息系统的安全。

5. 标准化原则

在方案设计和设备选型方面必须遵循国家以及行业内的相关标准，并充分考虑不同产品之间的兼容性。

6. 统一安全管理原则

在方案设计中，主机、网络设备、安全设备、应用系统及数据库等必须遵循统一安全管理的要求。

6.2.1 总体方案

如图 6-5 所示，保护产品以工业防火墙和工业审计为主。

工业防火墙主要用于终端防护、域间隔离和边界防护，主要防护技术为包过滤、工业协议白名单、工业入侵特征技术、数据传输加密技术以及拒绝服务攻击防护技术等。

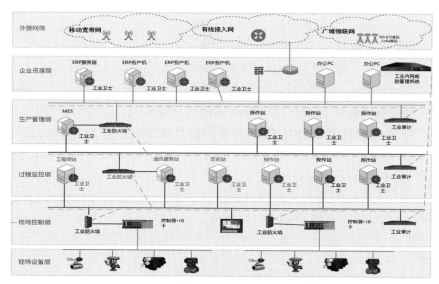

图 6-5　各安全区面临的安全风险

工业审计主要用于关键网络节点的异常数据检测，主要的检测技术包括入侵检测技术、未知设备接入检测技术以及异常流量检测技术等。

工业卫士主要用于工控主机的安全防护，主要的防护技术为可执行文件白名单和硬件接口管控等技术。

监管平台用于工业安全设备的统一管理，是在工业网络中对工业网络安全保护设备进行统一监控和管理的设备，是一套集硬件、软件为一体，用于统一配置、管理、监测工控网络安全的硬件平台产品。

6.2.2　工业防火墙

工业防火墙首先具有传统防火墙的主要功能，另外突出的功能是工业场景的通信数据防护，系统底层内置工业通信协议的解析引擎，支持各种工业协议识别及管控，如 MODBUS TCP、OPC-DA、OPC-UA、IEC-104、S7、GE-SRTP 等工业协议。对工业协议采用深度包检测技术及应用层通信跟踪技术，深度包解析工控网络的数据包，对于 MODBUS TCP、OPC 协议解析到的指令层，非法指令的阻断、非工控协议的拦截，起到保护关键控制器的作用。展现独特的工业安全事件，包括工业白名单规则事件、工业入侵特征规则事件等其他工业特征事件。

1．包过滤

对源地址、目的地址、时间、网络协议、端口号、流入接口、流出接口等条件的单一或者组合条件进行访问控制，并可根据网络安全要求设置访问控制规则的默认动作，形成工业防火墙的第一道防护规则。

2．工业白名单

工控网络的防御与传统信息安全的防御区别在于白名单防护机制占主导地位，白名单规则库的防护能力取决于对工业协议的识别和解析深度，协议识别越多，颗粒识别越细，白名单防护的广度与精度越高。

工控网络中的数据比较单一，通常都是使用一种标准协议通信，如 MODBUS TCP、OPC 等。白名单的意义在于：通过放行白名单中的协议规则，对白名单以外的数据进行异常处理，保证工控网络安全。

工业白名单是通过学习网络数据流量中的工业协议，生成特定的工业协议特征库，包括网络数据中的源 IP、目的 IP、协议名称和详细协议数据。

在默认情况下，任何未经批准的主机、协议或功能指令都不能通过防火墙，从而抵御 0day 恶意软件和有针对性的攻击。一旦检测到白名单以外的网络数据，及时上报异常，对未知的攻击也能够记录。

3．工业入侵特征

工业入侵特征是针对工业漏洞的攻击特征库，通过对比已知的入侵特征规则，避免工业设备受到攻击。

4．工业 VPN

工业 VPN（Virtual Private Network，虚拟专用网络）中的 IPSec VPN，是基于 IPSec 协议的 VPN 技术，将在广域网传输的生产数据加密传输，防止重要的生产数据被窥视和篡改，保证工业生产安全正常运行。

5．防 DDoS

通常的网络攻击，一般是侵入或破坏网络上的服务器（主机），盗取服务器的敏感数据或干扰、破坏服务器对外提供的服务；也有直接破坏网络设备的网络攻击，这种破坏影响较大，会导致网络服务异常，甚至中断。防火墙的攻击防护功能能够检测出多种类型的网络攻击，并能采取相应的措施保护内部网络免受恶意攻击，保证内部网络及系统的正常运行。

6.2.3 工业审计

工业审计部署简单，采用旁路监听方式接入网络，用于工业控制系统的网络传输信息的实时采集、实时分析、实时告警及存储。对工业控制系统网络传输信息的统计分析，展现独特的工业安全事件，包括工业白名单规则事件、工业入侵特征规则事件等其他工业特征事件。对网络高风险等级攻击行为留存证据，方便事件原因分析，对工业控制系统网络潜在威胁者予以威慑。

1. 数据采集

支持根据访问控制列表规则和工业白名单策略进行设置数据采集策略，对某一网段或者地址域进行数据审计。

2. 数据审计

（1）协议审计

协议审计界面显示当前协议审计内容，包括序号、起始时间、设备名、IP地址、MAC 地址、端口、协议类型及详情；提供搜索功能，支持对源/目的设备名、起源/目的 IP、源/目的 MAC、源/目的端口、时间和协议进行检索查询。

（2）流量审计

流量审计界面显示设备最近一段时间内的总流量、设备流量占比和协议流量占比情况，设备流量使用图表展现。在每个设备的详情内容中包括协议占比排行，并可以设置 1 小时、1 天或 1 周的协议占比展示。

3. 安全监测

（1）工业白名单

自学习工业白名单，可设置源地址、目的地址、时间、网络协议、端口号、流入接口、流出接口等单一或者组合，学习时长，规则组名，生成可信任白名单规则。

（2）工业入侵特征检测

工业入侵特征规则特征库，包括西门子、施耐德、罗克韦尔等设备的敏感操作，包括但不限于固件更新、时间修改、设备停止与启动等网络报文特征。并对每一条入侵特征可单独设置日志记录、执行动作及策略启用等配置。

（3）AI 分析

选择 IP 地址集合、协议集合等采集策略，在不同的数据范围使用不同的协议分析，数据模型可通过相关性、阈值、敏感度等参数来微调真实数据流量模型，建立网络行为安全基线，对未知威胁行为识别及告警。

4. 安全记录

（1）日志事件

包括系统日志、操作日志、安全日志等显示。日志显示可在 Web 界面上通过按钮控制日志是否记录，日志记录控制的类别包括包过滤日志、应用安全日志、操作日志、入侵检测日志和 DDoS 日志等。

（2）攻击取证

记录网络攻击的事件 ID、事件名称，保留事件攻击的数据包。

(3) 报表管理

支持配置报表条件，包括报表内容、报表类型等，记录历史报表及当前报表。报表内容包括工业白名单事件、工业入侵检测事件、DNS 事件、DDoS 事件等内容，报表类型支持生成日报表、周报表、月报表，并支持指定时间报表，报表的类型支持 PDF、TXT、HTML、CSV 等。

6.2.4 工业卫士

工业卫士软件是一款专门解决工业互联网中工业主机日益严重的信息安全问题，同时又完全适应工业互联网环境的一款安全防护产品，能够对工业互联网中的工程师站、操作站、SCADA 服务器、历史服务器、OPC 服务器及接口机等工业主机进行全面的安全防护。

1. 进程白名单防护

禁止白名单以外的非法进程运行，并产生安全事件，记录非法进程的运行企图，通过检查程序的证书和校验值来确认程序的完整性，从而阻止被病毒感染、篡改的程序运行。

2. 外设管控

对 USB 存储设备、非 USB 存储设备的管控，如果主机有设备连接到主机，有告警提示，并进行操作记录并对违规操作或行为产生安全事件，提供主机外设设备的多种操作权限授予：只读、读写、禁止使用，并记录操作日志。

3. 数据完整性保护

扫描所有受保护的系统文件的完整性，为文件系统的安全性提供了良好的保护措施；完善了文件系统的完整性，尤其是当文件系统受到非法入侵时，工业卫士监控机制对文件系统中文件或目录的操作进行记录，防止文件或数据被篡改。

4. 自身保护

杜绝自身文件、进程或注册表被恶意或无意的卸载、停止、篡改等行为发生，禁止白名单文件篡改，并对执行此类操作的行为进行记录和告警。

5. 集中管理

支持单独部署，也支持集中管理,可满足不同规模和环境使用及管理的需要。

6.2.5 监管平台

在工业网络中，监管平台是对工业网络安全保护设备进行统一监控和管理的设备，是一套集硬件、软件为一体，用于统一配置、管理、监测工控网络安全的硬件平台产品。监管平台对各个安全终端统一控制、配置、管理，并统一部署安全规则。

1．实时监控

实时监控完成系统中安全设备（工业防火墙、工业审计、工业卫士终端）的实时状态、安全日志等信息的实时监控，并对近 7 天的安全日志进行趋势展示，包括 X-Y 趋势图及饼状图。

另外，还能实时显示安全设备和系统所有设备的在线设备数量。

2．统计报表

安全事件统计，以时间、设备、区域等不同维度对安全事件进行统计。

3．安全策略管理

主要是对安全设备进行安全策略管理，包括策略复制、策略下发、策略备份等操作。支持批量对多台设备进行集中定制与策略下发、策略增量下发。支持定时备份安全策略、定时下发安全策略等功能，简化用户对多台设备进行管理的维护成本，提高维护效率。

4．安全域管理

按照设备划分不同的安全域，实现安全域的管理，帮助管理人员提高工作效率，降低操作风险。

5．安全事件管理

（1）安全事件库维护

建立安全事件库，并提供安全事件库的维护功能，安全事件库内容包括事件名称、事件类型、事件级别、事件描述和事件特征；安全事件库支持工业控制协议（MODBUS、OPC 等）和工业控制系统的安全事件。

（2）安全事件分析

对收集的审计日志进行分析，从中提取安全事件。

（3）潜在危害分析

通过设定单类事件累计发生次数或发生频率的阈值，当统计分析表明此类事件超出阈值时则表明工业控制系统出现了潜在的危害。

（4）异常行为分析

对工控系统中的行为进行定义，能够发现并记录异常行为。

6．拓扑管理

自动发现网络拓扑，并以直观的形式呈现网络功能拓扑视图；专业的工业控制网络拓扑构建和管理工具,提供丰富的资产信息展示功能,呈现丰富的功能视图,帮助用户最大化的了解自身工业控制网络。

网络拓扑显示监控网络的网络拓扑情况,并且可以查询网络拓扑中设备的详细信息。

7. 日志管理

对于保护终端所产生的安全事件和平台系统事件行为进行记录,为分析从源头事件到结果事件的整个过程提供依据。

全面记录工控网络中的监控终端设备日志和网络中其他发现设备的 syslog 日志,便于安全事件分析和调查取证。

对于自身及相关工控安全终端设备产生的日志进行行为分析的功能,其中包括系统日志、操作日志、配置下发日志、配置备份日志及配置操作日志等。

可以转发安全设备的 syslog 到其他设备,如态势感知平台。

8. 设备管理

统一管理工控网络中的设备,可按照重要程度或者设备物理位置的不同进行分区,每个分区可能采取的安全策略有所侧重,分而治之。

6.3 云安全产品

随着企业业务不断地向云端迁移,传统的安全防护方式已无法在云计算架构下进行有效防护,因此需要专业的云计算安全产品对云计算数据中心进行有效的安全防护。

以六方云云盾智能微隔离安全防护系统(见图 6-6)为例,云安全产品应该是对标等级保护 2.0 云计算扩展要求,协同云边界安全产品和云主机安全产品,一起为云数据中心提供全面完整的解决方案。

它能够在不依赖于云平台网络引流接口的情况下,实现对云内所有虚拟机进行网络微隔离,针对云内任意虚拟机之间、不同子网之间、逻辑安全域之间的网络流量进行 L2~L7 层的深度威胁检测与防护,同时,能够自动获取云平台内所有虚拟业务资产并绘制出逻辑一致的 3D 网络拓扑,实现对云内虚拟业务资产运行状态、网络流量状态与业务安全态势的全面可视。

云安全产品设计应该秉承安全统一管理、智能简化运维和防护全面高效的核心理念,通过人工智能技术、关联分析技术和核心引流专利技术,实现对云数据中心虚拟化网络层面的微隔离防护,有效保证虚拟化业务资产的安全稳定运营,实现对云数据中心虚拟化网络层的立体纵深防御。通过部署云安全产品,实现对云数据中心的东西向分区分域管理、南北向纵深立体防御,确保用户将自己的业务系统安全放心的迁移到云端。

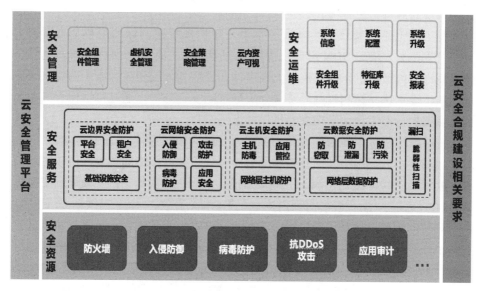

图 6-6　云安全整体解决方案架构示意图

1. 访问控制

根据等级保护 2.0 相关技术要求，需对云计算平台内各业务系统进行分区分域管理并部署访问控制策略，支持针对云内所有虚拟机基于地址、端口号或业务应用类型进行逻辑安全域的划分，支持在任意安全域之间部署访问控制策略，根据安全防护级别配置默认动作，同时，访问控制规则需支持多条并可依据优先级进行顺序调整。系统应基于报文五元组、应用类型和业务系统类型等多个维度划分逻辑安全域，能够对不同安全域之间甚至任意虚拟机之间进行隔离并部署访问控制策略。

2. 入侵防御

根据等级保护 2.0 相关技术要求，云数据中心内各业务系统和业务虚拟机需具备入侵防范的能力，能够针对云内任意虚拟机的东西向流量和南北向流量进行威胁检测、防护和预警。系统应该能够实时针对所有进出虚拟机的业务流量进行异常威胁检测，因此，无论是来自外部，还是来自内部的攻击和入侵，都能够及时地发现并阻断告警，避免因恶意入侵导致的运营风险。

3. 病毒防护

网络病毒无论对物理主机还是虚拟主机造成的破坏都是极其严重的，轻则耗尽系统资源，导致业务无法正常运营；重则窃取或加密核心数据，导致经济损失或服务中断。网络访问行为是导致虚拟机中毒的一个主要途径，因此部署云网络层的病毒防护是极其必要的。

在云数据中心整体安全解决方案中，防护系统控制器如同整个方案的大脑，统管全局。借鉴 SDN 思想，依托 NFV 组件，实现对于云内虚拟机的安全微隔离、云内虚拟机东西向流量内容审计；灵活划分安全云区域，部署访问控制机制，设置访问控制规则，实现分级分域的安全防护，通过可视化直观呈现云内虚拟机日常活动，管理虚拟机日常上网流量。

针对虚拟机采用零信任管理，有效防止虚拟机间的病毒风暴导致网络瘫痪，对于病毒样本进行网络间的查杀与隔离；有效防御虚拟机间各类入侵攻击行为（SQL 注入、缓冲区溢出攻击、端口扫描、木马、蠕虫等）；有效遏制虚拟机间 DDoS 攻击行为，保障私有云内核心业务长期、有效、稳定、持续地提供服务。

对用户虚拟机日常访问应用、域名、网站、搜索关键字、上下行流量进行实时统计、监控、管理；对云内虚拟机上下行流量进行统计，并以 TOP N 的方式进行可视化呈现。可以接入网络审计设备，进行云内虚拟机东西向流量审计。针对云内安全事件、IPS 攻击、木马蠕虫、病毒风暴进行安全态势可视化呈现；针对云内虚拟机进行多维度（流量、应用、URL、域名等）、全视角的可视化监控；实现云内东西南北向流量安全的单页面、一站式管理，简化管理运维成本。

6.4　网络安全产品

6.4.1　下一代防火墙

下一代防火墙应支持透明方式、路由方式进行部署，可以灵活部署在内网和边界网络上，其架构图如图 6-7 所示。部署在边界时，按照安全程度的不同，将网络逻辑隔离成不同的安全区域，常见的安全区域包括互联网区、DMZ 区、内网区等。其中，互联网区被视为最危险区，DMZ 区是企业对外提供的应用服务区，被视为次危险区，内网区被视为安全区。

防火墙在内网区和互联网区之间可发挥如下作用：基于应用和用户识别的访问控制、流量控制、上网行为管理、SNAT 转发、ISP 链路负载均衡、安全威胁阻断等。

防火墙在互联网区与 DMZ 区之间可发挥如下作用：访问控制、DNAT、服务器负载均衡、基于应用和用户识别的流量控制、安全威胁阻断等。

防火墙在内网区的用户与服务器群之间可发挥如下作用：访问控制、基于应用和用户识别的流量控制、访问行为记录审计等。

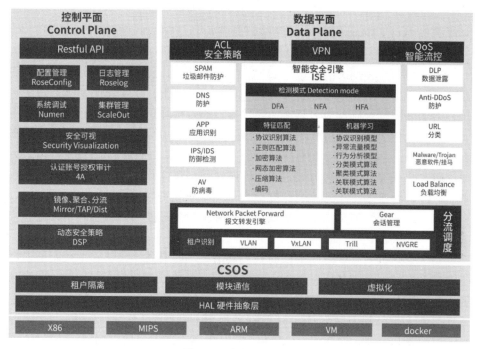

图 6-7　防火墙架构图

6.4.2　入侵防御系统

防火墙是目前网络中最常用的安全防护设备，企业一般采用防火墙作为安全保障体系的第一道防线，防御黑客攻击。但是如今，黑客均能想出复杂的攻击方法，利用传统防火墙开放的端口，巧妙躲过传统防火墙的监测，直接针对目标应用程序。据专家统计，目前 70%的攻击是发生在应用层，而不是网络层。

对于应用层攻击，传统防火墙显得无能为力。以六方云入侵防御系统为例，产品应采用多核芯片，基于自主研发的、充分利用多核优势的 CSOS 软件系统，采用多层次深度检测技术和多扫描引擎负载分担与备份技术，完全满足当前网络带宽和网络攻击泛滥、应用越来越复杂的趋势和需求。系统应支持透明方式、路由方式进行部署，一般架设于服务器集群和核心交换机之间，支持双机热备方式及硬件 Bypass，大幅提高业务可靠性。

防御系统作为一种在线部署的产品，通过准确监测网络异常流量，自动应对各类攻击流量，及时将安全威胁阻隔在企业网络外部。入侵防御产品弥补了防火墙、入侵检测等产品的不足，提供动态的、深度的、主动的安全防御，为企业提供了一个全新的入侵防护解决方案。

6.4.3 入侵检测系统

为了应对越来越多的蠕虫、病毒、间谍软件、垃圾邮件、DDoS 等混合威胁及黑客攻击,不仅需要精确检测到各种类型的攻击,更重要的是降低攻击对用户网络的影响,确保业务系统的连续性、稳定性和可用性。

一款优秀的网络入侵检测系统(Intrusion Detection System,IDS)应该具备以下特征。

- 提供灵活的部署方式,网络适应性强,支持 IDS、路由、Vlan、直连、聚合等多种接入方式,能适合不同客户和场景的需求。
- 满足高性能要求,能提供强大的分析和处理能力,保证正常网络通信的质量。
- 提供针对各类攻击的实时检测功能,同时具备丰富的访问控制能力,在任何未授权活动开始前发现攻击,避免或减缓攻击可能给企业带来的损失。
- 支持二到七层抗 DDoS 攻击。
- 协议识别。领先业界可辨识 2000+种以上第七层应用程序,包含 HTTP 协议、传统协议、P2P 下载、网络电视、即时通信、股票软件、流媒体、网络电话、游戏、网盘、手机应用、数据传输、其他协议等。
- 准确识别各种网络流量,降低漏报率和误报率,避免影响正常的业务通信。
- 全面、精细的流量控制功能,确保企业关键业务持续稳定运转。
- 具备丰富的高可用性,提供 Bypass(硬件、软件)和 HA 等可靠性保障措施。
- 支持分级部署、集中管理等多种组网方式,满足不同规模网络的使用和管理需求。
- 支持与防火墙联动,发现威胁时能够阻断。
- 支持全方位流和安全事件可视化。

6.5 未知威胁检测系统

6.5.1 产品出发点

当前国际网络安全形式日益严峻,网络攻击集团化、国家化的趋势日益明显。从已曝光的 APT 攻击案例可以看出,大量具备高度经济价值或特殊政治地位的机构成为 APT 攻击的目标,例如伊朗的核电站、乌克兰电网、台积电、委内瑞拉水电站等工业基础设施和大型企业。针对工业领域和关键基础设施领域的攻击层出不穷，其中大部分为有组织有计划的高级威胁，并普遍采用 0day 漏洞等攻击方式，此种攻击对于传统防御系统来说无法事先预知，形成未知威胁的防御盲区。

传统的防御总是轻易被绕过，新的攻击方式层出不穷，依靠现有已知的攻击方法，并不能预测未知的攻击手段。由于 APT 攻击具有攻击方法多样化、攻击技术复杂先进、攻击持续时间长等特点，传统的基于特征匹配、威胁情报的安全防范措施对于未被披露的攻击方式束手无策。

最近比较热门的基于大数据和深度学习的恶意流量行为检测技术，有区分正常和恶意的二分类检测，也有检测多种 APT 攻击的多分类检测。同传统的统计分析方法相比，深度学习能够让计算机自动学习恶意样本和正常样本的分界线，并将特征学习融入建立模型的过程中，从而减少了人为设计特征引发的不完备。虽然深度学习方法有诸多优点，但也有其局限性：模型的准确度完全依赖恶意样本。对于完全未知的、不在训练集中的 APT 攻击，深度学习也就无从学习特征。

面对日新月异的网络攻防态势，需要更加智能的手段去应对，以六方云为例，通过多年在安全领域和人工智能领域的积累，推出了新一代基于人工智能的工业未知威胁检测系统（简称神探）。

神探系统用有别于传统安全产品的思路，使用数学和人工智能算法，对现实网络中的设备资产的全流量进行实时在线的机器学习，通过与每台资产的历史行为对比，以及与同类资产的横向对比，发现异常和威胁行为。如同人体的免疫系统，能够识别和排除不明异物，维持机体内环境稳定和生理平衡，是防卫病原体最有效的武器。

6.5.2 产品定义

神探系统基于新一代高性能分布式大数据平台，搭载六方云自主知识产权的大数据 AI 分析引擎，采用无监督学习算法，以内网资产为核心构建 AI 模型，全面检测高级威胁和未知威胁。

神探系统聚焦于资产发现和未知威胁检测两大客户痛点，其高效处理海量数据，自动发现内网资产，构建清晰的资产互访拓扑；全流量 AI 未知威胁检测，结合全球威胁情报进行威胁溯源；精准攻击场景还原，采用攻击链对每个攻击阶段进行回溯分析，并留存攻击取证报文；结合 AI 检测、规则检测进行关联分析，自动评估风险资产，通过丰富的可视化技术进行多维呈现。

神探工业未知威胁检测与回溯系统进一步结合六方云在工业领域的深厚积累，采用独有的工业协议解析引擎，构建多个工业场景特有的 AI 模型，实现工业资产拓扑自发现，聚焦工业现场运维和未知威胁检测。

6.5.3 产品架构及原理

神探工业未知威胁检测与回溯系统采用"一平台、多场景、全数据"的体系架构，以网络与信息安全监测预警分析需求为基础，以基于攻击路径的安全场景模型为监测依据，采用全流量收集、深度监测、智能分析等手段，形成全面威胁免疫能力。

一平台，整个系统由大数据分析平台及多个探针设备组成，通过大数据平台对部署在各网络节点的探针采集到的数据进行解析处理，对海量监控信息进行大数据存储。通过多维度、多模型对采集到的基础数据持续在线无监督算法建模和检测，为安全事件分析提供智能和可视化的分析手段。

多场景，根据网络环境和监测分析预警需求，以多维数据建模为分析基础，从外部攻击和内部状态分别考虑，在攻击者入侵的各个阶段，监测到攻击者每一步的动作，基于攻击链进行攻击监测模型的构建，并通过资产关联、威胁情报等手段进行定位、跟踪。

全数据，通过终端、网络多源探针实现信息安全基础数据的采集与监测。统一收集信息内网、信息外网基础设备的业务流量和控制流量，通过 DPI、Netflow、Nginx、ES 等技术手段实现数据获取。

神探系统使用无监督算法全面分析每台资产之间的网络流量，自动发现每个业务资产群集，学习资产群集之间和内部的通信行为，构造出每台设备或用户的最小行为边界。正常的行为，总是落在边界内；异常的行为，总是在某个不易觉察的维度，偏离正常的范围，如图 6-8 所示。

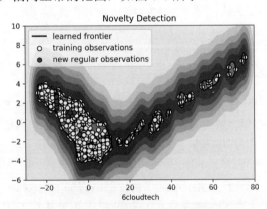

图 6-8　六方云健康行为边界示意图

神探系统有别于传统静态检测"已知威胁"的解决方案。它围绕资产、业务应用、风险等对象，通过不断监控网络资产的网络行为、互联网出口用户的流量访问，以及用户主机的各种 Email、FTP、HTTPS 等外发行为，结合机器学习和人工智能算法，从海量数据中轻松找到用户行为之间的关联，学习其行

第 6 章
工业互联网安全实践

为模式,为每台设备和每个用户画像,建立起各自的健康模型,形成不同设备和用户的正常行为边界。

正常的行为习惯总是相似的,异常的行为却各有各的不同。有了对用户"正常行为"的理解,它就能通过与设备自身历史行为以及和同类设备的横向对比,通过检测不同行为的偏离度,觉察出恶意渗透、违规操作等值得注意的"未知风险"。同时,使用多维度的分层算法提供可解释性,无须人工制定规则,算法最终可以清晰地呈现出哪台资产、哪个维度出现了异常。

神探系统自动学习客户自身的健康行为模式,并不依赖历史攻击样本的特点,决定了其先天对攻击的各种变种和绕过方式免疫。无论何种攻击通过何种绕过防御,并感染到客户的内网,取得 C&C(命令与控制)服务器地址,采用无法破解的加密算法,六方云神探系统能够准确地发现其与罕见的服务器进行通信与控制,以及其访问内网的异常端口、异常设备,进行横向渗透和数据收集的蛛丝马迹。在攻击被曝光之前,记录其行为历史,并清晰地呈现出来,帮助客户准确溯源,及时采取措施,避免损失进一步扩大。

6.5.4 典型部署

神探系统可部署于数据中心、办公局域网及工控局域网中,通过镜像汇聚交换机和核心交换机的流量,建立内网资产 AI 行为模型,检测内网之中的高级威胁和未知威胁,如图 6-9 所示。

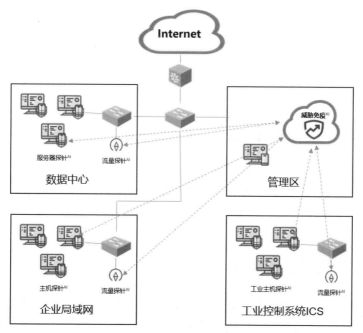

图 6-9 神探系统部署拓扑

6.5.5 产品案例

下面以某大型工业企业客户为例,介绍其安全实践方案。

1. 痛点

该企业内部资产众多,部分资产长期无人维护,安全设备、杀毒软件特征库长期不更新,管理人员不清楚资产分布及风险态势。面对外部APT攻击无法有效感知,依赖传统安全解决方案无法发现高级威胁和未知威胁行为。

2. 神探解决方案

在工厂内网部署神探系统,探针传感器镜像汇聚交换机及核心交换机流量并上送分析平台,全面掌握内网资产情况,针对内网资产建立行为模型基线,重点检测异常行为,通过全流量分析和朔源,对高级威胁和未知威胁进行检测和防范。

3. 神探系统价值

(1)自动发现企业内网核心资产及资产互访关系并呈现给客户,识别内网资产4000+,发现多个客户无记录网段及资产,协助客户全面了解内网资产情况,提升客户运维效率。

(2)AI算法经过两周的流量学习,对每台资产建立了行为算法模型,第三周开始威胁检测,发现多种内网蠕虫扩散异常行为及木马后门,大量内网资产受到感染。在企业安装了多种杀毒软件和安全感知设备的情况下,内网资产安全仍得不到保证,神探系统准确地呈现出当前风险资产分布,并给出异常类型及处置建议;并在此基础上进行威胁分析和回溯,清晰地展现了高级威胁和未知威胁的攻击链分布以及攻击来源。

6.6 等级保护2.0解决方案

《网络安全等级保护基本要求》等系列标准的发布,标志着国家网络安全要求进入了2.0的时代。和1.0相比,2.0的最大变化莫过于涵盖了云计算、物联网、工业控制和大数据等新的技术领域。

6.6.1 云等级保护解决方案

可以依托人工智能技术,实现对云数据中心从云边界、云平台、云网络、云主机、云应用到云数据各层面,从南北向到东西向各维度的全面立体防护。通过云计算安全产品线多款产品的协同联动,全面满足等级保护2.0对云计算安全的扩展要求，助力企事业单位轻松安全上云。

如图 6-10 所示，本方案能够在不依赖于云平台网络引流接口的情况下，实现对云内所有虚拟机的网络微隔离，能够针对云内任意虚拟机之间、逻辑安全域之间的网络流量进行 L2～L7 层的深度威胁检测与安全防护，能够通过统一的安全管理中心绘制出云内虚拟资产的网络拓扑并展示云数据中心的运营状态和安全态势，实现云内安全的可视、可管和可控。

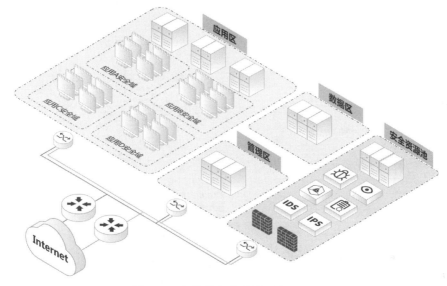

图 6-10　智能微隔离防护系统原理图

通过部署隔离防护系统，能够帮助用户对云内所有虚拟资产进行分区分域安全管理与访问控制，实现云内东西南北全流量的网络攻击行为审计和异常流量检测，有效避免恶意代码感染及在虚拟机之间的蔓延，全面满足云计算各级系统对安全通信网络、安全区域边界、安全计算环境和安全管理中心的扩展要求。

6.6.2　工控安全等级保护解决方案

根据《网络安全等级保护基本要求》《网络安全等级保护安全设计技术要求》等国家标准文件，为有效防范病毒的入侵、传播以及对网络系统的破坏，以六方云提供的全面符合等级保护 2.0 工控安全扩展要求的产品及解决方案为例，以等级保护 2.0 工控系统模型为依据，总体部署的产品方案如图 6-11 所示。

1. 工业防火墙

采用 LinSec-V 工业防火墙，用于工业控制网络的安全防护。硬件满足恶劣环境使用，硬件旁路开关，冗余电源。功能贴合工业控制场景、白名单机制、工业入侵防御、工业协议深度解析与控制，包括 MODBUS TCP、OPC、IEC104、DNP3、PROFINET、MMS、S7、Ethernet/IP、GE-SRTP 等。

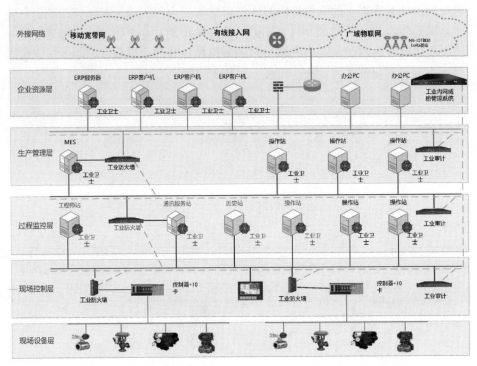

图 6-11　六方云等级保护 2.0 工控安全等级保护部署方案

2．工业网闸

具备物理隔离、协议隔离、应用隔离、内容隔离、风险隔离的基本功能。支持工控协议应用数据传输、网络访问控制及日志审计等安全要求。

3．工业卫士

工业卫士是一款采用轻量级"白名单"机制的软件，仅允许运行受信任的 PE 文件，完善相应的加固策略，提升安全级别，有效阻止病毒、木马等恶意软件的执行和被利用，实现工控主机从启动、加载到运行等过程全生命周期的安全保障。工业卫士软件是一款专门解决工业互联网中工业主机日益严重的信息安全问题，同时又完全适应工业互联网环境的一款安全防护产品，能够对工业互联网中的工程师站、操作站、SCADA 服务器、历史服务器、OPC 服务器、接口机等工业主机进行全面的安全防护。

4．监管平台

工业内网威胁管理系统（以下简称 ITM）是对网络安全设备进行统一监控和管理的设备，是一套集硬件、软件为一体，用于统一配置、管理、监测网络安全的硬件平台产品。ITM 是由工业防火墙、工业审计、工业网闸、工业卫士等组成一整套工业网络安全防护系统。ITM 可以对工业网络安全设备统一管理和配置，统一部署安全规则，监测工业网络的通信流量与安全事件，并能对工控网络内的安全威胁进行分析，提供包括行为记录、日志管理、设备管理和安全性分区等多项功能。从整体视角进行安全事件分析、安全攻击溯源和安全事件根因挖掘等。

6.7 工业信息安全服务

工业控制系统，如 SCADA、DCS 和 PLC 等，目前已广泛应用于工业基础设施的各个领域，是工业自动化的核心组成部分。工业控制系统与 IT 信息系统不同，其使用工业化设备、嵌入式操作系统和私有协议，尤其是工业设备具有高集成度、强行业属性等特点。因此，工业控制系统安全风险评估，在结合 IT 风险评估原理的同时，必须要结合工业控制系统的特点而开展。

工业控制系统安全评估，即采用先进的安全评估工具，以国际及国家层面工控安全要求为依据，对工业控制系统内应用承载平台、应用系统、工控协议及网络环境从管理和技术角度进行全面安全风险管理的过程。

1. 工控安全评估的必要性

工控系统面临的威胁持续升温。工控系统面临的威胁是多样化的，一方面外部非法入侵者对工控系统虎视眈眈；另一方面工控系统的复杂性、人为事故、操作失误、设备故障和自然灾害会对工控系统造成巨大破坏。

工控系统自身脆弱性亟待解决。工控系统重视可用性及功能性，在建设初期较少考虑信息安全风险。因此，在网络架构设计、系统集成和线上运维等方面缺少必要的安全防护手段，从而导致如操作系统漏洞、安全配置缺陷和弱口令等问题频现。

评估是风险发现和处置的有效手段。基于工控系统存在的风险，通过对工控系统进行安全评估可有效地发现风险并通过必要的技术和管理手段进行风险的处置，提高工业控制系统的安全水平。

2. 工业控制系统安全风险评估

（1）评估指导

工业控制系统安全评估服务应依据国际、国内相关信息安全标准、技术方法与管理标准，结合工业控制系统各个组件的特点，融合工业控制系统全生命周期的安全特性要求，提供从设计阶段、投运阶段到运维阶段、投退阶段的安全评估，提供对工业控制系统进行整体、全面、充分的安全风险分析。

其次，准确识别工业控制系统及由其处理、传输和存储的信息的机密性、完整性和可用性等安全属性所处的状态，发现工业控制系统中安全防护的薄弱环节，有针对性地提出风险消减和改进防范措施。

最后，通过工控安全风险评估还可以为安全设备选型、控制系统安全需求分析、系统网络建设、系统网络改造、应用系统试运行、内外网互联等业务活动提供帮助及支撑。

（2）评估内容

工控系统安全风险评估应结合工业控制系统的自身特点，从管理层面、网络层面、主机/终端层面、数据与应用层面、物理层面等方面对工业控制系统安全风险进行多层次多角度的全面评估。具体评估内容如图 6-12 所示。

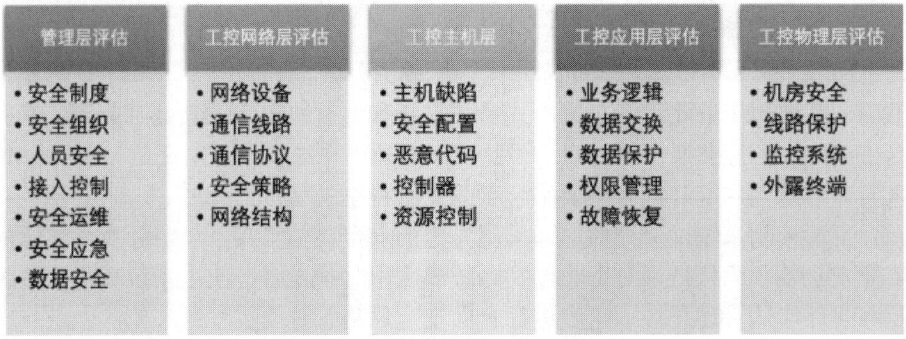

管理层评估
• 安全制度
• 安全组织
• 人员安全
• 接入控制
• 安全运维
• 安全应急
• 数据安全
工控网络层评估
• 网络设备
• 通信线路
• 通信协议
• 安全策略
• 网络结构
工控主机层
• 主机缺陷
• 安全配置
• 恶意代码
• 控制器
• 资源控制
工控应用层评估
• 业务逻辑
• 数据交换
• 数据保护
• 权限管理
• 故障恢复
工控物理层评估
• 机房安全
• 线路保护
• 监控系统
• 外露终端

图 6-12　等级保护 2.0 工控安全评估内容

（3）评估范围

工业控制系统安全评估范围应结合工业控制系统网络的特点，从系统结构方面，技术、管理及运维等评估要素方面以及系统生命周期方面，对工业控制系统进行整体、全面、充分的安全风险分析。等级保护 2.0 工控安全评估范围如图 6-13 所示。

工控系统结构方面
工控现场控制层
工控监督控制层
工控生产管理层
风险评估要素方面
技术层面
管理层面
运维层面
系统生命周期方面
规划阶段
设计阶段
实施阶段
运维阶段

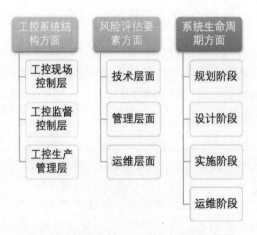

图 6-13　等级保护 2.0 工控安全评估范围

（4）评估对象

工业控制系统安全风险评估的对象，包括工业控制系统中的各种关键信息资产、应用系统、网络设备、通信线路、终端主机，以及系统中各类资产所处的物理环境等。此外，系统的安全管理制度、安全组织机构、人员安全、系统建设、运行维护相关的规章要求也是保证系统安全平稳运行的重要因素，因此这些安全管理相关的内容也是安全评估的重点对象之一。

（5）评估手段

针对工业控制系统安全风险评估手段除了采用现场调研和顾问访谈等，还结合工控漏洞扫描系统及工业网络安全合规评估工具开展评估。

（6）小结

工业控制系统信息安全风险评估是加强工业控制系统信息安全保障体系建设和管理的关键环节。作为工业控制系统信息安全建设的起始工作，通过开展工业控制系统信息安全风险评估工作，可以发现工控系统信息安全工作中存在的主要问题，从而可有针对性地对问题进行解决和处理。

6.8 工业信息安全研究

6.8.1 超弦实验室介绍

随着信息化水平的深入，国内某大型核电企业集团业务系统信息化程度越来越高，对安全的需求依赖程度也越来越大。在此背景下，需要建立信息安全攻防实训环境，展示集团信息安全工作成果，加强信息安全体系落地为目标的工程实验室，为信息安全攻防人员提供学习环境，提升信息安全人员理论知识及技能实操水平，以六方云实施的相关等级保护部署方案为例，如图 6-14 所示。

图 6-14　六方云等级保护 2.0 工控安全等级保护部署方案

1. 分阶段目标建设

第一阶段：实验室基础环境搭建。
- 实验室整体环境建设。
- 实验室基础软硬件环境建设。
- 实验室基础功能建设，包括技能实训、考核、个人闯关、红蓝对抗。
- 基础展示功能建设，包括企业网站群监测展示、人员实训成绩展示、个人及红蓝对抗实况展示。

第二阶段：实验室功能深化建设。
- 定制符合集团业务系统特点的课件，并根据岗位制定学习路径，开展技能实训、考核。
- 部署电力监控系统的课件定制及测试环境。
- 在个人闯关及攻防演练的基础上开展 CTF 比赛。
- 进行业务系统脆弱性自动化测试功能建设，并对在运系统进行定期自动化安全检查。
- 脆弱性管理及展示系统、知识库功能建设。
- 基础展示功能的优化及深化建设，并开展脆弱性分布展示功能建设。

第三阶段：安全研究及服务能力建设。
- 针对新安全技术及新威胁场景研究，并进行不同场景虚拟化再现，开展有针对性的防护方案研究及验证。
- 开展业务系统人工安全风险评估、加固工作。
- 开展业务系统的应急演练，提升安全应急响应服务能力。

2. 实验室架构设计

实验室架构设计如图 6-15 所示。

3. 实验室功能设计

实验室功能设计如图 6-16 所示。
- "国家信息安全实验室"有效的实践落地。
- 组建信息安全攻防团队，成功举办集团信息安全攻防比赛，充分培养员工信息安全意识和技术能力。
- 增强应对内、外部网络环境的已知或未知的威胁应对的能力，为集团的信息化安全建设提供长远支持。

业务系统安全接入
业务系统
一期建设
展示
大屏展示系统
一期建设
测试研究
技术研究 漏洞挖掘 脆弱性验证
二期建设
实训教学
防御实训
攻击实训
实验教学
实验教学
一期建设
攻防演练
攻击组
防御组
二期建设
实验管理
一期建设
配置管理机
实训系统 攻防系统 实验室管理系统
业务系统测试
三期建设
业务测试环境
防御系统
二期建设
IPS
IDS
PW
审计系统
三期建设
运维审计系统
安全监控系统
日志审计系统
数据库审计系统
攻击系统
一期建设
自动化渗透工具
数据库网点扫描
WEB网点扫描
远程评估系统
安全设备

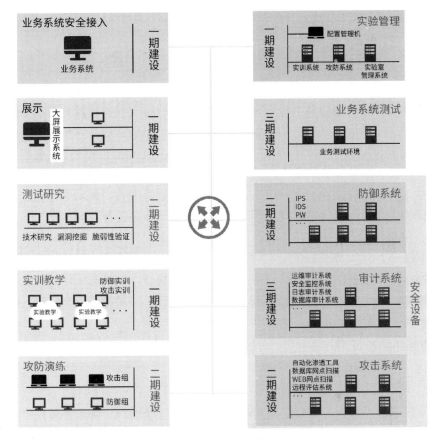

图 6-15　实验室架构设计

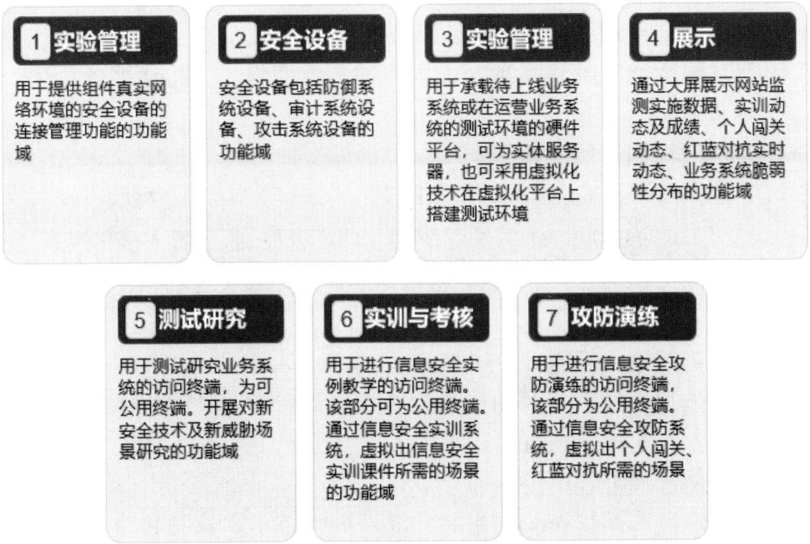

1 实验管理
用于提供组件真实网络环境的安全设备的连接管理功能的功能域
2 安全设备
安全设备包括防御系统设备、审计系统设备、攻击系统设备的功能域
3 实验管理
用于承载待上线业务系统或在运营业务系统的测试环境的硬件平台，可为实体服务器，也可采用虚拟化技术在虚拟化平台上搭建测试环境
4 展示
通过大屏展示网站监测实施数据、实训动态及成绩、个人闯关动态、红蓝对抗实时动态、业务系统脆弱性分布的功能域
5 测试研究
用于测试研究业务系统的访问终端，为可公用终端。开展对新安全技术及新威胁场景研究的功能域
6 实训与考核
用于进行信息安全实例教学的访问终端。该部分可为公用终端。通过信息安全实训系统，虚拟出信息安全实训课件所需的场景的功能域
7 攻防演练
用于进行信息安全攻防演练的访问终端，该部分为公用终端。通过信息安全攻防系统，虚拟出个人闯关、红蓝对抗所需的场景

图 6-16　实验室功能设计

6.8.2 攻防演练平台

1. 平台概述

工业互联网网络安全工作平台是基于网络安全等级保护法规的管理工作平台，以网络安全事件通报、等级保护为核心，对企事业、成员单位及其信息系统的安全事件、等级保护等情况进行汇总、管理，包括信息系统信息管理、安全通报、安全事件处置、安全年度检查、安全考核评分、知识库等功能模块。以模板定制、在线上报、事件工单、自动统计分析等形式，将网络安全工作、等级保护工作融入日常信息安全管理工作中，有效促进各行业网络安全工作简洁化、自动化、智能化和常态化。产品实现了网上报送系统，保障信息安全情况能够及时、有效地得到统一收集、汇总，并定期在系统上公布一些信息安全情况和信息安全事件，将网络安全工作人员从重复的、烦琐的统计、汇总、督促、检查、盯梢等工作中解放出来，减低网络安全工作量，减少人力投入，提升网络安全工作管理效率。

2. 功能设计

（1）安全例行通报

❑ 通报项目模板自定义

支持管理员根据自身业务需求自定义通报项目模板；支持通报项目模板创建、编辑、删除；支持通报项目表单项增、删、改、查；支持通报项目表单项拖曳布局；支持通报项目表单预览功能；支持模板的权限分配功能，选择需要填报的责任人；支持设置模板有效期；支持设置模板启动关闭功能；支持通报项目列表信息展示；支持通报项目根据查询条件搜索；支持通报项目列表翻页功能。

❑ 安全例行通报线上填报

支持图形化按天的日历显示，点击日历，可以查看每天的填报状态（包括未填报、提交、取消等状态）；自动统计并显示日报报告率；支持图形化按月的日历显示，点击日历，可以查看每个月的填报状态（包括未填报、提交、取消等状态）；支持显示月报报告率；支持在线点击填报，获取对应的模板。

❑ 安全例行通报查看

支持管理员和普通用户对通报列表的不同查看和管理权限。支持管理员根据查询条件搜索；支持管理员对通报列表进行编辑、删除、翻页、查看等操作。

❑ 安全例行通报线上补报

当普通用户没有填报例行通报时，支持向管理员申请补报，由管理员创建通报补报，支持管理员批量创建通报补报；支持管理员批量直接补报功能；支持补报信息列表展示、翻页、根据查询条件搜索等功能。

- 安全例行通报线上补报填报

支持查询日报未补报、月报未补报的搜索；支持查询提交状态，包括未提交、正常提交、已补报、待补报；支持补报功能，点击补报，可以填写日报或月报，并可以提交或取消。

- 安全情况自动统计

支持管理员和普通用户查看不同的安全情况统计信息；支持管理员根据多种查询条件生成全局的安全统计报表；支持普通用户根据筛选条件生成自身的安全统计报表，支持列表显示时间整改单内容。

（2）安全事件通报

- 安全事件整改通报下发

支持总部管理员在监测到安全事件时向下辖普通用户下发安全事件整改通报；支持基于管理员的事件通报列表信息展示、翻页、查看、删除、编辑、根据查询条件搜索等功能；支持管理员对事件通报进行创建、文件上传、按人分配、邮件知会、附件下载等操作；支持管理员对事件通报进行回复的功能。

- 安全事件整改上报

支持普通用户在线反馈安全事件整改情况；支持普通用户按照待解决、已解决进行安全事件查询；支持普通用户下载原始附件，反馈附件；支持普通用户回复未整改的事件单；支持普通用户查看已整改的事件详情。

- 安全事件主动上报

支持下辖普通用户主动向总部管理员上报安全事件；支持列表显示已经上报的事件；支持风险上报，上传附件；支持查看上报事件的详情，下载附件；支持编辑修改上报的风险。

- 安全事件呈现和统计分析

支持对安全事件进行评价；支持管理员和普通用户查看不同的安全事件呈现和统计信息；支持管理员对上报的安全事件根据查询条件搜索、附件下载、查看、删除、评价等操作；支持系统自动根据管理员评价对安全事件进行统计分析；支持普通用户查看已经上报的事件、上报事件的详情，下载附件。

（3）等级保护管理

- 等级保护项目模板自定义

支持管理员根据自身业务需求自定义等级保护项目模板，自定义信息系统需要上报的信息及其格式；支持等级保护项目模板创建、编辑、删除；支持等级保护项目表单项增、删、改、查；支持等级保护项目表单项拖曳布局；支持等级保护项目表单预览功能；支持模板的权限分配功能，选择需要填报的责任人；支持设置模板有效期；支持设置模板启动关闭功能；支持等级保护项目列表信息展示；支持等级保护项目根据查询条件搜索、重置等功能；支持等级保护项目列表翻页功能。

❑ 等级保护信息线上填报

支持普通用户线上填报等级保护信息功能，支持可填报等级保护项目列表信息展示、翻页等功能；支持普通用户使用 Excel 批量导入等级保护所需的信息系统信息功能。

❑ 等级保护信息查看

支持管理员和普通用户对等级保护信息的不同查看和管理权限。支持管理员根据查询条件搜索、重置全部信息系统信息功能；支持管理员对全部等级保护信息进行编辑、删除、翻页、查看等操作。支持管理员将等级保护信息系统列表（全部）生成报表功能；支持普通用户根据查询条件搜索、重置本单位信息系统信息功能；支持普通用户对本单位等级保护信息的编辑、删除、翻页、查看等功能；支持普通用户将等级保护信息系统列表（本单位）生成报表功能。

❑ 等级保护信息自动统计分析

支持对全部或本单位的信息系统个数增长趋势统计分析；支持基于全部或本单位的信息系统定级情况、备案情况、测评情况、整改情况等多维度的统计分析。

❑ 统计报表

支持基于自动统计分析的结果生成报表功能；报表可导出为 Word 格式、Excel 格式、HTML 格式或其他格式。

（4）安全检查

❑ 安全检查项目模板自定义

支持管理员根据自身业务需求自定义安全检查项目模板，自定义安全检查需要上报的信息及其格式；支持安全检查项目模板创建、编辑、删除；支持安全检查项目表单项增、删、改、查；支持安全检查项目表单项拖曳布局；支持安全检查项目表单预览功能；支持模板的权限分配功能，选择需要填报的责任人；支持设置模板有效期；支持设置模板启动关闭功能；支持安全检查项目列表信息展示；支持安全检查项目根据查询条件搜索、重置等功能；支持安全检查项目列表翻页功能。

❑ 安全检查线上填报

支持普通用户线上填报安全检查信息功能；支持可填报安全检查项目列表信息展示、翻页等功能；支持未填报提示功能；支持提交、取消两种状态。

❑ 安全检查查看

支持管理员和普通用户对安全检查信息的不同查看和管理权限。支持管理员根据查询条件搜索、重置全部信息系统信息功能；支持管理员对全部安全检查信息进行编辑、删除、翻页、查看等操作；支持管理员将安全检查信息系统列表（全部）生成报表功能；支持普通用户根据查询条件搜索、重置本单位信息系统信息功能；支持普通用户对本单位安全检查信息的编辑、删除、翻页、查看等功能；支持普通用户将安全检查信息系统列表（本单位）生成报表功能。

❑ 安检信息自动统计分析

支持对全部或本单位的安检信息进行多维度分析汇总统计分析。

❑ 统计报表

支持基于自动统计分析的结果生成报表功能；报表可导出为 Word 格式、Excel 格式、HTML 格式或其他格式。

（5）安全考核

❑ 安全考核考卷自定义

支持管理员根据自身业务需求自定义安全考核考卷，自定义考卷的内容和形式；支持安全考核考卷的创建、编辑、删除；支持安全考核考卷单项的增、删、改、查；支持安全考核考卷单项拖曳布局；支持安全考核考卷预览功能；支持模板的权限分配功能，选择需要填报的答卷人；支持设置答卷的有效期；支持设置答卷启动关闭功能；支持安全考核考卷列表信息展示；支持安全考核考卷根据查询条件搜索、重置等功能；支持安全考核考卷列表翻页功能；支持设置考卷指定考核人、评分人；支持设置考卷开放考核、评分周期、开放评分等功能。

❑ 答卷功能

支持考试列表信息展示；支持根据筛选条件进行检索支持列表分页功能；支持开始答卷；支持上传附件功能；支持批量下载附件功能；支持暂存功能。

❑ 评分功能

支持考试列表信息展示；支持根据筛选条件进行检索；支持列表分页功能；支持开始评分；支持对单个考题进行评分提交功能；支持对单个考卷的文档下载功能；支持根据题目显示对应单位信息功能；支持记录评分人操作记录功能；支持导出评分列表功能。

❑ 考试成绩统计分析

支持显示考试单位的排名列表；支持根据筛选条件进行检索；支持排名表导出；支持查看单位考试内容具体明细；支持下载（批量）单位考试内容附件；支持列表分页功能；支持问卷汇总列表展示（每道题，各单位答题分数）；支持导出评分总成绩。

（6）站内信

❑ 安全公告

支持发表公告主题的功能；支持公告主题列表信息展示功能；支持公告主

题列表翻页功能；支持公告主题的创建、存草稿、保存、编辑、删除等功能；支持公告主题阅读授权功能。

❑ 站内信收件箱

支持站内邮件的接收、回复、删除等功能。

❑ 站内信发件箱

支持发件时下拉列表类型选择功能；发件附件选择功能；支持邮件接收人选择功能；支持对已发送站内信的查看功能；支持邮件立即发送、取消发送、暂存功能。

❑ 站内信草稿箱

支持发件时的邮件暂存功能。

❑ 写站内信

支持发件时下拉列表类型选择功能；发件附件选择功能；支持邮件接收人选择功能；支持邮件立即发送、取消发送、暂存功能。

（7）角色管理

❑ 用户管理

支持对用户所属部门的树形结构选择；支持根据检索条件对用户管理表的检索；支持用户的添加功能、删除功能；支持添加用户时的角色设定，部门选择；支持对用户管理表的编辑；支持用户密码的设定编辑；支持对批量导入用户信息模板的下载；支持批量导入用户信息管理表；支持导出用户管理表为Excel；支持查看某用户的详情信息；支持添加用户时的自定义排序；支持普通用户的注册个人信息填写功能。

❑ 角色管理

支持角色的添加、删除、修改等功能；支持添加角色后的菜单权限选择；支持对表的检索功能；支持管理员对信息待补全的用户进行编辑补全功能；支持对用户的密码编辑。

❑ 组织架构

支持对组织部门的增、删、改、查；支持对部门信息的编辑；支持添加部门时的自定排序。

（8）系统管理

❑ 系统升级

支持数据无损系统升级。

❑ 数据备份

支持使用双因子认证方式登录系统（验证码+密码）。

❑ 口令要求

口令至少 8 位且包含字母、数字和特殊字符。

❑ 单账号多登录

支持单账号多登录。

❑ 高性能高可靠

当高并发、高吞吐的数据过来时，保证系统稳定运行；多用户同时提交文档、上传附件等；收取多用户同时发送的邮件；支持所有用户同时登录系统时稳定运行。

❑ 操作审计

支持查看日志信息列表；支持操作日志列表，根据搜索条件搜索；支持操作日志列表翻页。

3. 总体效果

❑ 全天候安全感知，满足合规性需要

实时监控各区域子单位网络安全事件情况，建立全天候、全方位感知网络安全态势，满足等级保护2.0及其他法律法规的合规性需求。

❑ 化繁为简，提升网络安全工作效率

安全管理工作繁重复杂，网络安全工作平台实现了网络安全工作信息化管理，提供资料查询、上传、下载、自动统计汇总等功能，化繁为简，提升网络安全工作效率。

❑ 模板化定制，以不变应万变

以不变的自定义上报模板功能，应对安全管理要求项多变的需求。用户可根据自身实际的网络安全管理工作要求，定义工作填报项，灵活性和适应性强。

❑ 集中部署，信息共享和统一管理

网络安全工作平台实时收集各区域子单位网络安全事件情况和等级保护数据等信息，实现信息共享和统一存储、管理和查询。

❑ 提供自动化管理工具

网络安全工作平台实现安全管理工作自动化、标准化、流程化和智能化，减少人力投入，自动统计分析，图形化显示。

❑ 安全事件统一指挥处置

网络安全事件层出不穷，网络安全事件无法及时通报和处置，统一协调有时间差。网络安全工作平台实时收集各区域子单位网络安全事件情况和等级保护数据等信息，实现安全事件处理实时可视化，实时统一指挥应急处置。

6.8.3 工控安全教育实验平台

如图6-17所示，工业互联网安全教学实验平台（以下简称"实验箱"）通过自动化系统实验、工控网络攻击实验、工控网络攻击防护实验、工控网络监测和异常行为分析4大典型实验内容，将理论和实践高度融合，实现工控网络安全攻防演练功能,满足培养复合型人才的需求。

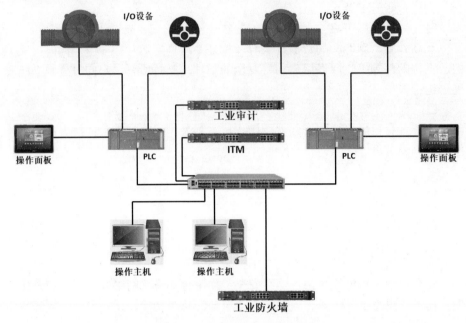

图 6-17　互联网教学平台拓扑图

　　工业互联网安全教学实验平台产品的主要实验装置采用与实际一致的工业控制系统(配置有主流 PLC 和 HMI 设备),配置典型的工业控制程序模拟工业现场环境,并在实验箱的主要实验装置上部署安全防护产品(工业防火墙、工业审计),使实验环境中增加网络防护、网络隔离以及网络审计等功能。

　　工业互联网安全教学实验平台是一套针对工控网络安全设计的平台。实验箱采用高度集成工业控制系统和安全防护及审计方案,用于工控网络安全培训。采用配套的工业控制网络安全教材和课件,将理论和实践应用高度融合,实现工控网络安全攻防演练功能。开放、可开发的工控组态和工控网络攻击实验平台,提高了创新能力,可满足高校、研究所、教育培训机构、企事业单位的实验需求。

　　工业互联网安全教学实验平台配置有工业控制系统和工业防火墙产品,可实践工控网络边界防护配置方案和原理,黑白名单配置规则,操作网络攻击和异常行为的监控、记录、告警和阻断动作。

　　工业互联网安全教学实验平台配置有工业控制系统和工业审计产品,可实践工控网络实时监测、安全审计、网络活动行为分析及追溯。

　　工业互联网安全教学实验平台配置有中型工业控制系统、工业防火墙和工业审计产品,可实践边界防护、工控网络和工控审计的配置方案和原理,演示网络攻击行为的监控、审计、追溯和保护。

可以根据不同的行业场景来组合搭建平台，包括模拟控制、转盘控制、汽车转配、石油石化、智能制造、钢铁行业，如图 6-18 所示。

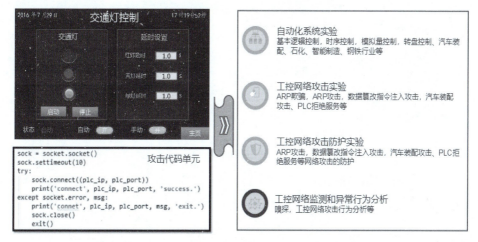

图 6-18　搭建平台

❑　烟草行业工控网络拓扑

烟草行业工控网络拓扑如图 6-19 所示。

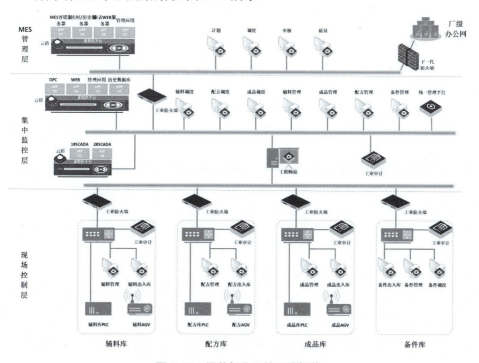

图 6-19　烟草行业工控网络拓扑

251

❑ 轨道交通行业工控网络拓扑

轨道交通行业工控网络拓扑如图6-20所示。

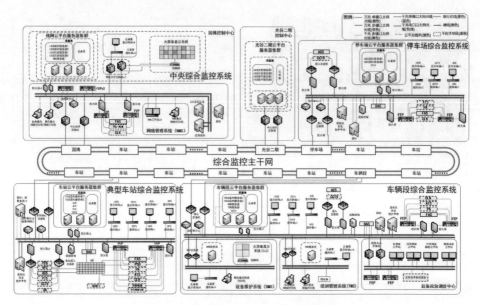

图6-20 轨道交通行业工控网络拓扑

参 考 文 献

[1] 工业互联网产业联盟. 工业互联网标准体系（版本 2.0）[EB/OL]. 2019-05-25.

[2] 工业互联网产业联盟. 工业互联网 安全总体要求[EB/OL]. 2018-02-06.

[3] 中东学人. "震网"病毒的震撼[EB/OL]. https://zhuanlan.zhihu.com/p/24037701.

[4] 震网事件的九年再复盘与思考 https://www.4hou.com/special/20656.html.

[5] 关键信息基础设施网络安全产业发展研究报告[EB/OL]. [2018-12-17]. https://www.secrss.com/articles/7156.

[6] 程光. 面向全流量的网络 APT 智能检测方法[EB/OL]. http://free.eol.cn/edu_net/edudown/spkt/chengguang.pdf.

[7] 孙建坡. 基于攻击链的威胁感知系统[EB/OL]. http://blog.nsfocus.net/threat-sensor-system-base-attack-chain/.

[8] 安钟. 安全编排自动化与响应（SOAR）技术解析[EB/OL]. [2019-07-31]. https://www.secrss.com/articles/12630.

[9] 曾剑平. 大数据价值挖掘的难点和重点：非结构化数据处理[EB/OL]. https://zhuanlan.zhihu.com/p/28447872.

[10] 主题模型初学者指南 https://www.afenxi.com/39913.html.

[11] 胡冬平. 工业控制系统组态软件安全防护关键技术研究[D]. 哈尔滨：哈尔滨工业大学，2015.

[12] 王明凯. 组态软件在楼宇控制系统中的应用[D]. 北京：北京邮电大学，2013.

[13] 刘磊，徐鑫，刘喜松，等. 医药企业生产执行系统（MES）网络安全规划设计[J]. 电子技术与软件工程，2018（24）：199-200.

[14] http://www.guidunkj.com/index.php?_m=mod_article&_a=article_content&article_id=168.

[15] https://blog.csdn.net/np4rHI455vg29y2/article/details/79119810.

[16] 于乐，冯运波，江为强，等. 大数据平台安全防护研究[J]. 电信工程技术与标准化，2017，30（11）：6-11.

[17] 网络安全态势感知之数据集[EB/OL]. [2019-07-27]. https://www.sohu.com/a/329776639_653604.

[18] 网络安全态势感知之智能态势预测[EB/OL]. [2019-08-10]. http://www.sohu.com/a/332793812_653604.

[19] Security and Protocol Exploit Analysis of the 5G Specifications, Roger Piqueras Jover Bloomberg LP New York,NY.

[20] 3GPP TS 33.501 V15.2.0（2018-9）.

[21] 5G 网络与通信安全 V3.5，中国移动（成都）产业研究院.

[22] 刘国荣，沈军，蒋春元. 5G 安全风险与影响及对策探讨[J]. 中国信息安全，2019（7）：77-79.

[23] 5G 技术浅析在工业/装备制造业应用前景分析 刘丹/机械工业仪器仪表综合技术经济研究所 2019 年 5 月.

[24]《工业互联网网络连接概述》 搜狐 2019 年优管网.

[25]《工业互联网标识解析体系最新进展》 CSDN 2019 年 datamining 2005.

[26]《什么是边缘计算？》 CSDN 2018 年 远离地球的小小呆.

[27]《工业互联网平台需要具备四个基本功能》 李倩 电子发烧友网 2018 年.

[28]《工业互联网的应用场景探索》 电子发烧友网 兰光创新 2019 年.